ATLAS DU CIEL

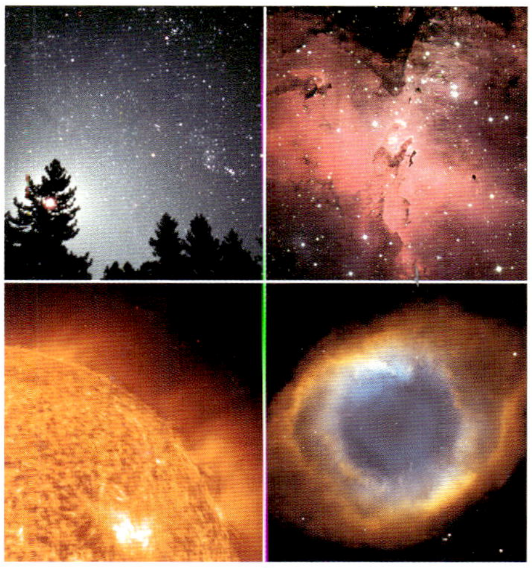

GEO Jeunesse

par
Robin Scagell

Conseiller
Jacqueline Mitton

GALLIMARD JEUNESSE

Pour l'édition originale :
Édition Kate Bradshaw, Andrea Mills et Sadie Smith
Maquettistes Joe Conneally, Leah Germann et Philip Letsu
Responsable éditoriale Shaila Awan
Responsable artistique Joanne Connor
Direction éditoriale Linda Esposito
Direction artistique Jane Thomas
Création graphique Robin Hunter
Iconographes Martin Copeland, Jo de Gray, Harriet Mills, Kate Ledwith et Karl Stange
Fabrication Dulcie Rowe
Maquettiste PAO Siu Yin Ho

Pour l'édition française :
Responsable éditorial Thomas Dartige
Suivi éditorial Éric Pierrat
Traduction, adaptation : Bruno Porlier
Édition, PAO : Bruno Porlier Packaging éditorial
Correction Dominique Maurel-Mojal
Conseiller Philippe Hénarejos

Titre original : *Night sky Atlas*

ISBN 2-07-050037-3

Dépôt légal : mai 2005
N° d'édition : 2082

Photogravure : Colourscan, Singapour
Imprimé par Leo Paper Products Ltd, Chine

Crédit photographique de la couverture :
tous les documents appartiennent à Dorling Kindersley Ltd sauf 1er plat bas 1er plan Agency AAO/D. Malin/Ciel & Espace et, au second plan, Royal Observatory Edi/Science Photo Library/Cosmos ; 1er plat centre Scharmer et Al/Science Photo Library/Cosmos ; dos haut SCIP Peter Menzel/Science Photo Library/Cosmos ; dos centre et bas BSIP Larry Landolfi/Photo Researchers ; 4e plat haut gauche SCIP David Nunuk/Science Photo Library/Cosmos, haut droite Bettmann/Corbis, bande au centre Getty, bas centre droite Stapleton Collection/Corbis.

Sommaire

Notre planète à l'échelle du cosmos

Période orbitale : temps que met un corps céleste pour effectuer un tour complet autour du Soleil.

Il nous est déjà difficile d'appréhender la taille de notre planète, qui apparaît gigantesque à l'échelle humaine. Alors quand on sait que la Terre est minuscule comparée au Soleil et que ce dernier n'est, quant à lui, qu'une étoile ordinaire parmi les milliards d'autres qui constituent la Voie lactée, notre galaxie… ! Quand on sait que cette galaxie n'est, à son tour, qu'une parmi des milliards d'autres qui peuplent le cosmos, on comprend que nous ayons les plus grandes difficultés à imaginer l'immensité de l'Univers. Personne n'en connaît la taille exacte. Les distances, en astronomie, s'expriment rarement en kilomètres. L'unité utilisée est la distance parcourue par la lumière en une année ; on l'appelle l'année-lumière. La vitesse de la lumière est d'environ 300 000 kilomètres à la seconde. C'est la vitesse la plus élevée qu'une particule de matière puisse théoriquement atteindre. Il suffit de la multiplier par le nombre de secondes qui s'écoulent en une année pour connaître la distance correspondant à une année-lumière : 9 460 milliards de kilomètres !

À propos de l'Univers

- La Terre est la seule planète où la vie soit actuellement connue.
- Il existe plus d'étoiles dans l'Univers qu'on ne pourrait compter de grains de sable sur toutes les plages de notre planète.
- Nous pouvons voir à l'œil nu environ 5 000 étoiles de notre Galaxie.
- Quatre forces fondamentales affectent la matière de l'Univers : la force nucléaire forte et la force nucléaire faible, qui agissent toutes deux au sein des noyaux des atomes, l'électromagnétisme et la gravité. Bien qu'étant la plus faible de ces quatre forces, la gravité est celle qui a la plus grande influence. Elle s'applique sur des distances considérables sur les planètes, les étoiles et les galaxies.

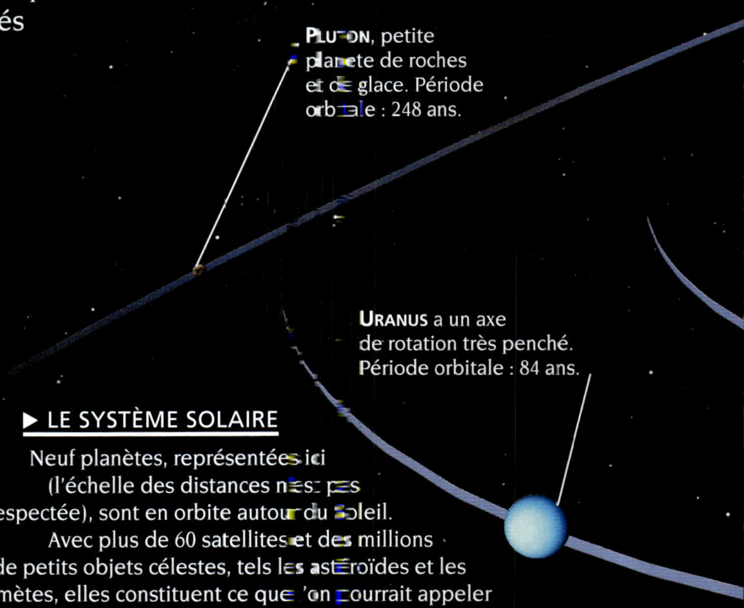

Pluton, petite planète de roches et de glace. Période orbitale : 248 ans.

Uranus a un axe de rotation très penché. Période orbitale : 84 ans.

▶ LE SYSTÈME SOLAIRE

Neuf planètes, représentées ici (l'échelle des distances n'est pas respectée), sont en orbite autour du Soleil. Avec plus de 60 satellites et des millions de petits objets célestes, tels les astéroïdes et les comètes, elles constituent ce que l'on pourrait appeler la famille du Soleil : le système solaire. La Terre est l'une des quatre planètes rocheuses (ou telluriques) intérieures, les plus proches du Soleil, tandis que les quatre grosses planètes extérieures sont appelées des géantes gazeuses. Entre les planètes intérieures et extérieures se trouve une ceinture d'astéroïdes. Pluton, neuvième planète et la plus éloignée du Soleil, est considérée par les astronomes comme faisant partie d'une classe à part.

▲ À L'ÉCHELLE HUMAINE

Toutes les choses que la plupart d'entre nous parvenons à comprendre et à concevoir sont liées à ce que nos sens nous permettent de connaître du monde qui nous entoure. Nous nous représentons bien la distance qui sépare notre maison de celle d'un ami, par exemple. De même, nous estimons le poids d'un objet par expérience avant de l'avoir saisi. Aussi, pour comprendre l'Univers dans son entier, nous ne pouvons faire autrement que de nous référer à la façon dont nous percevons le monde l'échelle humaine.

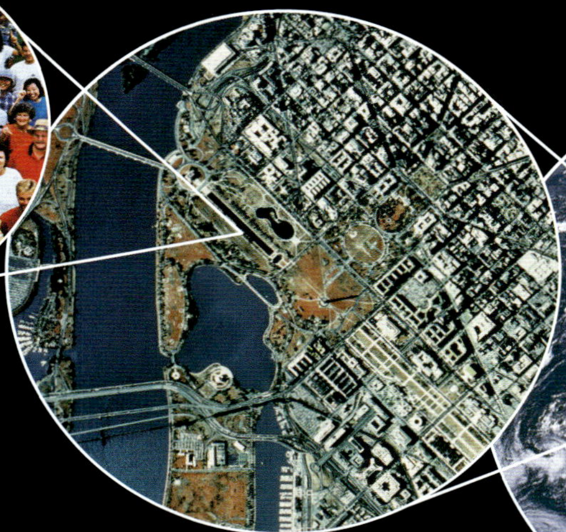

▲ DANS LA VILLE

Notre environnement local, qu'il s'agisse d'une grande ville ou d'un village à la campagne, constitue notre propre univers. Nous savons qu'il faut 40 minutes pour traverser à pied telle partie de la ville, par exemple, ou seulement quelques minutes en voiture. Nous restons ici dans une échelle que nous connaissons par expérience. Dès que nous allons plus loin, d'une ville à l'autre, par exemple, il devient plus difficile d'apprécier les distances, sauf en termes de temps de voyage.

▲ LA PLANÈTE TERRE

L'échelle de la planète est très vaste comparée à l'échelle humaine. Si nous savons combien il faut de temps pour aller d'une ville à l'autre en voiture, nous avons plus de mal à estimer le temps qu'il faudrait pour se rendre de l'autre côté de la Terre par le même moyen. À cette échelle, nous raisonnons en temps de vol, mais à la vitesse d'un avion à réaction, il nous faudrait 20 jours pour atteindre la Lune. La lumière, elle, effectue ce voyage en 1,25 seconde.

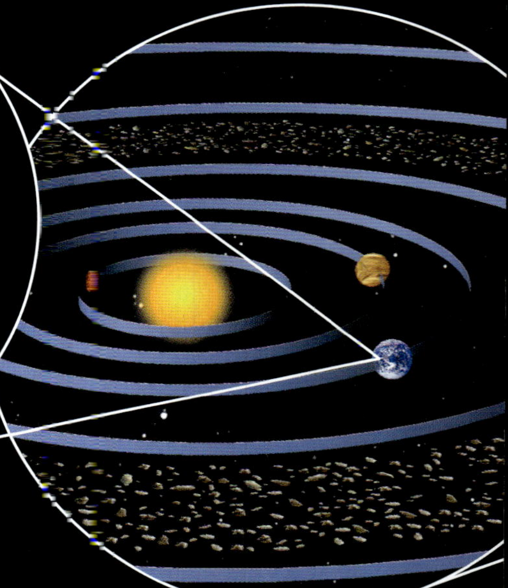

▲ LE SYSTÈME SOLAIRE

Les vaisseaux spatiaux mettent des années pour aller de planète en planète, mais leurs signaux voyagent à la vitesse de la lumière, qui est aussi la vitesse des ondes radio. Les messages venant de Mars, lorsque la Planète rouge est au plus proche de la Terre, mettent un peu plus de 3 minutes à nous parvenir. La lumière du Soleil met 8 minutes pour nous atteindre tandis qu'un message venant des abords de Neptune mettrait 4 heures.

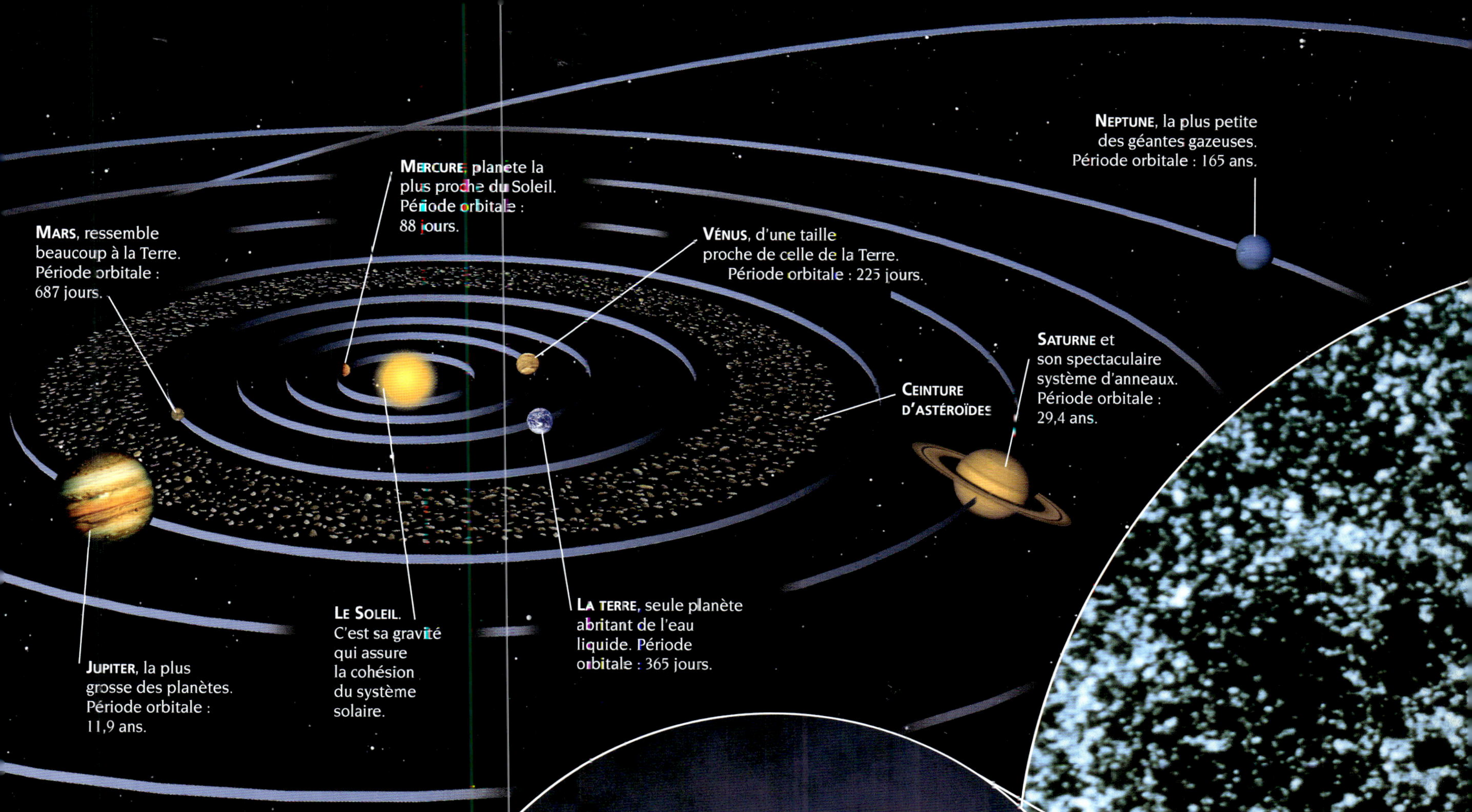

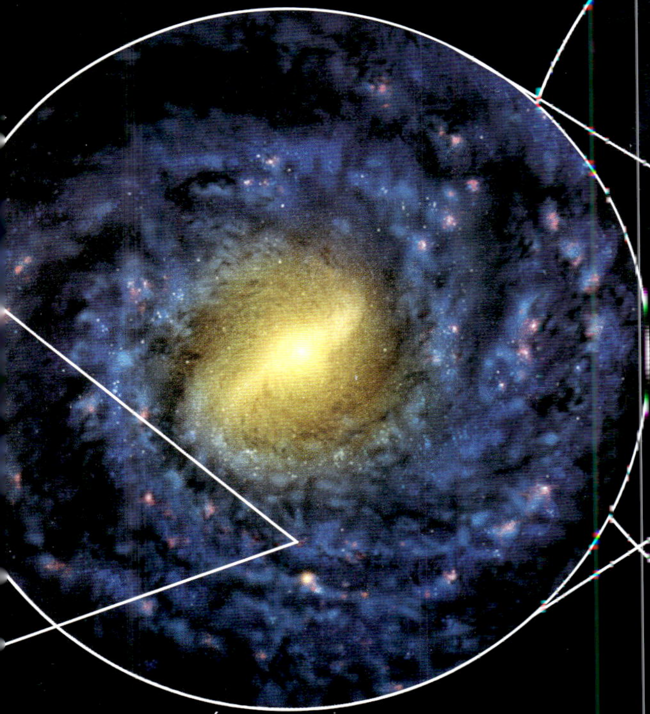

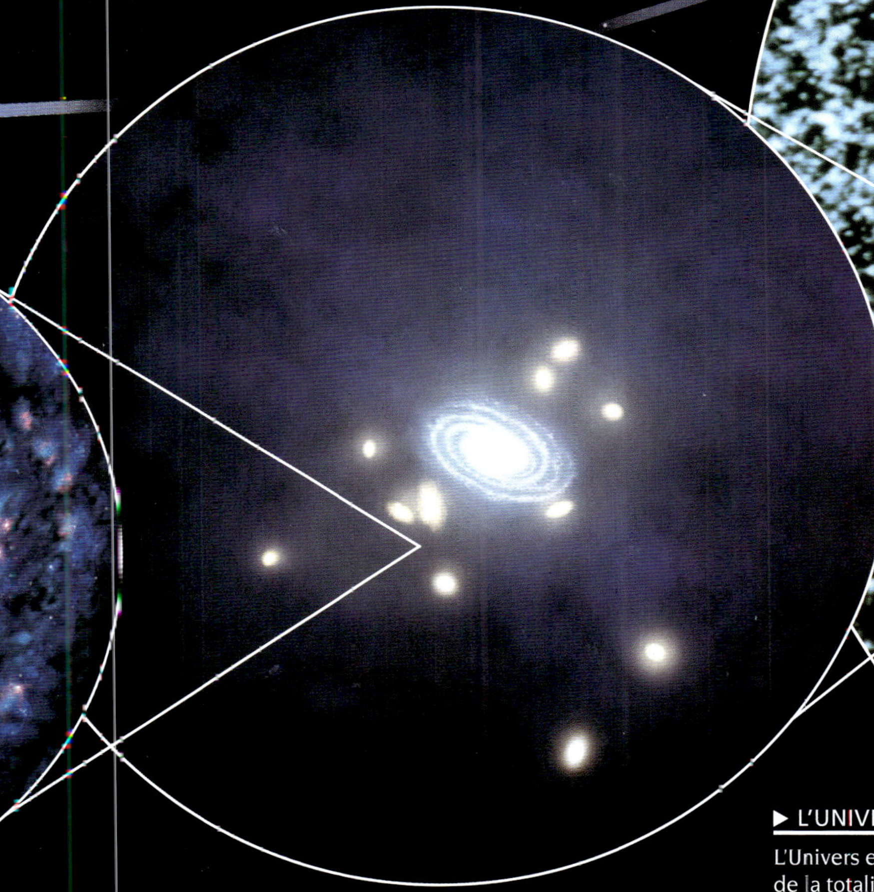

▲ LA VOIE LACTÉE

Le Soleil n'est qu'une simple étoile très ordinaire dans la galaxie de la Voie lactée. Les distances entre les étoiles qui la composent sont énormes. Si le Soleil avait la taille à laquelle nous l'avons reproduit sur cette page, l'étoile la plus proche de lui se trouverait à 300 km ! Dans la réalité, la lumière met quatre ans pour effectuer ce même voyage. Il existe plus de 100 milliards d'étoiles dans la Galaxie, dont le diamètre est de 120 000 années-lumière. Voyager sur de telles distances est, pour l'homme, totalement impossible.

▲ LES GALAXIES VOISINES DE L'AMAS LOCAL

La Voie lactée fait partie d'un groupe de quelques dizaines de galaxies appelé l'Amas local. Parmi les autres membres bien connus de cet amas, figurent les Nuages de Magellan, situés à environ 175 000 années-lumière, et la galaxie d'Andromède, à 2,4 millions d'années-lumière. Cela signifie que lorsque nous observons cette galaxie, nous la voyons telle qu'elle était il y a 2,4 millions d'années, puisque sa lumière a mis ce temps à nous parvenir. Cela signifie aussi que plus nous regardons loin dans l'espace, plus nous voyons loin dans le passé de l'Univers.

▶ L'UNIVERS

L'Univers est constitué de la totalité de ce qui existe. La région de l'Univers que nous pouvons observer depuis la Terre s'étend à quelque 13 milliards d'années-lumière dans toutes les directions. Cela ne signifie pas, toutefois, que nous nous trouvions en son centre : nous n'en voyons en fait qu'une partie. L'Univers est né dans une gigantesque explosion appelée le Big Bang, survenue il y a près de 14 milliards d'années, qui fut suivie d'une expansion de la matière qui le compose. Cette expansion se poursuit encore de nos jours.

L'observation du ciel nocturne

Lorsque la nuit est claire, on peut voir dans le ciel des milliers d'étoiles. Comment s'y retrouver parmi tous ces points de lumière dispersés ? Les astronomes de l'Antiquité se représentaient le ciel nocturne comme une sphère géante et creuse qui entourait la Terre. Ils croyaient que le Soleil, la Lune, les planètes et les étoiles étaient attachés à la face interne de cette sphère, laquelle tournait autour de la Terre qui en constituait le centre. Nous savons aujourd'hui que ce n'est pas vrai. La Terre n'est qu'une petite planète en orbite autour du Soleil et ne forme le centre d'aucune sphère. Mais nous avons conservé la notion de sphère céleste car elle est très pratique pour nous représenter géométriquement le ciel nocturne. Elle permet de déterminer des repères pour nous guider dans les différentes régions célestes, donc de mesurer la position des astres et de définir comment ceux-ci changent de place dans le ciel au cours de la nuit et d'un mois à l'autre.

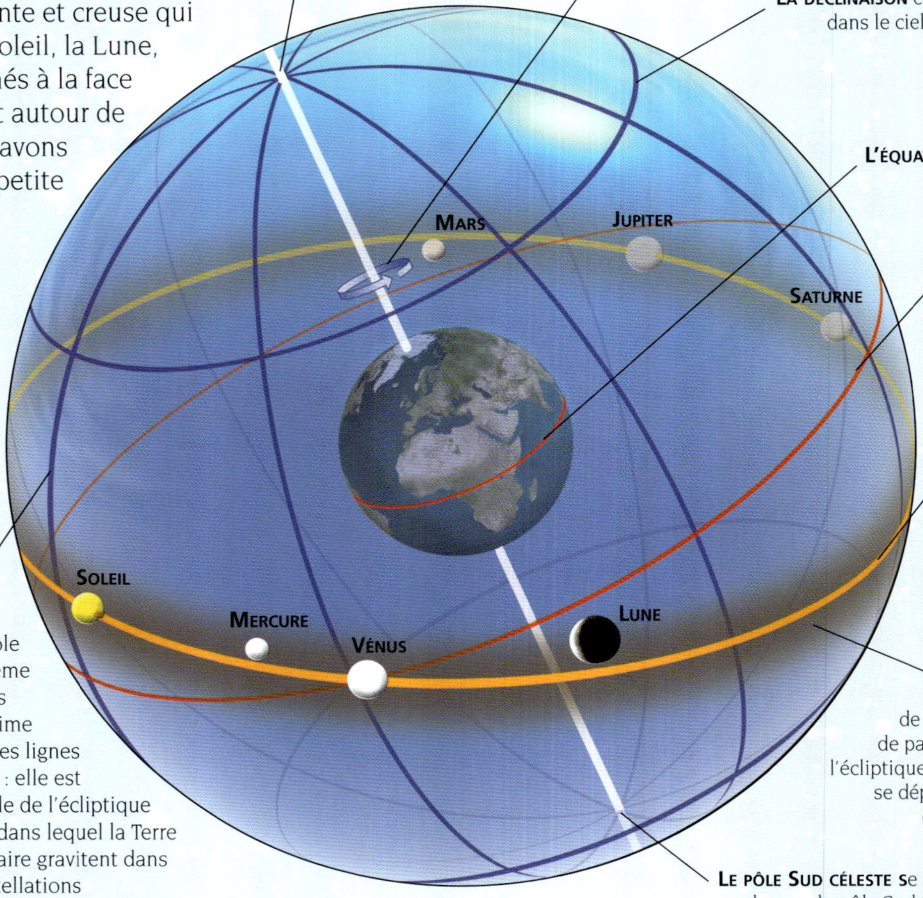

Le pôle Nord céleste se situe au-dessus du pôle Nord terrestre.

Sens de rotation de la Terre

La déclinaison est l'équivalent, dans le ciel, de la latitude terrestre.

L'équateur terrestre est représenté ici en rouge.

L'équateur céleste se trouve dans le même plan que l'équateur terrestre.

L'écliptique est la trajectoire apparente du Soleil dans la sphère céleste.

Le zodiaque est une bande de constellations, de part et d'autre de l'écliptique, dans laquelle se déplacent la Lune et les planètes.

Le pôle Sud céleste se situe au-dessus du pôle Sud terrestre.

L'ascension droite (AD) est l'équivalent, dans le ciel, de la longitude terrestre.

▶ LA SPHÈRE CÉLESTE

La sphère céleste – imaginaire – présente, comme notre planète, un pôle Nord et un pôle Sud, situés à la verticale des pôles terrestres. De la même manière, elle a un équateur. Les lignes qui rejoignent les pôles célestes sont appelées lignes d'ascension droite (AD). L'ascension droite s'exprime en heures, de 0 à 24 h. Les cercles parallèles à l'équateur céleste sont les lignes de déclinaison. La déclinaison se mesure en degrés positifs et négatifs : elle est de 0° à l'équateur, de 90° au pôle Nord et de –90° au pôle Sud. Le cercle de l'écliptique (en jaune) est la trajectoire apparente du Soleil. Il correspond au plan dans lequel la Terre gravite autour du Soleil. La Lune et les autres planètes du système solaire gravitent dans une bande étroite de part et d'autre du cercle de l'écliptique. Les constellations qui figurent dans cette bande sont les constellations du zodiaque.

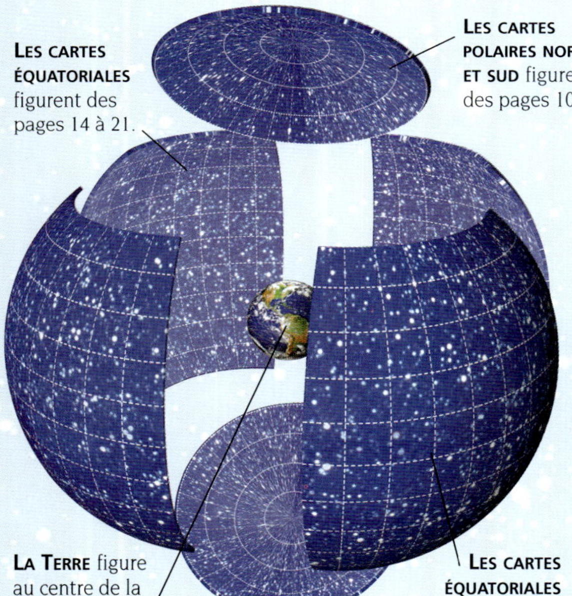

Les cartes équatoriales figurent des pages 14 à 21.

Les cartes polaires nord et sud figurent des pages 10 à 13.

La Terre figure au centre de la sphère céleste.

Les cartes équatoriales sont représentées avec le nord en haut.

▲ L'ATLAS DU CIEL

Reproduire la totalité de la sphère céleste sur une seule carte n'aurait pas permis de représenter la position des étoiles avec assez de précision. C'est pourquoi nous avons divisé le ciel nocturne en six parties, comme nous aurions pelé une orange pour en aplatir ensuite les morceaux. Toutes les étoiles visibles de la Terre sont réparties sur deux cartes polaires et quatre cartes équatoriales.

Hémisphère Nord

Hémisphère Sud

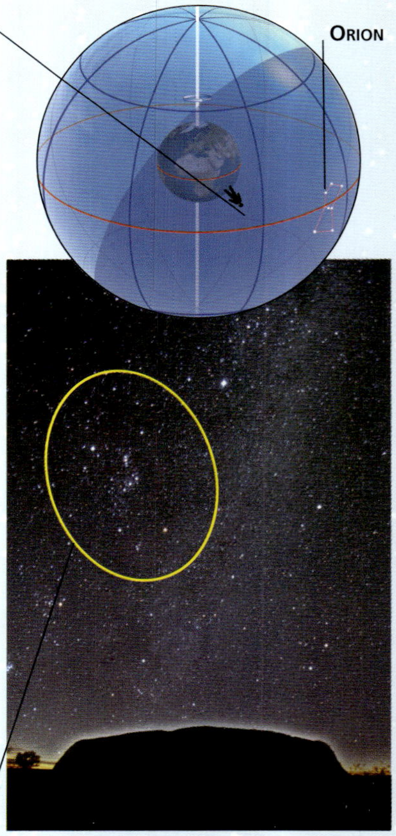

Orion

L'observateur, selon qu'il se trouve au nord ou au sud de l'équateur terrestre, voit une moitié différente de la sphère céleste (ici en plus sombre).

Constellation d'Orion.

◀ LES DEUX HÉMISPHÈRES ▶

Depuis notre planète, nous ne voyons qu'une moitié de la sphère céleste. La zone visible dépend de notre position par rapport à l'équateur, c'est-à-dire notre latitude (voir dessins ci-dessus). La Terre effectuant une révolution en une année autour du Soleil, notre point de vue dans l'espace change au cours du temps et la portion de ciel visible change en conséquence. C'est pourquoi notre Guide du ciel comporte deux cartes – une par hémisphère – pour chaque mois de l'année.

L'observateur du nord voit Orion avec le nord en haut.

L'observateur du sud voit Orion à l'envers, avec le nord en bas.

▶ QU'EST-CE QU'UNE CONSTELLATION?

Pour se repérer dans la voûte céleste, les astronomes de l'Antiquité identifièrent dans le ciel des groupes d'étoiles qu'ils appelèrent des constellations. Vers l'an 150, l'astronome grec Ptolémée en répertoria 48, parmi lesquelles la constellation du Grand Chien (à droite). En 1930, les astronomes se mirent d'accord pour découper le ciel en 88 constellations. Les guides du ciel relient souvent les principales étoiles d'une constellation par des lignes. Bien peu des dessins qu'elles forment ressemblent à ce qu'elles sont censées représenter.

▼ LES NOMS DES ÉTOILES

Il existe plusieurs façons de nommer les étoiles. Certaines reçoivent des noms propres, telle Sirius (ci-dessous). Mais on la dénomme également Alpha du Grand Chien, selon le système de Bayer (voir encadré). En outre, la plupart des étoiles visibles à l'œil nu possèdent un nombre de Flamsteed. Dans les constellations, ces numéros sont croissants d'est en ouest. Les autres étoiles, plus faibles, reçoivent des lettres. Les objets du ciel profond (tels les nébuleuses, les amas et les galaxies), quant à eux, reçoivent un numéro précédé des lettres M, NGC ou IC (initiales de Messier, New General Catalogue, ou Index Catalogue).

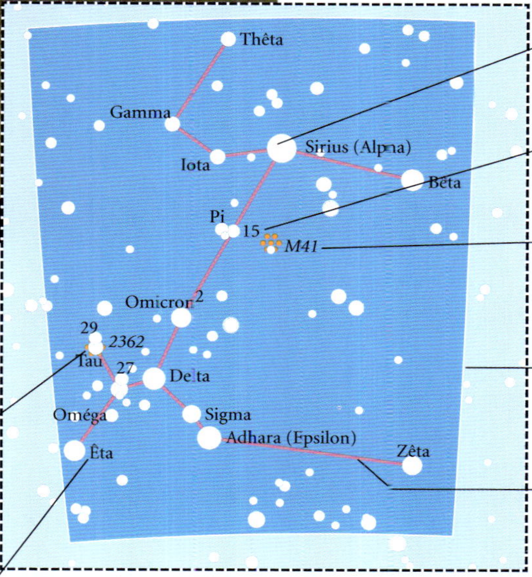

L'étoile la plus brillante est en général citée par son nom, ici Sirius, mais elle s'appelle aussi Alpha.

Les étoiles visibles à l'œil nu reçoivent un nombre de Flamsteed.

Les nombres précédés de la lettre M indiquent les objets du ciel profond catalogués par Charles Messier.

Les frontières d'une constellation s'étendent au-delà du dessin formé par les étoiles principales.

Les lignes aident à identifier le dessin formé par les principales étoiles d'une constellation. Mais elles peuvent varier d'un atlas du ciel à l'autre.

Les nombres NGC représentent des objets du ciel profond. Dans ce livre, ils sont notés par un nombre accompagnant un symbole orange. Ici, l'objet NGC est masqué par une étoile.

Les lettres grecques sont utilisées pour dénommer les principales étoiles d'une constellation.

L'ALPHABET GREC

En 1603, l'astronome allemand Johann Bayer nomma les étoiles en utilisant l'alphabet grec. L'étoile la plus brillante d'une constellation est généralement appelée Alpha, la suivante Bêta, etc., selon l'ordre de cet alphabet, indiqué ci-dessous. Le nom de l'étoile comporte aussi la forme au génitif du nom latin de sa constellation : ainsi, Alpha du Centaure s'appelle également Alpha Centauri (voir page 95).

Alpha α	Êta η	Nu ν	Tau τ
Bêta β	Thêta θ	Xi ξ	Upsilon υ
Gamma γ	Iota ι	Omicron ο	Phi φ
Delta δ	Kappa κ	Pi π	Khi χ
Epsilon ε	Lambda λ	Rhô ρ	Psi ψ
Zêta ζ	Mu μ	Sigma σ	Oméga ω

◀ DES INDICATEURS CÉLESTES ▶

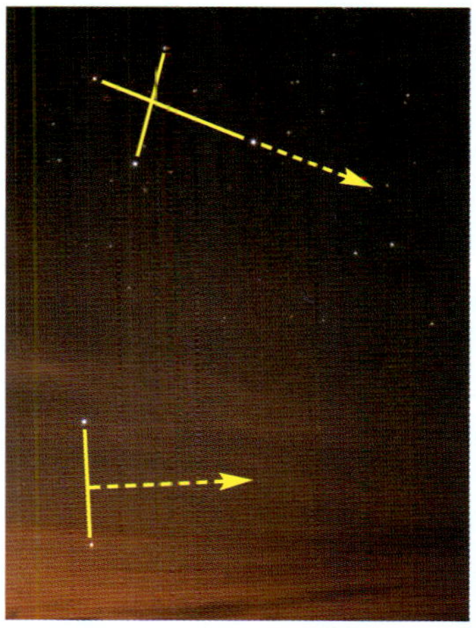

Certaines constellations peuvent servir de points de repère dans le ciel. Ainsi, dans l'hémisphère Sud, la Croix du Sud (à gauche, en haut) et les étoiles Alpha et Bêta du Centaure (à gauche, en bas), nous permettent de localiser le pôle Sud céleste – au-dessus duquel ne figure aucune étoile brillante –, situé à peu près au point de croisement des lignes pointillées jaunes sur notre illustration. Dans l'hémisphère Nord, ce sont les Gardes, les deux étoiles les plus brillantes de la Grande Ourse (à droite), qui indiquent la direction de l'Étoile polaire.

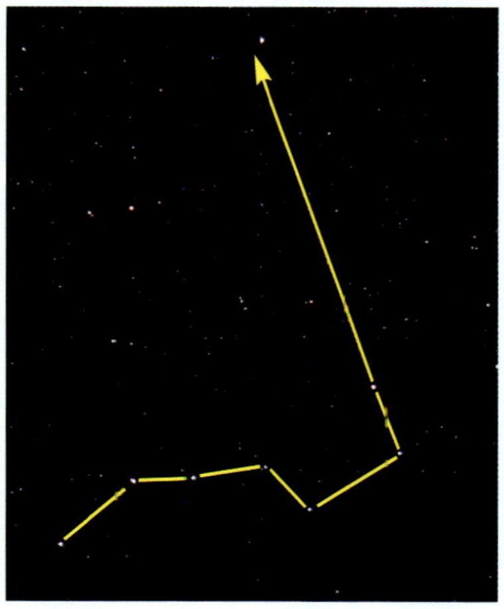

▼ LE MOUVEMENT DE PRÉCESSION DE LA TERRE

Dans l'hémisphère Nord, une étoile est très proche de la verticale du pôle Nord terrestre. Elle indique donc, à très peu de distance près, la position du pôle Nord céleste. C'est pourquoi on l'appelle Polaris, l'Étoile polaire. Mais il n'en a pas toujours été ainsi. En effet, l'axe de rotation de la Terre oscille légèrement, décrivant un cercle complet en 26 000 ans. Les étoiles, quant à elles, ne bougent pas. Ainsi, dans 13 000 ans, l'axe de notre planète se sera déplacé et pointera vers une autre région du ciel où ne figurera, à sa verticale, aucune étoile pour indiquer le nord (ci-dessous, à droite). Cette oscillation, appelée mouvement de précession, est due à l'attraction gravitationnelle de la Lune, du Soleil et des planètes.

L'Étoile polaire est très proche de la verticale du pôle Nord terrestre, donc très proche du pôle Nord céleste.

Les deux étoiles les plus brillantes de la Grande Ourse pointent vers l'Étoile polaire.

Les lignes de repère célestes aident les astronomes à localiser les étoiles.

Position de l'écliptique, trajectoire apparente du Soleil

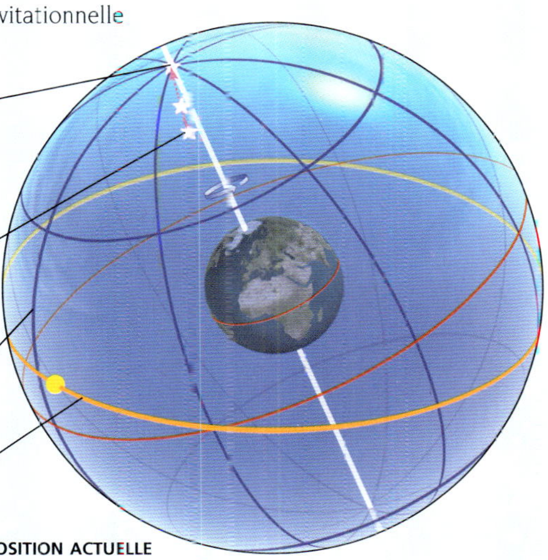

Position actuelle

Les étoiles n'ont pas bougé.

Les lignes de repère célestes se sont déplacées, suivant le mouvement de la Terre.

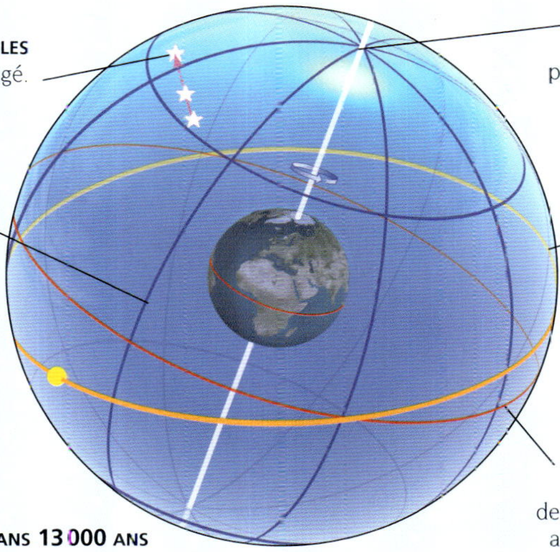

Position dans 13 000 ans

L'axe de la Terre s'est déplacé et pointe vers une autre région du ciel.

L'écliptique, trajectoire apparente du Soleil, n'a pas bougé.

L'équateur céleste, à la verticale de l'équateur terrestre, a changé de position.

Comment utiliser cet atlas

Cet atlas présente le ciel nocturne de plusieurs manières qui permettent autant d'approches différentes. Si vous souhaitez savoir quelles étoiles brillent dans le ciel ce soir, rendez-vous à la page de l'atlas mensuel correspondante et orientez comme il convient la carte de votre hémisphère. Le texte d'accompagnement contient des informations sur les constellations et les étoiles présentes. Afin de vous familiariser avec la répartition des astres dans la sphère céleste, consultez les cartes des pages 10 à 21, qui offrent un panorama de l'ensemble du ciel nocturne. Pour explorer en détail les constellations, lisez les pages qui leur sont consacrées. Enfin, avec les pages traitant de l'exploration de l'espace, vous acquerrez des connaissances de base en astronomie.

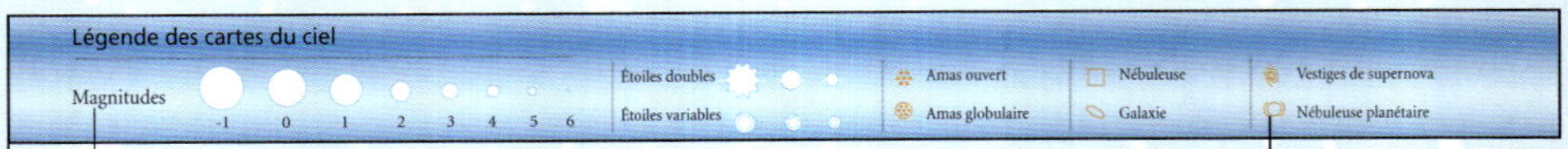

Le diagramme de localisation permet de connaître la zone de la sphère céleste couverte par chaque carte.

La luminosité d'une étoile est appelée sa magnitude. Plus l'étoile est brillante, plus la valeur de sa magnitude est basse, pouvant même être négative. Les étoiles les plus faibles visibles à l'œil nu sont de sixième magnitude.

Les objets du ciel profond sont présentés par des photos spectaculaires.

Les symboles oranges représentent les différents types d'objets du ciel profond.

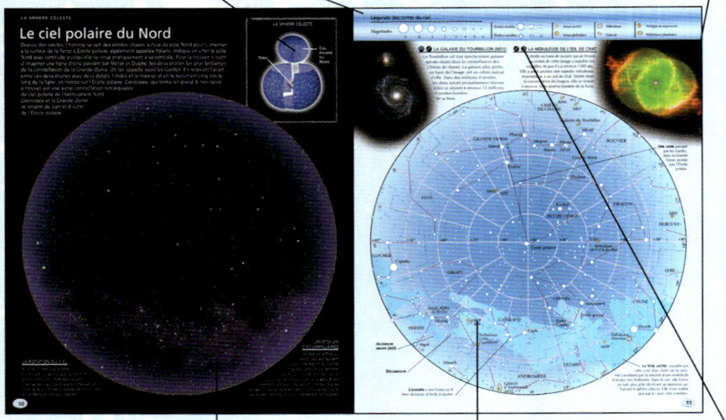

Une illustration photoréaliste montre l'aspect du ciel dans chaque segment de la sphère céleste.

La carte de la même région du ciel nomme les étoiles, les constellations, et les objets du ciel profond.

◀ L'atlas de la sphère céleste

Le ciel nocturne peut être imaginé sous la forme d'une sphère géante entourant la Terre. Dans ces pages, la sphère céleste est divisée en six segments : deux au-dessus des pôles et quatre couvrant une large zone équatoriale. Pour chaque segment, une illustration photoréaliste peut être comparée à la carte correspondante, qui indique les noms et la localisation des constellations et des objets du ciel profond. Ces pages offrent une vision globale de la sphère céleste. Pour savoir quelles étoiles sont visibles depuis l'endroit de la Terre où vous vivez, référez-vous aux pages de l'atlas mensuel.

▼ L'atlas mensuel du ciel

Rendez-vous à la page du mois en cours et choisissez l'hémisphère qui convient. À l'aide d'une boussole, repérez les point cardinaux. Nous utiliserons pour cet exemple la carte de l'hémisphère Nord. Tournez-vous vers le Nord et tenez la carte circulaire au-dessus de votre tête avec l'« horizon Nord » pointant vers le nord. La carte représente la voûte céleste telle que vous la voyez au-dessus de vous. Les étoiles situées au centre de la carte sont situées au-dessus de vous, celle de la périphérie sont proches de l'horizon (attention, les étoiles visibles dépendent aussi de la latitude de votre point d'observation. Voir encadré en bas à droite). Si vous vous tournez vers la gauche, vous ferez face à l'ouest, vers la droite, à l'est, et si vous regardez dans la direction opposée, vous ferez face au sud.

Les symboles

Ces symboles indiquent le type d'équipement nécessaire pour observer les objets du ciel profond. Lorsque deux symboles apparaissent simultanément, le plus puissant des deux peut être nécessaire pour obtenir une vue satisfaisante.

- Œil nu
- Petit télescope
- Jumelles
- Grand télescope

Une légende claire permet de lire les cartes avec la plus grande facilité.

Les onglets mensuels permettent de trouver rapidement la page recherchée.

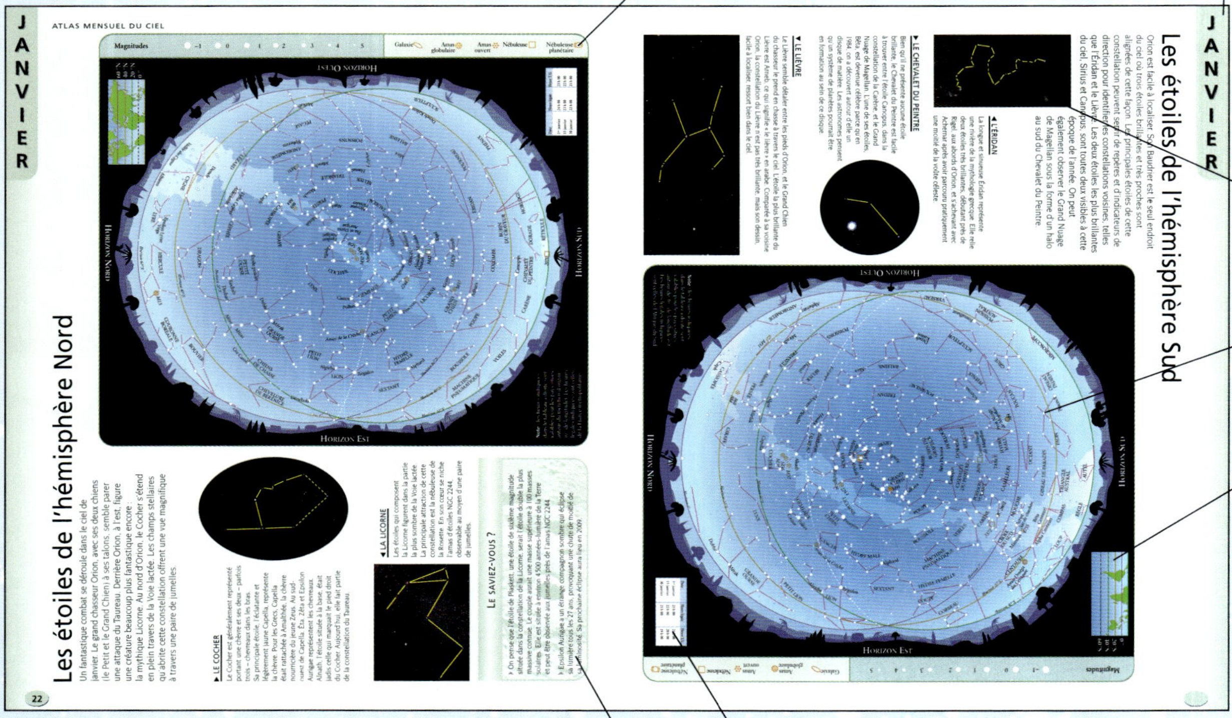

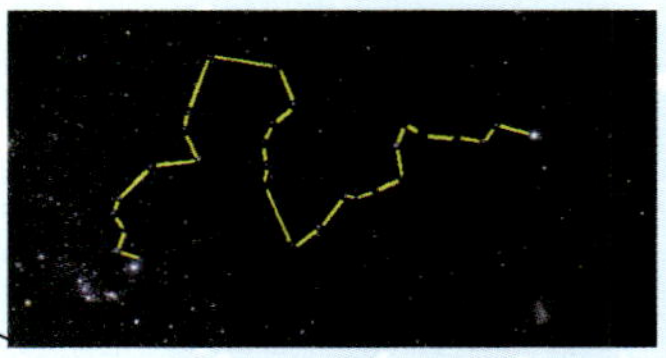

Apprenez le ciel en étudiant chaque mois les constellations les plus visibles. Des lignes jaunes sur les photos relient les étoiles qui les composent.

Les cartes mensuelles montrent les étoiles visibles en fin de soirée dans chaque hémisphère. Vérifiez dans l'encadré en bas à droite les dates et heures auxquelles le ciel apparaît exactement semblable à la carte.

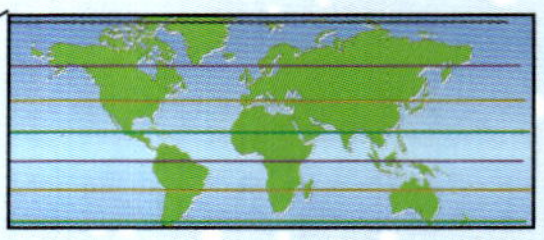

Servez-vous de cette carte pour trouver la ligne de latitude la plus proche de l'endroit où vous vivez afin de déterminer, d'après la couleur, quel cercle d'horizon vous devez utiliser sur la carte. Si vous vous trouvez à mi-chemin entre deux lignes, il est facile d'estimer votre cercle d'horizon entre deux des cercles figurant sur la carte.

Le saviez-vous ? Ces encadrés signalent des détails intéressants sur le ciel et les objets célestes observés.

> **Le saviez-vous ?**
> pense que l'étoile de Plaskett, une étoile de sixième magnit
> e dans la constellation de la Licorne, serait l'étoile double la
> sive connue. Le couple aurait une masse supérieure à 100 ma

Date	Heure légale	Heure T. U.
1er Janvier	24.00 h	23.00 h
15 Janvier	23.00 h	22.00 h
30 Janvier	22.00 h	21.00 h

Cet encadré indique les dates et heures auxquelles la carte correspond exactement à ce que vous voyez dans le ciel. Aux dates et heures intermédiaires, il faut tenir compte du décalage dû à la rotation de la Terre et à sa révolution. La colonne de l'heure légale indique l'heure qu'il est à votre montre, l'autre l'heure correspondante en Temps universel (T. U.).

Une illustration tirée d'un ancien atlas céleste illustre la figure mythique représentée par la constellation.

Dans une petite carte de la constellation, un rectangle en pointillés indique la localisation de la photo de la page de droite.

Une photographie en gros plan illustre un aspect remarquable de la constellation.

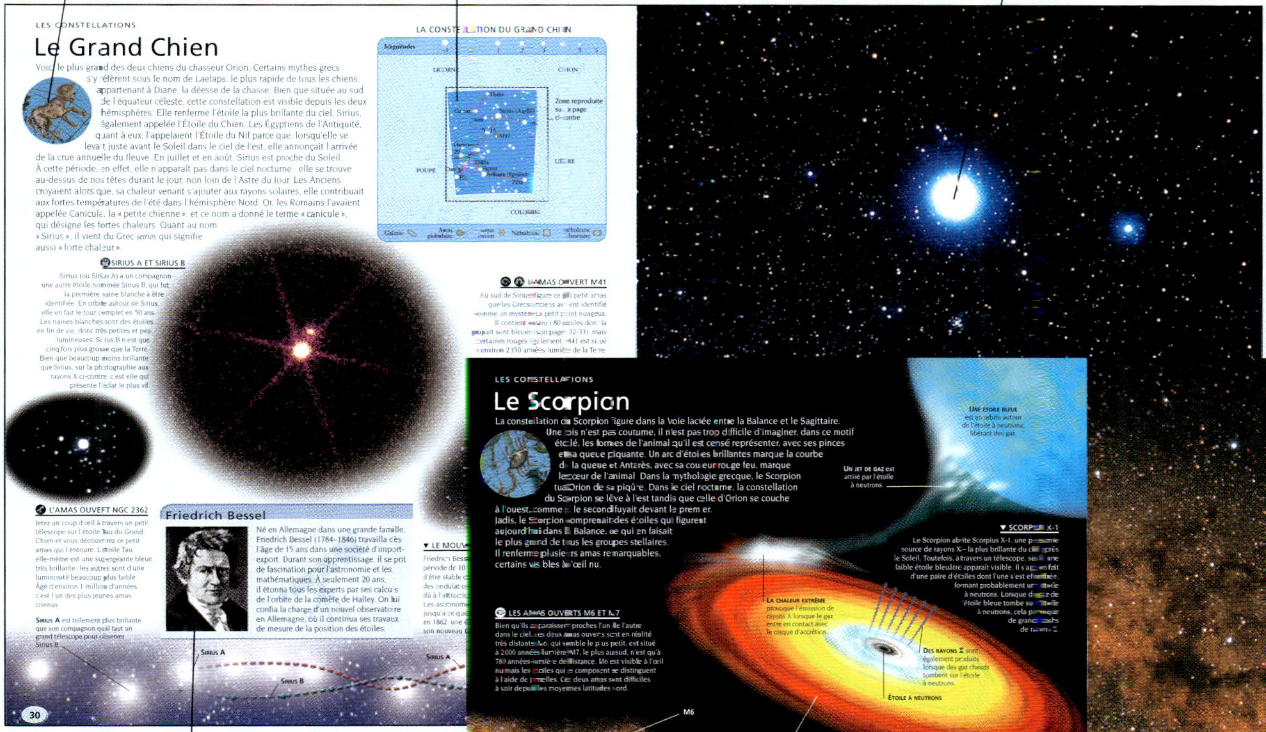

▼ LES CONSTELLATIONS

Certaines constellations sont traitées en détail dans une double page où les principales étoiles et les objets du ciel profond sont identifiés et décrits. Des dessins expliquent également certains corps célestes particuliers, tels les pulsars et les trous noirs. Une photographie en pleine page offre une magnifique vue en gros plan d'une partie de la constellation ou de son ensemble, souvent accompagnée d'une page transparente superposée ou figurent les légendes.

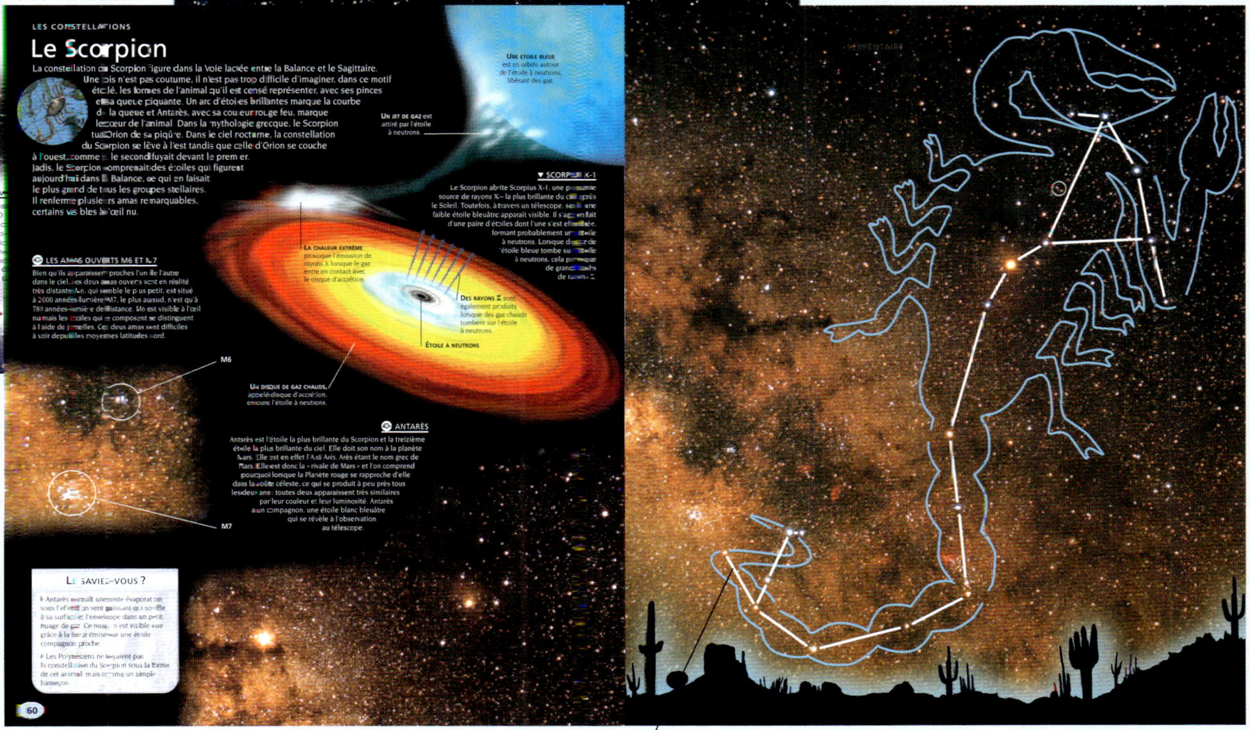

Friedrich Bessel

Né en Allemagne dans une grande famille, Friedrich Bessel (1784–1846) travailla dès l'âge de 15 ans dans une société d'import-export. Durant son apprentissage, il se prit de fascination pour l'astronomie et les mathématiques. À seulement 20 ans, il étonna tous les experts par ses calculs de l'orbite de la comète de Halley. On lui confia la charge d'un nouvel observatoire en Allemagne, où il continua ses travaux de mesure de la position des étoiles.

Des encadrés biographiques apparaissant à plusieurs reprises dans le livre présentent certains astronomes, anciens ou modernes, dont les travaux ont constitué une avancée dans la compréhension de l'Univers.

Les pages transparentes présentent les noms des étoiles et des objets du ciel profond. Elles comportent aussi la silhouette de la figure mythologique représentée par la constellation. Tournez la page pour découvrir une magnifique photographie du ciel nocturne.

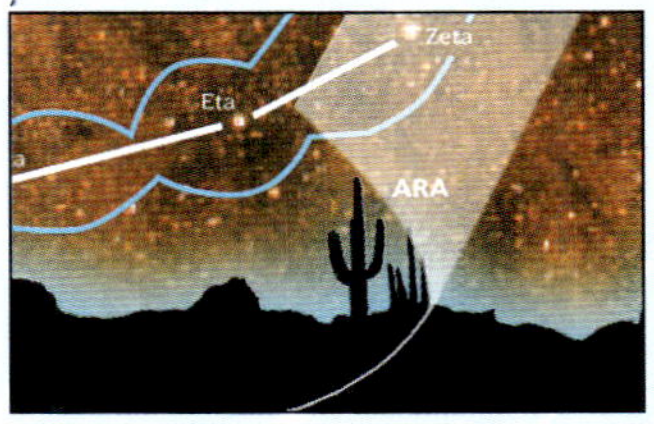

Des dessins expliquent le fonctionnement de la mécanique céleste.

▶ L'EXPLORATION DE L'ESPACE

Les pages d'exploration proposent une approche plus encyclopédique de l'Univers et ses mystères. Elles répondent à des questions sur les étoiles, les nébuleuses et les galaxies. Elles vous entraînent à la découverte du Soleil, de la Lune et du Système solaire. En lisant ces pages, vous comprendrez mieux certains phénomènes , la nature de tel ou tel objet céleste et les raisons de son existence. Vous commencerez à appréhender comment l'ensemble s'organise pour composer notre Univers.

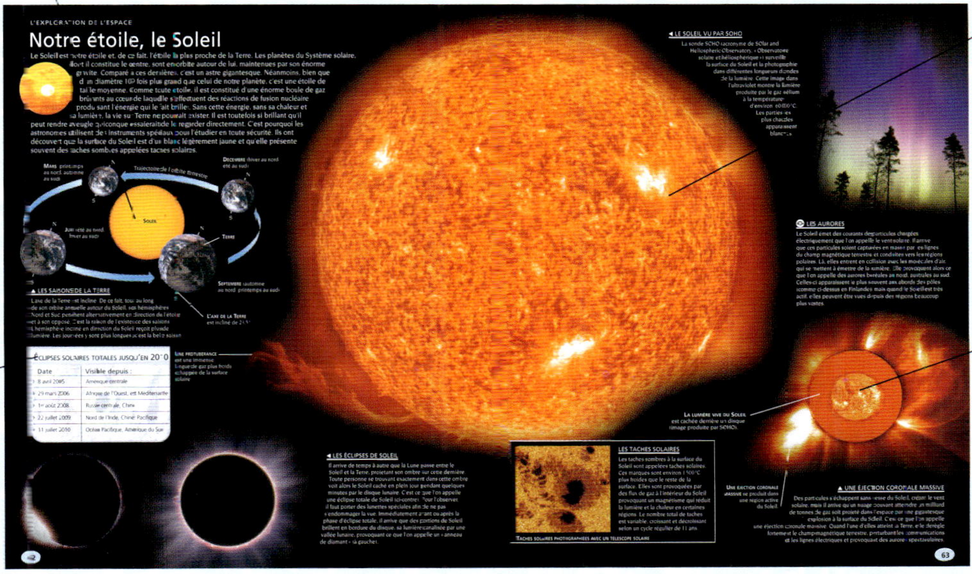

L'image principale peut être un dessin ou une photographie réalisée par un instrument scientifique, comme le télescope spatial Hubble.

Les images complémentaires apportent un surcroît d'information sur le sujet abordé.

Quelques tableaux répartis dans le livre présentent des chiffres et des événements concernant certains corps célestes : éclipses, pluies de météores, etc.

Éclipses solaires totales jusqu'en 2010

Date	Visible depuis :
8 avril 2005	Amérique centrale
29 mars 2006	Afrique de l'Ouest, est Méditerranée
1er août 2008	Russie centrale, Chine
22 juillet 2009	Nord de l'Inde, Chine, Pacifique
11 juillet 2010	Océan Pacifique, Amérique du Sud

Le ciel polaire du Nord

Depuis des siècles, l'homme se sert des étoiles situées autour du pôle Nord pour s'orienter à la surface de la Terre. L'Étoile polaire, également appelée Polaris, indique en effet le pôle Nord avec certitude puisqu'elle se situe pratiquement à sa verticale. Pour la trouver, il suffit d'imaginer une ligne droite passant par Mérak et Dubhe, les deux étoiles les plus brillantes de la constellation de la Grande Ourse. On les appelle aussi les Gardes. En relevant l'écart entre ces deux étoiles avec deux doigts, l'index et le majeur, et en le reportant cinq fois le long de la ligne, on tombe sur l'Étoile polaire. Cassiopée, qui forme un grand W très facile à trouver, est une autre constellation remarquable du ciel polaire de l'hémisphère Nord. Cassiopée et la Grande Ourse se situent de part et d'autre de l'Étoile polaire.

LA SPHÈRE CÉLESTE

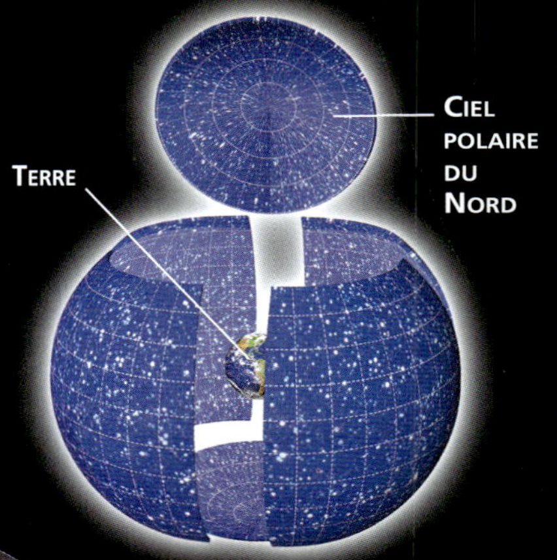

LA ROTATION DU CIEL

À cause du fait que la Terre tourne autour de son axe, le ciel tout entier semble tourner dans le sens inverse des aiguilles d'une montre autour du pôle Nord. Il met 23 heures et 56 minutes pour effectuer un tour complet.

LES ÉTOILES CIRCUMPOLAIRES

Vues depuis la France, les étoiles qui figurent dans cette région du ciel ne disparaissent jamais derrière l'horizon au cours de leur révolution quotidienne autour du pôle céleste. Elles y restent visibles toute la nuit, tout au long de l'année. On les appelle étoiles circumpolaires, parce qu'on les voit faire un tour complet autour du pôle.

Légende des cartes du ciel

Magnitudes -1 0 1 2 3 4 5 6

Étoiles doubles — Étoiles variables — Amas ouvert — Amas globulaire — Nébuleuse — Galaxie — Vestiges de supernova — Nébuleuse planétaire

LA GALAXIE DU TOURBILLON (M51)

Le Tourbillon est une spectaculaire galaxie spirale située dans la constellation des Chiens de chasse. La galaxie plus petite, en haut de l'image, est en orbite autour d'elle. Dans des millions d'années, les deux seront probablement réunies. Elles se situent à environ 13 millions d'années-lumière de la Terre.

LA NÉBULEUSE DE L'ŒIL DE CHAT

L'étoile en train de mourir qui se trouve au centre de cette image a expulsé ces coquilles de gaz il y a environ 1 000 ans. Elle a ainsi produit une superbe nébuleuse ressemblant à un œil de chat. Située dans la constellation du Dragon, elle se trouve à environ 3 000 années-lumière de la Terre.

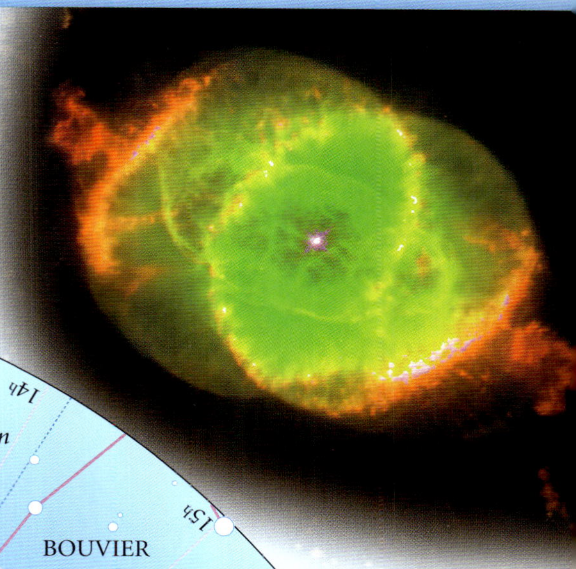

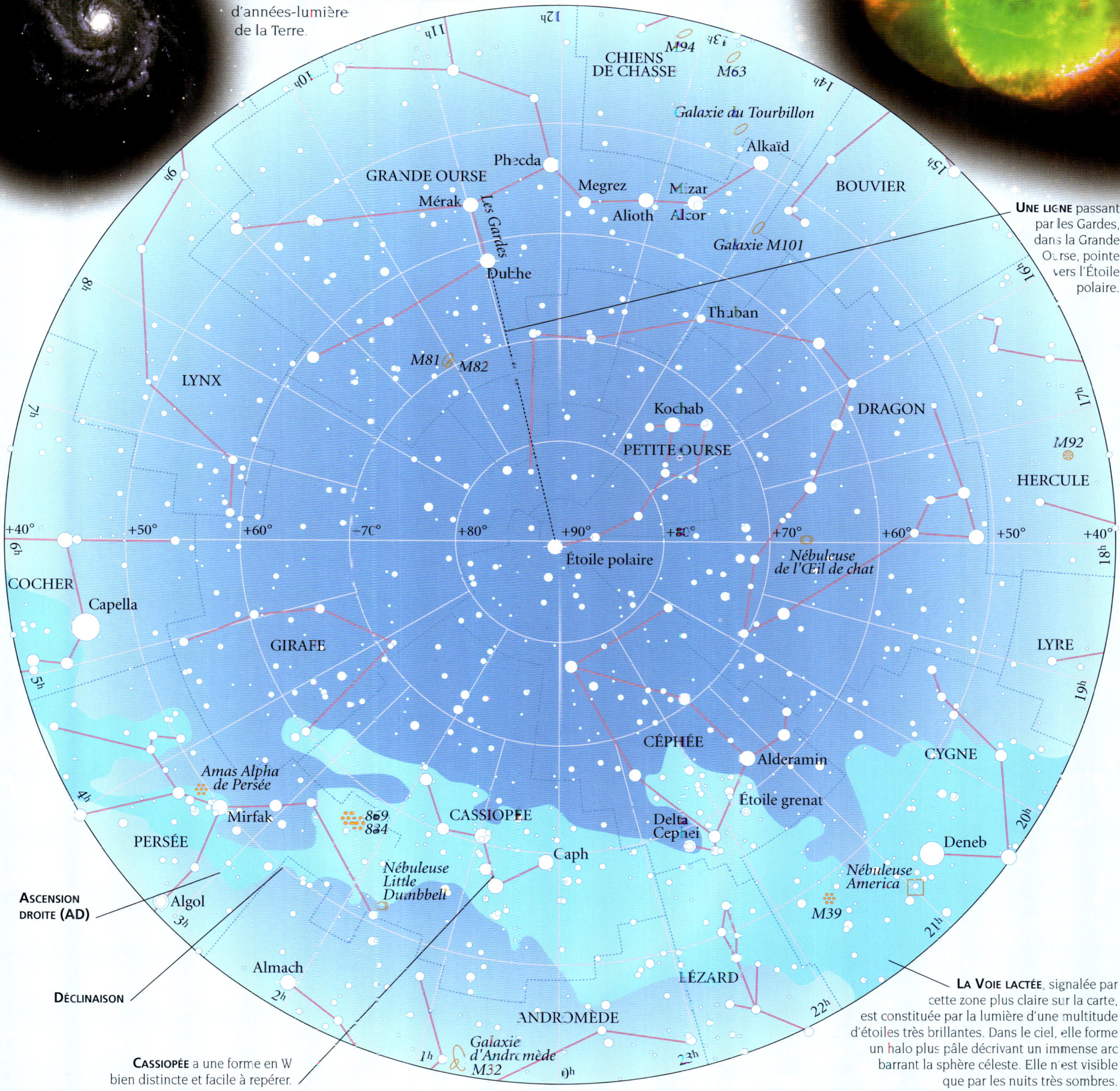

Une ligne passant par les Gardes, dans la Grande Ourse, pointe vers l'Étoile polaire.

Ascension droite (AD)

Déclinaison

Cassiopée a une forme en W bien distincte et facile à repérer.

La Voie lactée, signalée par cette zone plus claire sur la carte, est constituée par la lumière d'une multitude d'étoiles très brillantes. Dans le ciel, elle forme un halo plus pâle décrivant un immense arc barrant la sphère céleste. Elle n'est visible que par les nuits très sombres.

Le ciel polaire du Sud

Bien qu'il n'existe pas d'étoile à la verticale exacte du pôle Sud, on trouve beaucoup d'étoiles brillantes dans ses environs immédiats. Ce sont, par exemple, Alpha et Bêta Centauri (c'est-à-dire Alpha et Bêta du Centaure), ou bien Canopus, dans la Carène, et Achernar, dans l'Éridan. Ces quatre étoiles se situent à peu près à égale distance du pôle. Par ailleurs, une ligne passant par Gamma Crucis (Gamma de la Croix du Sud) et Acrux, dans la Croix du Sud, pointe en direction du pôle. Une fois que l'on sait reconnaître ces quelques étoiles, il devient facile de prendre ses repères dans le ciel de l'hémisphère Sud. Deux galaxies proches, le Grand Nuage de Magellan et le Petit Nuage de Magellan, forment deux halos plus clairs dans le sud de cette portion de ciel nocturne.

LA SPHÈRE CÉLESTE

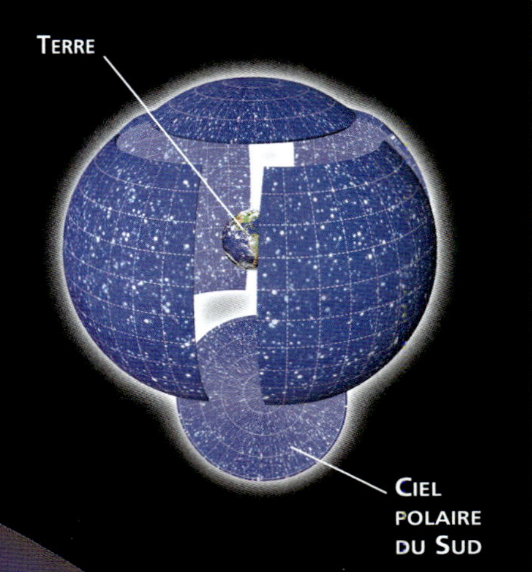

LE CIEL AUSTRAL

Les étoiles figurant sur cette carte sont visibles toutes les nuits tout au long de l'année dans l'hémisphère Sud depuis toutes les latitudes égales ou supérieures à 40° Sud. Elles sont alors circumpolaires. Plus on se rapproche des pôles, plus le nombre d'étoiles circumpolaires augmente. Au pôle, toutes les étoiles de la voûte céleste sont circumpolaires.

LA ROTATION DU CIEL

Dans l'hémisphère Sud, le cie semble tourner dans le sens des aiguilles d'une montre autour du pôle céleste à l'inverse de l'hémisphère Nord

Légende des cartes du ciel

Magnitudes : -1, 0, 1, 2, 3, 4, 5, 6

Étoiles doubles — Étoiles variables — Amas ouvert — Amas globulaire — Nébuleuse — Galaxie — Vestiges de supernova — Nébuleuse planétaire

L'AMAS 47 TUCANAE

À proximité du Petit Nuage de Magellan, se situe l'un des plus magnifiques amas globulaires qu'on puisse trouver dans le ciel : 47 Tucanae, ou 47 du Toucan. Situé à environ 15 000 années-lumière de la Terre, il ressemble, quand on l'observe à l'œil nu ou aux jumelles, à une étoile entourée d'un halo. En fait, 47 Tucanae contient environ un million d'étoiles étroitement serrées en boule. Il est le deuxième plus brillant amas globulaire du ciel après celui d'Oméga du Centaure.

LA NÉBULEUSE DE LA TARENTULE

Cette vaste nébuleuse de gaz incandescent de 900 années-lumière de diamètre se trouve dans le Grand Nuage de Magellan. Elle est à peine visible à l'œil nu. Les photographies révèlent sa structure filamenteuse.

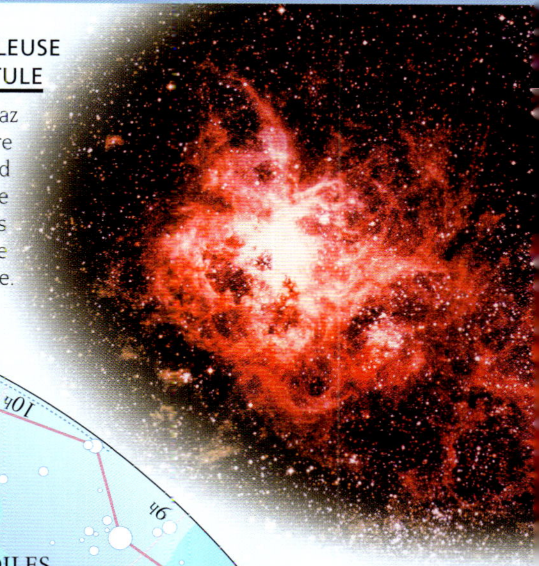

L'intersection des lignes venant de la Croix du Sud et d'Alpha et Bêta du Centaure indique le pôle Sud.

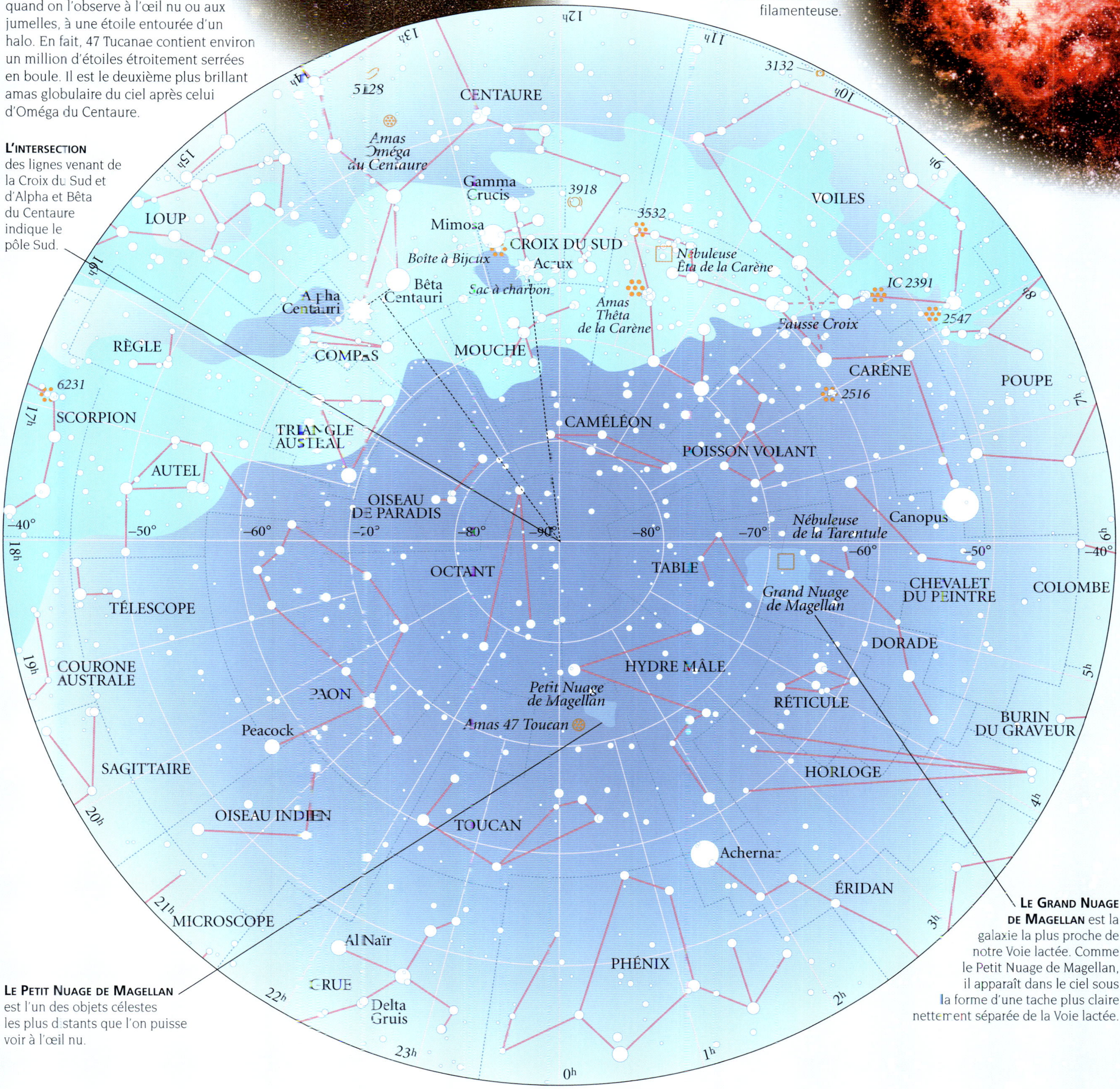

Le Petit Nuage de Magellan est l'un des objets célestes les plus distants que l'on puisse voir à l'œil nu.

Le Grand Nuage de Magellan est la galaxie la plus proche de notre Voie lactée. Comme le Petit Nuage de Magellan, il apparaît dans le ciel sous la forme d'une tache plus claire nettement séparée de la Voie lactée.

Le ciel équatorial 1

Cette partie du ciel nocturne est visible de septembre à novembre. À cette époque de l'année, Pégase est l'une des constellations les plus faciles à identifier. Trois de ses étoiles les plus brillantes (Bêta, Gamma Pegasi et Markab), délimitent, avec Alpheratz, située à l'extrémité de la constellation d'Andromède, un immense carré : le Grand Carré de Pégase. Au sud de Pégase, se trouvent plusieurs constellations en rapport avec l'eau : les Poissons, la Baleine, le Verseau, le Poisson austral et le Capricorne.

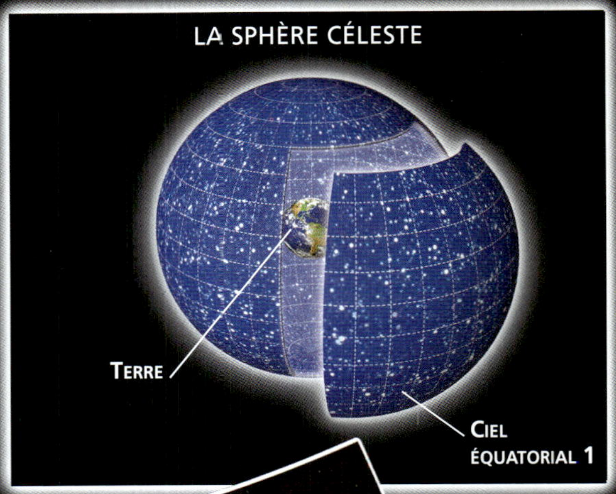

Légende des cartes du ciel

Magnitudes: -1, 0, 1, 2, 3, 4, 5, 6

Étoiles doubles — Étoiles variables — Amas ouvert — Amas globulaire — Nébuleuse — Galaxie — Vestiges de supernova — Nébuleuse planétaire

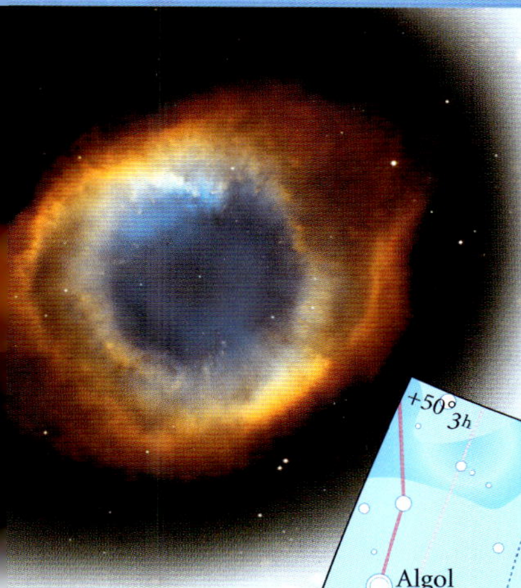

LA NÉBULEUSE HÉLIX (NGC 7293)

Hélix, dans le Verseau, est une nébuleuse planétaire : elle est formée de gaz expulsés par une étoile mourante. Vue de la Terre, elle ressemble à un anneau mais c'est en fait un long cylindre de gaz de mille milliards de kilomètres de long, dont nous voyons l'extrémité. Située à seulement 300 années-lumière, c'est l'une des nébuleuses planétaires les plus proches de la Terre. Pour l'apercevoir, il faut un ciel très sombre et au moins une paire de jumelles.

LA GALAXIE SPIRALE NGC 253

La constellation du Sculpteur abrite cette galaxie spirale, qui est l'une des plus brillantes de l'hémisphère Sud. À travers une paire de jumelles ou un petit télescope, elle ressemble à un petit halo en forme de cigare. NGC 253 se situe à environ 10 millions d'années-lumière de la Terre.

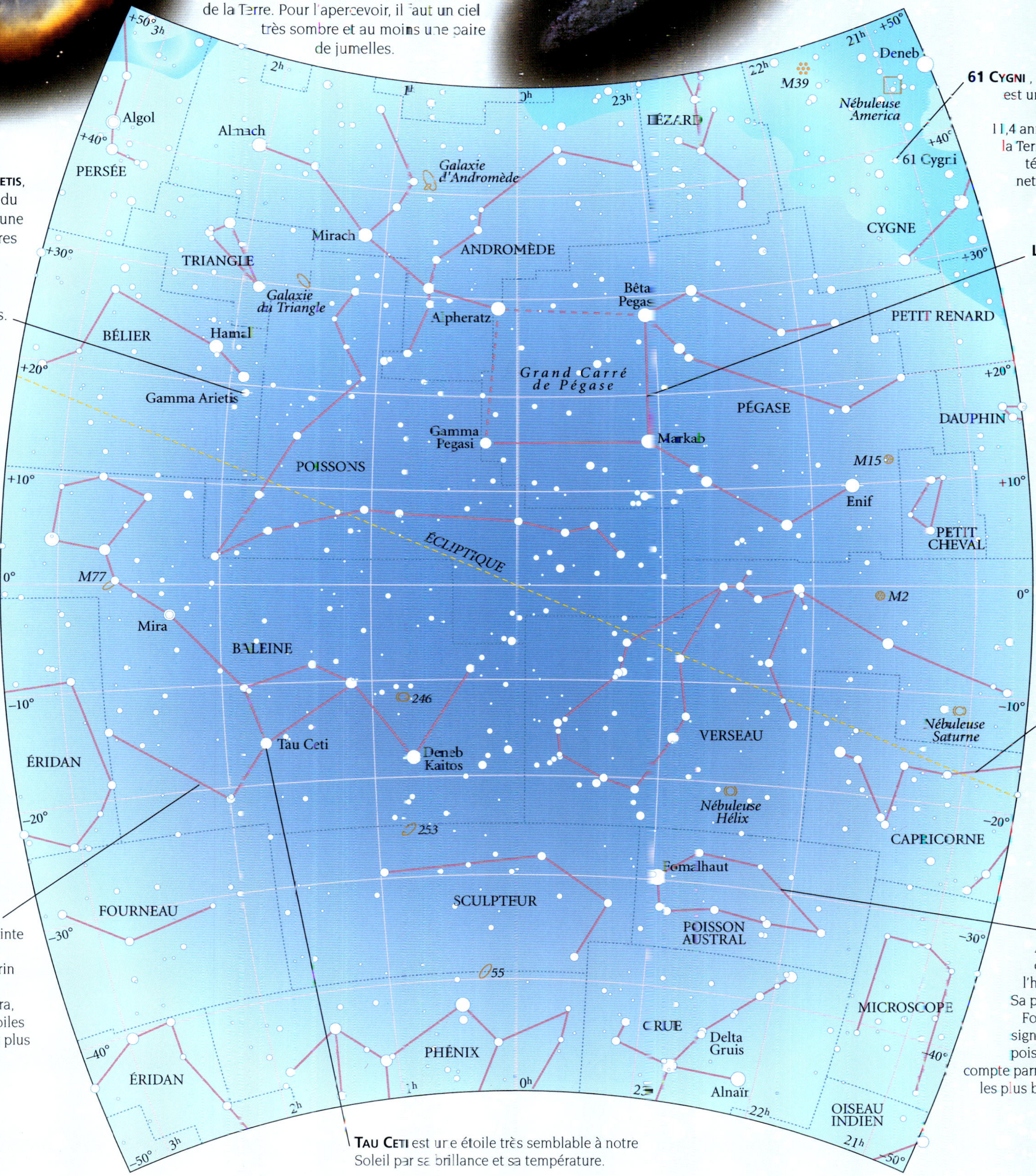

GAMMA ARIETIS, ou Gamma du Bélier, fut l'une des premières étoiles doubles à être découvertes.

LA BALEINE, qui est dépeinte comme un monstre marin mythique, renferme Mira, l'une des étoiles variables les plus connues.

TAU CETI est une étoile très semblable à notre Soleil par sa brillance et sa température.

61 CYGNI, ou 61 du Cygne, est une étoile double située à environ 11,4 années-lumière de la Terre. Avec un petit télescope, on voit nettement les deux étoiles qui la composent.

LE GRAND CARRÉ DE PÉGASE est délimité par quatre étoiles modérément brillantes.

LE CAPRICORNE est dépeint sous les traits d'une chèvre à queue de poisson.

LE POISSON AUSTRAL est une constellation de l'hémisphère Sud. Sa principale étoile, Fomalhaut (ce qui signifie « bouche du poisson » en arabe), compte parmi les 20 étoiles les plus brillantes du ciel nocturne.

Le ciel équatorial 2

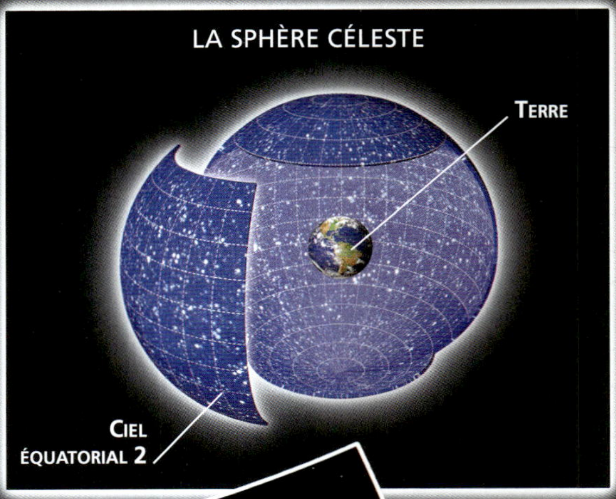

La zone la plus brillante de la Voie lactée domine cette région céleste, visible entre juin et août. Son halo barre le ciel presque au zénith et une magnifique collection d'amas et de nébuleuses sont alors visibles. Il arrive parfois – très rarement – qu'une étoile peu brillante se mette subitement à luire, pendant quelques semaines, d'un éclat des milliers de fois plus brillant que la normale. Il s'agit d'une étoile qui meurt, alors appelée « nova » (ou novae au pluriel, un mot latin qui signifie « nouveau »). La plupart des novae observées dans le passé l'ont été dans cette région de la Voie lactée. Mais c'est aussi une région où naissent beaucoup d'étoiles. Les nébuleuses Trifide, de l'Aigle et de la Lagune, par exemple, sont de véritables pouponnières de jeunes étoiles.

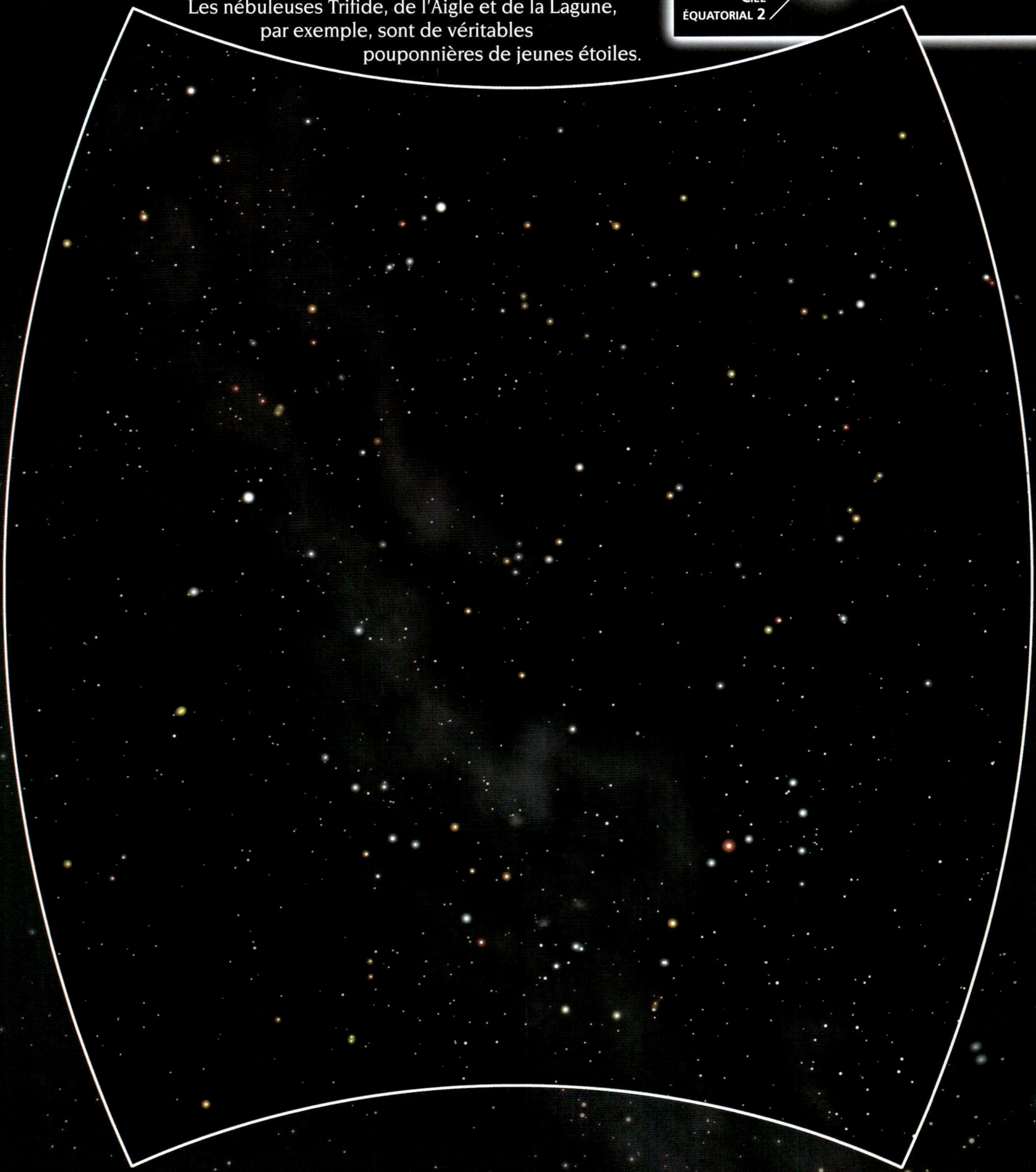

Légende des cartes du ciel

Magnitudes -1 0 1 2 3 4 5 6 | Étoiles doubles | Étoiles variables | Amas ouvert | Amas globulaire | Nébuleuse | Galaxie | Vestiges de supernova | Nébuleuse planétaire

LA NÉBULEUSE DE L'AIGLE (M16)

Cet étonnant nuage de gaz incandescents, situé à 7 000 années-lumière de la Terre, entoure un amas de jeunes étoiles qui n'ont que 2 millions d'années. C'est une région où de nouvelles étoiles sont encore en formation.

L'AMAS DU CANARD SAUVAGE (M11)

Cet amas ouvert se situe tout près d'un ensemble d'étoiles dessinant un C, non loin de la frontière entre les constellations de l'Aigle et de l'Écu. Vu à travers des jumelles ou un petit télescope, il présente une forme en éventail, ou en V, évoquant des canards volant en formation. Les étoiles qui composent cet amas sont nées il y a environ 150 millions d'années.

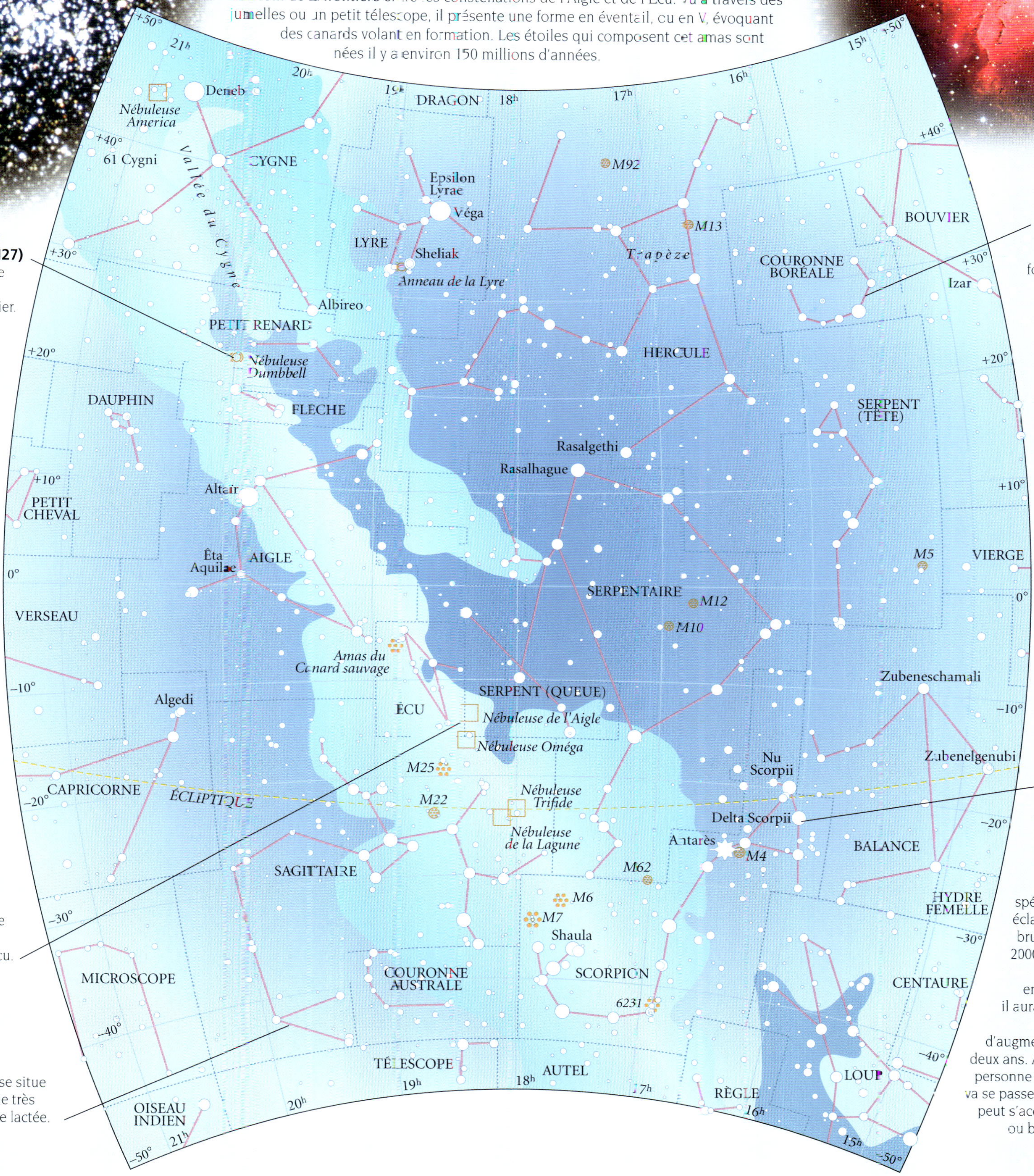

La nébuleuse Dumbbell (M27) fut découverte en 1764 par Charles Messier. Nous savons aujourd'hui qu'il s'agit d'une nébuleuse planétaire, c'est-à-dire les vestiges d'une étoile mourante.

La nébuleuse de l'Aigle se trouve entre la queue du Serpent et l'Écu.

Le Sagittaire se situe dans une partie très riche de la Voie lactée.

La Couronne boréale présente une forme en demi-anneau facile à localiser dans le ciel.

Delta du Scorpion, aussi appelée Dschubba, est une étoile variable qui intrigue les spécialistes. Son éclat a augmenté brusquement en 2000 mais au lieu de se réduire ensuite comme il aurait dû le faire, il a continué d'augmenter pendant deux ans. Actuellement, personne ne sait ce qui va se passer. Sa brillance peut s'accroître encore ou bien s'affaiblir.

Le ciel équatorial 3

Dans ce secteur du ciel, que l'on observe le mieux entre les mois de mars et mai, il y a peu d'étoiles très brillantes mais de nombreuses galaxies. On trouve notamment celles de l'Amas de la Vierge, situé à 50 millions d'années-lumière de la Terre. C'est l'amas de galaxies le plus proche de la Voie lactée et de notre Amas local. Il contient plus de 2 000 galaxies. Quelques-unes des plus brillantes sont observables avec une petite lunette ou un petit télescope d'amateur.

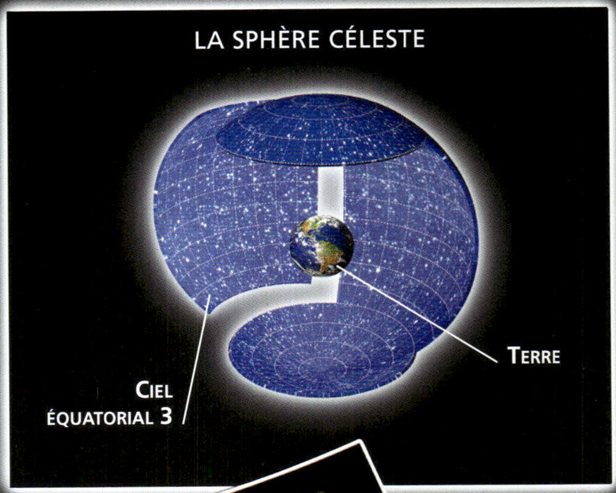

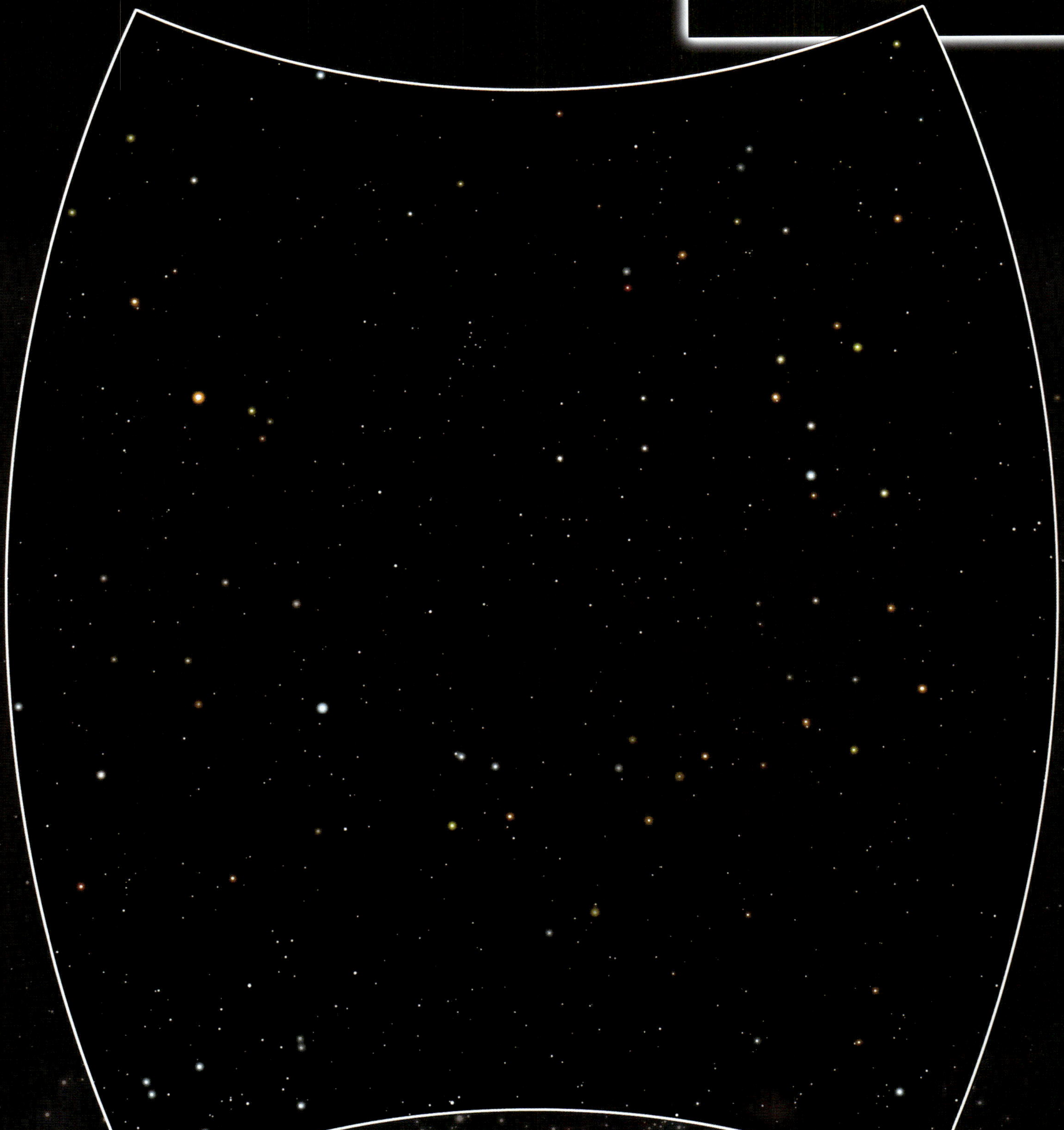

Légende des cartes du ciel

Magnitudes -1 0 1 2 3 4 5 6

Étoiles doubles — Étoiles variables — Amas ouvert — Amas globulaire — Nébuleuse — Galaxie — Vestiges de supernova — Nébuleuse planétaire

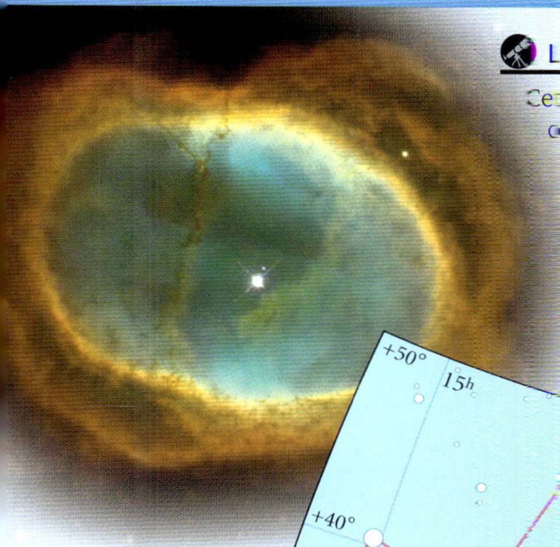

LA NÉBULEUSE NGC 3132

Cette nébuleuse planétaire se trouve dans la constellation des Voiles, dans l'hémisphère Sud. C'est l'une des plus faciles à observer avec un petit télescope. Cette nébuleuse a été créée par une étoile très faible, visible, au centre de notre photo, juste au-dessus de l'étoile brillante. Les coquilles de gaz qu'elle a expulsées sont actuellement en phase d'expansion dans l'espace. L'étoile brillante, quant à elle, se situe devant la nébuleuse.

LA GALAXIE SPIRALE M83

Cette magnifique galaxie spirale est beaucoup plus visible dans l'hémisphère Sud. À travers un petit télescope, elle ressemble à un petit halo rond. Elle est distante de 15 millions d'années-lumière environ. Les astronomes ont observé six explosions de supernovae dans M83 ; il s'agit d'une quantité inhabituellement élevée pour une seule galaxie.

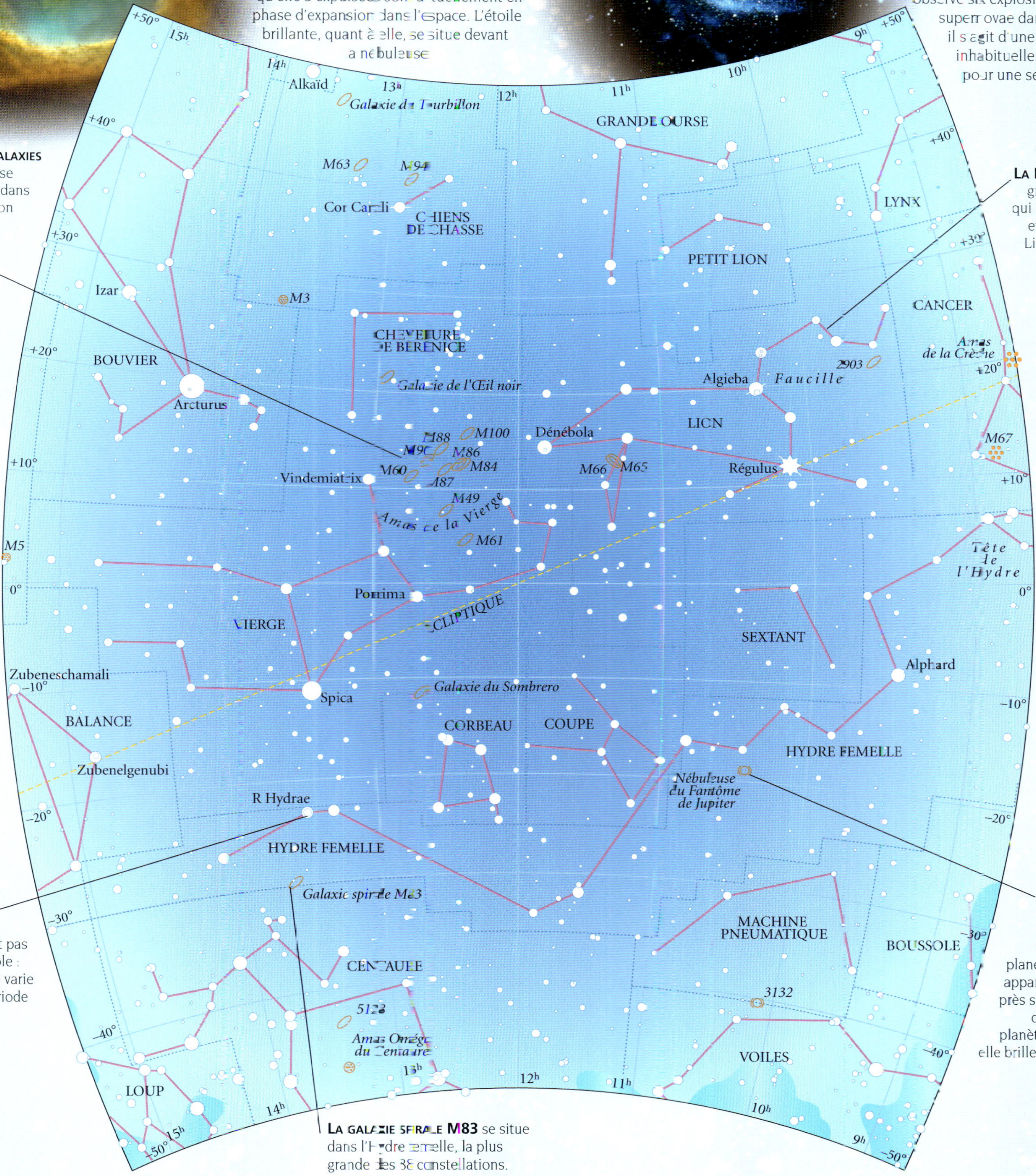

L'AMAS DE GALAXIES DE LA VIERGE se répand aussi dans la constellation voisine de la Chevelure de Bérénice.

LA FAUCILLE est un groupe d'étoiles qui forment la tête et la poitrine du Lion. Son dessin est très facile à repérer dans le ciel.

R HYDRAE, une étoile variable, n'est pas toujours visible : sa luminosité varie selon une période de 13 mois.

LA NÉBULEUSE DU FANTÔME DE JUPITER est une nébuleuse planétaire. Sa taille apparente est à peu près similaire à celle du disque de la planète Jupiter, mais elle brille d'un bleu-vert fantomatique.

LA GALAXIE SPIRALE M83 se situe dans l'Hydre femelle, la plus grande des 88 constellations.

Le ciel équatorial 4

On trouve dans cette région du ciel nocturne, visible de décembre à février, quelques étoiles très brillantes et des constellations remarquables. La portion de la Voie lactée qui la traverse, en revanche, est peu lumineuse et n'est visible que par des nuits très sombres, lorsque l'atmosphère est très pure. Les étoiles Sirius, dans le Grand Chien, et Procyon, dans le Petit Chien, toutes deux très lumineuses, sont très présentes. Mais la constellation qui semble dominer est celle d'Orion. Dans sa direction, un immense nuage sombre de gaz et de poussières, situé à 1 500 années-lumière, occupe l'espace : le Nuage moléculaire d'Orion. C'est une zone de formation d'étoiles.

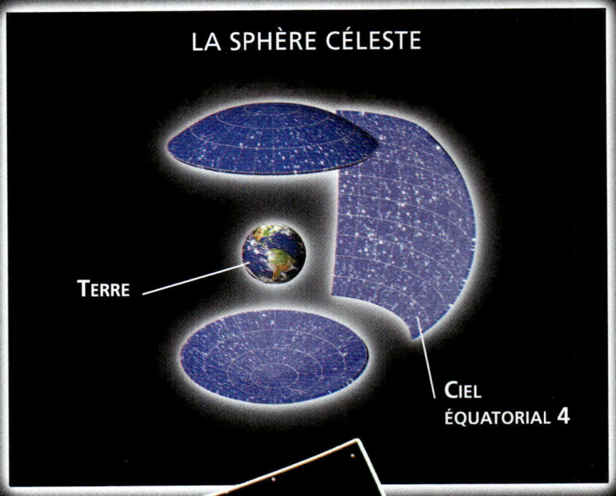

Légende des cartes du ciel

Magnitudes -1 0 1 2 3 4 5 6

Étoiles doubles — Étoiles variables — Amas ouvert — Amas globulaire — Nébuleuse — Galaxie — Vestiges de supernova — Nébuleuse planétaire

L'AMAS OUVERT NGC 2451

Cet amas, qui forme une paire avec NGC 2477 dans la constellation de la Poupe, est facile à localiser sous les latitudes australes. Il cerne en effet une étoile orange de troisième magnitude et compte plusieurs membres assez lumineux. NGC 2477 compte plus d'étoiles mais il est moins lumineux et nécessite un instrument pour être vu.

L'AMAS DE LA CRÈCHE (M44)

Pour embrasser la totalité de ce vaste amas ouvert, dans la constellation du Cancer, il est préférable de l'observer aux jumelles plutôt qu'avec une lunette ou un télescope. De forme ovale, son autre nom est Praesepe, mot latin signifiant « écurie ». Deux étoiles situées de part et d'autre de l'amas étaient jadis considérées comme des ânes se nourrissant dans l'écurie.

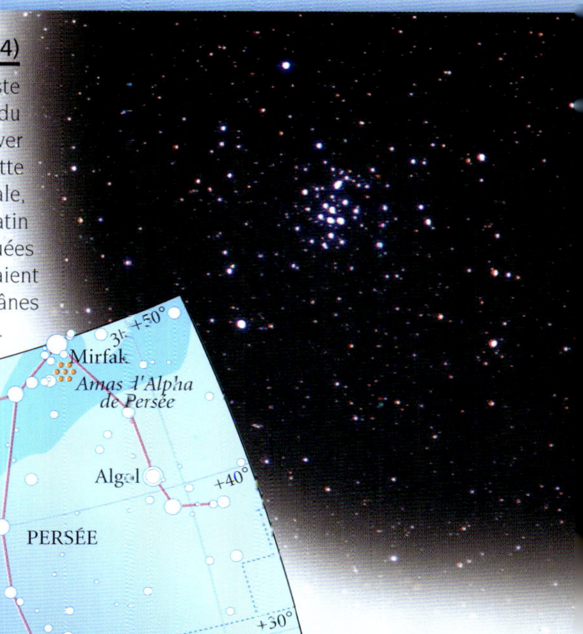

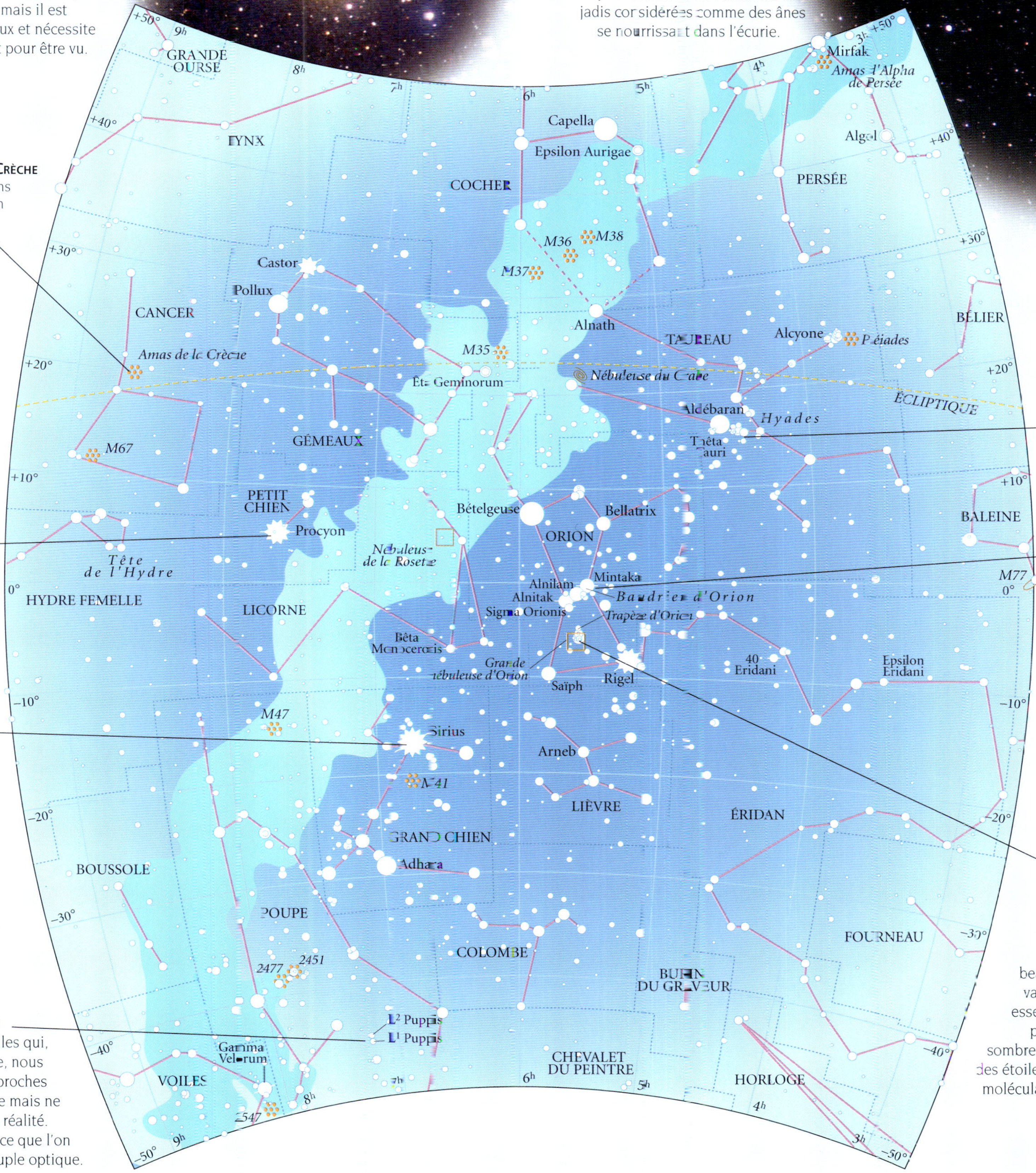

L'amas de la Crèche est localisé dans la constellation du Cancer.

Procyon est la huitième plus brillante étoile du ciel. Étoile double, elle a pour compagnon une naine blanche très faible.

Sirius est l'étoile la plus brillante du ciel. Comme Procyon, elle a pour compagnon une naine blanche de très faible luminosité, formant une étoile double.

L1 et L2 Puppis sont deux étoiles qui, depuis la Terre, nous apparaissent proches l'une de l'autre mais ne le sont pas en réalité. Elles forment ce que l'on appelle un couple optique.

Les Hyades forment un large amas en forme de V dans le Taureau.

Le Baudrier d'Orion est un point de repère dans le ciel.

La Grande Nébuleuse d'Orion (M42) fait partie d'une formation beaucoup plus vaste occupée essentiellement par un nuage sombre où naissent des étoiles : le Nuage moléculaire d'Orion.

Les étoiles de l'hémisphère Nord

Un fantastique combat se déroule dans le ciel de janvier. Le grand chasseur Orion, avec ses deux chiens (le Petit et le Grand Chien) à ses talons, semble parer une attaque du Taureau. Derrière Orion, à l'est, figure une créature beaucoup plus fantastique encore : la mythique Licorne. Au nord d'Orion, le Cocher s'étend en plein travers de la Voie lactée. Les champs stellaires qu'abrite cette constellation offrent une vue magnifique à travers une paire de jumelles.

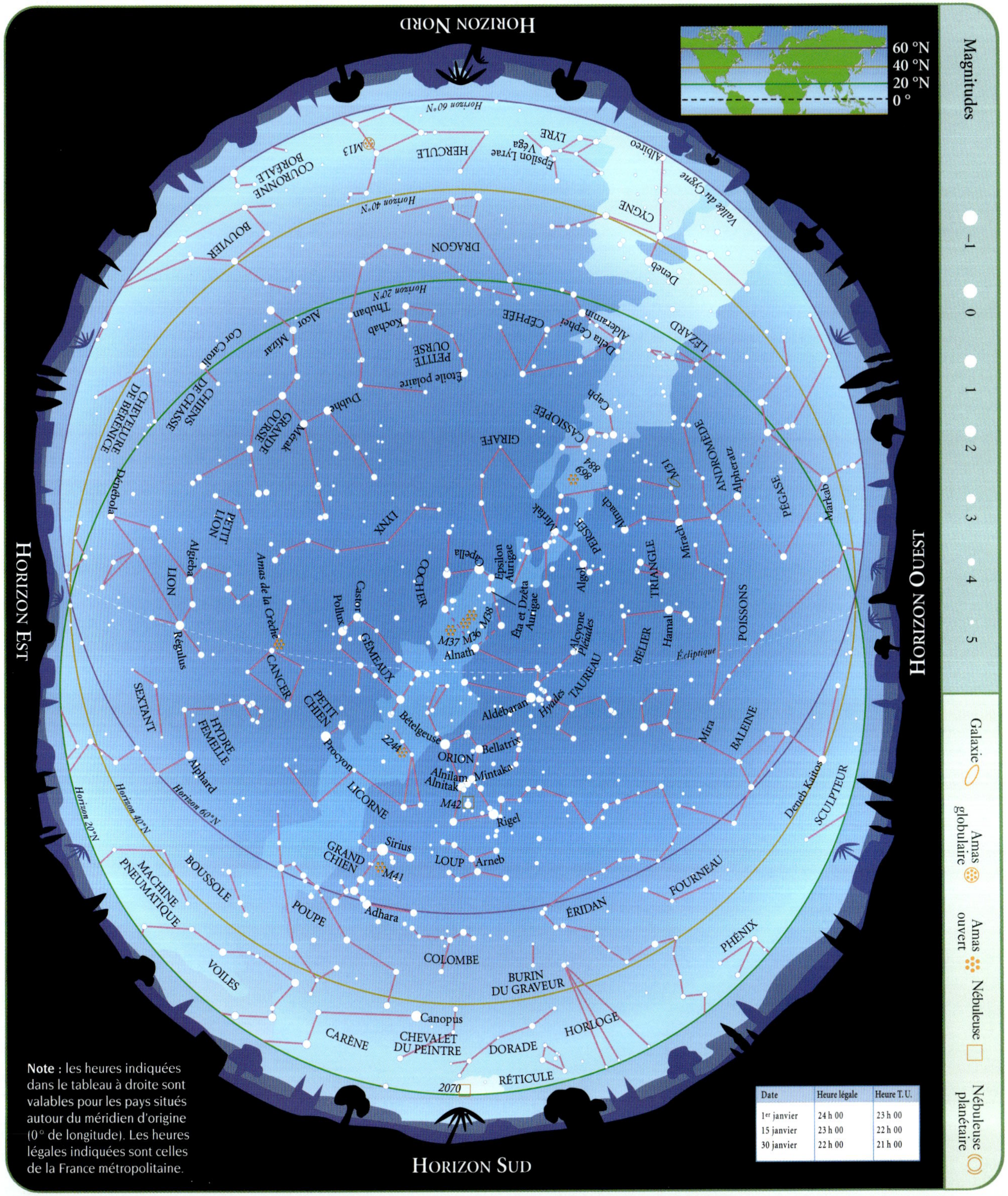

Date	Heure légale	Heure T.U.
1er janvier	24 h 00	23 h 00
15 janvier	23 h 00	22 h 00
30 janvier	22 h 00	21 h 00

Note : les heures indiquées dans le tableau à droite sont valables pour les pays situés autour du méridien d'origine (0° de longitude). Les heures légales indiquées sont celles de la France métropolitaine.

▶ LE COCHER

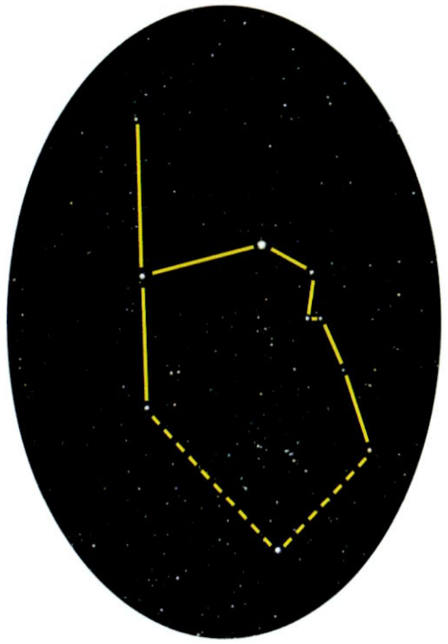

Le Cocher est généralement représenté portant une chèvre et ses deux – parfois trois – chevreaux dans les bras. Sa principale étoile, l'éclatante et légèrement jaune Capella, représente la chèvre. Pour les Grecs, Capella était rattachée à Amalthée, la chèvre nourricière du jeune Zeus. Au sud-ouest de Capella, Êta, Zêta et Epsilon Aurigae représentent les chevreaux. Alnath, l'étoile située à la base, était jadis celle qui marquait le pied droit du Cocher. Aujourd'hui, elle fait partie de la constellation du Taureau.

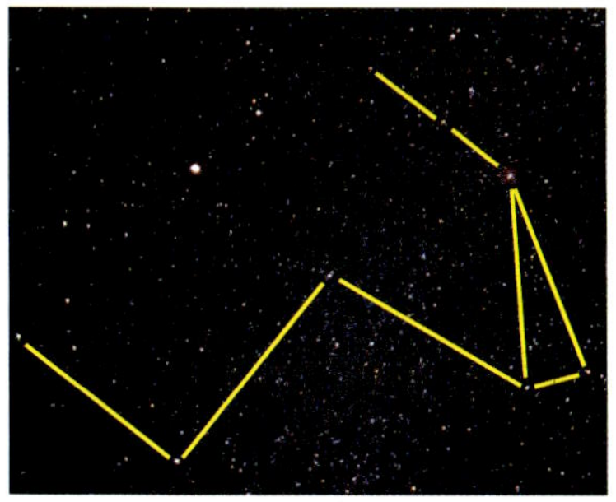

◀ LA LICORNE

Les étoiles qui composent la Licorne figurent dans la partie la plus sombre de la Voie lactée. La principale attraction de cette constellation est la nébuleuse de la Rosette. En son cœur se niche l'amas d'étoiles NGC 2244, observable au moyen d'une paire de jumelles.

LE SAVIEZ-VOUS ?

- On pense que l'étoile de Plaskett, une étoile de sixième magnitude située dans la constellation de la Licorne, serait l'étoile double la plus massive connue. Le couple aurait une masse supérieure à 100 masses solaires. Elle est située à environ 4 500 années-lumière de la Terre et peut être observée aux jumelles près de l'amas NGC 2244.
- Epsilon Aurigae a un étrange compagnon sombre qui éclipse sa lumière tous les 27 ans, provoquant une chute de moitié de sa luminosité. Sa prochaine éclipse aura lieu en 2009.

Les étoiles de l'hémisphère Sud

Orion est facile à localiser. Son Baudrier est le seul endroit du ciel où trois étoiles brillantes et très proches sont alignées de cette façon. Les principales étoiles de cette constellation peuvent servir de repères et d'indicateurs de direction pour identifier les constellations voisines, telles que l'Éridan et le Lièvre. Les deux étoiles les plus brillantes du ciel, Sirius et Canopus, sont toutes deux visibles à cette époque de l'année. On peut également observer le Grand Nuage de Magellan sous la forme d'un halo au sud du Chevalet du Peintre.

◀ L'ÉRIDAN

La longue et sinueuse Éridan représente une rivière de la mythologie grecque. Elle relie deux étoiles très brillantes, débutant près de Rigel, aux abords d'Orion, et s'achevant avec Achernar après avoir parcouru pratiquement une moitié de la voûte céleste.

▶ LE CHEVALET DU PEINTRE

Bien qu'il ne présente aucune étoile brillante, le Chevalet du Peintre est facile à trouver entre l'étoile Canopus, dans la constellation de la Carène, et le Grand Nuage de Magellan. L'une de ses étoiles, Bêta, est devenue célèbre parce qu'en 1984, on a découvert autour d'elle un disque de matière. Les astronomes pensent qu'un système de planètes pourrait être en formation au sein de ce disque.

▼ LE LIÈVRE

Le Lièvre semble détaler entre les pieds d'Orion, et le Grand Chien du chasseur le prend en chasse à travers le ciel. L'étoile la plus brillante du Lièvre est Arneb, ce qui signifie « le lièvre » en arabe. Comparée à sa voisine Orion, la constellation du Lièvre n'est pas très brillante, mais son dessin, facile à localiser, ressort bien dans le ciel.

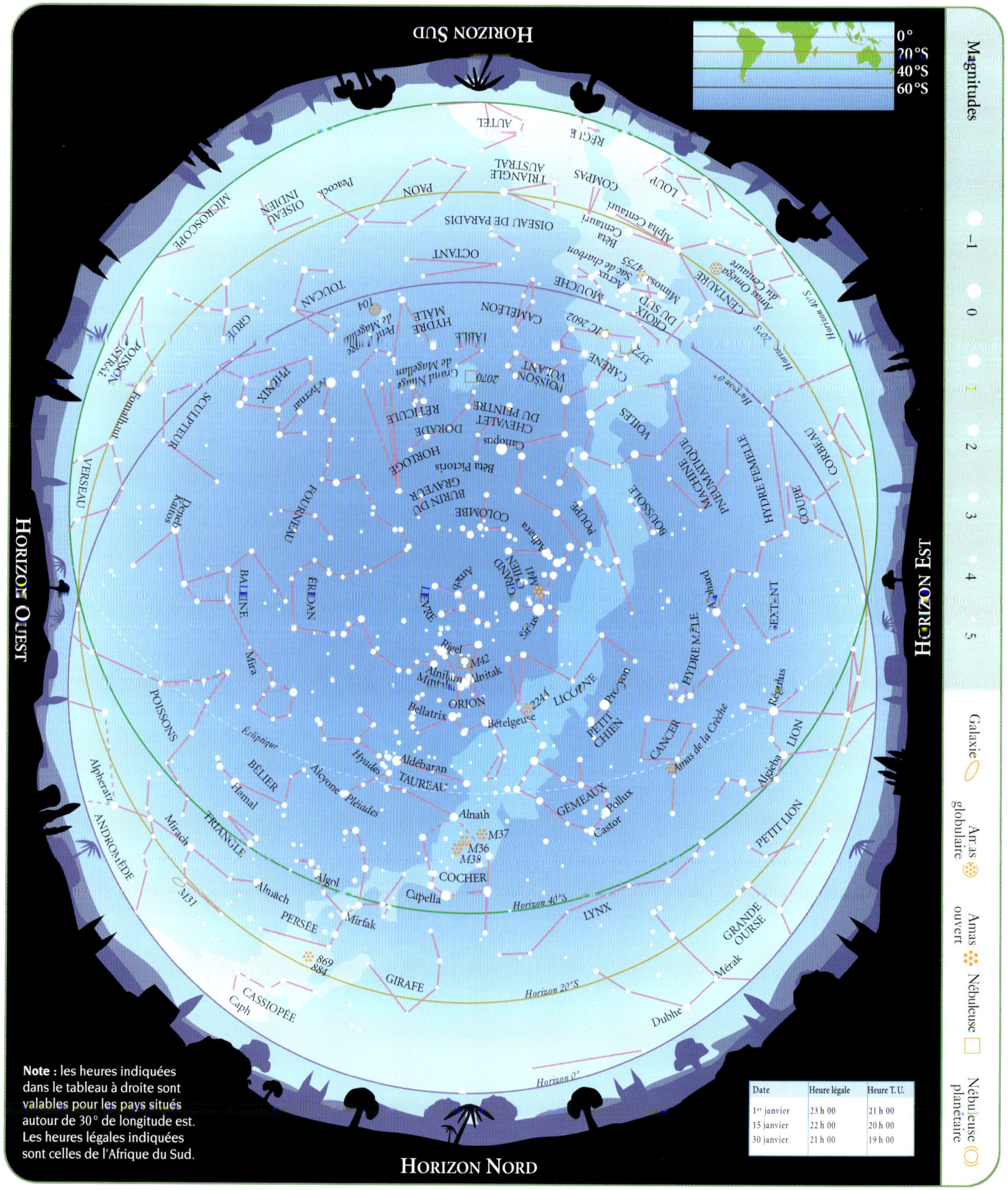

Note : les heures indiquées dans le tableau à droite sont valables pour les pays situés autour de 30° de longitude est. Les heures légales indiquées sont celles de l'Afrique du Sud.

Date	Heure légale	Heure T.U.
1er janvier	23 h 00	21 h 00
15 janvier	22 h 00	20 h 00
30 janvier	21 h 00	19 h 00

Orion

C'est l'hydrogène gazeux incandescent qui donne à la Grande nébuleuse d'Orion sa couleur rose sur les photographies.

Orion, le chasseur héroïque, enjambe le ciel d'une foulée déterminée.

Dans la mythologie grecque, il était le fils du puissant dieu de la mer Poséidon. Mais il n'était pas immortel et fut tué par une piqûre de scorpion. C'est sans doute pourquoi, dans le ciel nocturne, Orion semble fuir éternellement devant le Scorpion : il disparaît sous l'horizon ouest juste avant que ce dernier n'apparaisse, à l'est. De ce fait, ces deux constellations ne sont jamais visibles en même temps dans le ciel nocturne. Dans la direction d'Orion, un gigantesque nuage de gaz et de poussières constitue la zone de formation stellaire la plus proche de la Terre. Cette région de la voûte céleste abrite, en effet, bon nombre d'objets fascinants qui ont aidé les astronomes à comprendre comment naissent les étoiles. La magnifique constellation d'Orion est visible depuis les deux hémisphères de la Terre.

LE TRAPÈZE D'ORION

Au cœur de la Grande nébuleuse d'Orion figure un amas de centaines d'étoiles nées il y a quelque 300 000 ans. C'est leur disposition, vue depuis la Terre, qui a valu aux quatre plus brillantes le nom de Trapèze d'Orion. Chacune est 15 à 30 fois plus massive que notre Soleil, et brille jusqu'à 100 000 fois plus fort. Ces quatre étoiles, jeunes et puissantes, suffisent à elles seules, par leur rayonnement ultraviolet, à ioniser et faire briller toute la Grande nébuleuse. Elles émettent aussi de forts rayonnements X, mais par intermittence.

LA GRANDE NÉBULEUSE D'ORION (M42)

La Grande nébuleuse d'Orion forme comme une ampoule de plusieurs années-lumière de diamètre allumée devant le nuage sombre beaucoup plus vaste situé derrière. Par leurs puissantes radiations, de jeunes étoiles très brillantes ont ouvert comme une bulle dans le gaz autour d'elles ; une bulle que, maintenant, elles font briller. Des étoiles nouvelles continuent de naître en son sein, mais le processus met des centaines de milliers d'années à s'effectuer et n'est donc pas observable à l'échelle d'une vie humaine.

BÉTELGEUSE ET RIGEL

Deux des étoiles les plus brillantes qui composent Orion illustrent les deux extrêmes d'une vie d'étoile. Rigel, dans le pied d'Orion, est une jeune supergéante d'un blanc bleuâtre 40 000 fois plus brillante que le Soleil. Bételgeuse, qui marque l'épaule du chasseur, est, quant à elle, une supergéante rouge qui approche de la fin de sa vie.

Bételgeuse

Rigel

LE SAVIEZ-VOUS ?

- Orion contient plus d'étoiles brillantes que n'importe quelle autre constellation.
- Bételgeuse, dans Orion, est une étoile variable imprévisible. Généralement plus faible que Rigel, il lui arrive parfois de se mettre à briller plus fort qu'elle.

La lumière des étoiles chauffe la couche de gaz externe qui, peu à peu, se dissipe, réduisant lentement la nébuleuse.

Des étoiles sont probablement en formation au cœur de la nébuleuse.

LA NÉBULEUSE DE LA TÊTE DE CHEVAL

Cette célèbre nébuleuse sombre est en fait un nuage de poussières, dont la forme évoque celle d'une tête de cheval, au sein d'un nuage de gaz dans Orion. L'hydrogène gazeux incandescent (rose) situé autour est moins dense que le nuage sombre. C'est pourquoi on distingue des étoiles au travers. Certaines nuées de la tête de cheval reflètent la lumière des étoiles et apparaissent bleuâtres. Les zones les plus foncées sont des régions ou la poussière est si épaisse qu'elle dissimule tout ce qui se trouve derrière. Les quelques étoiles qui semblent apparaître au travers sont, en fait, situées devant.

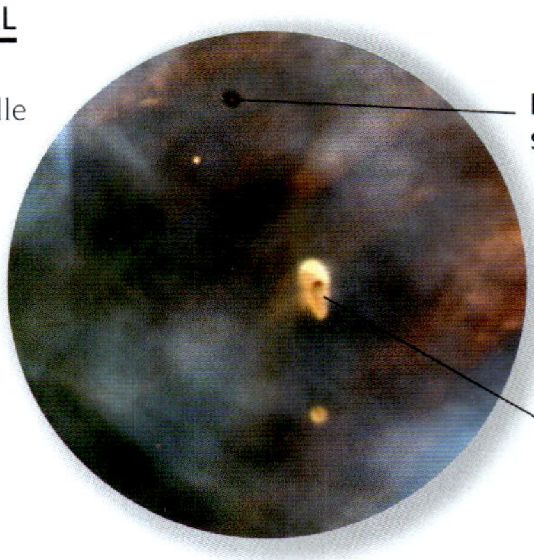

Proplyd sombre

Proplyd éclairé par son étoile

PROPLYDS EN FORMATION

Dans la Grande nébuleuse d'Orion, apparaissent de petits « grumeaux » appelés proplyds, ou disques protoplanétaires. Les astronomes pensent que ce sont des lieux où des systèmes planétaires pourraient être en formation autour d'une étoile. Certains sont foncés parce qu'ils cachent complètement leur étoile, d'autres sont éclairés par l'étoile elle-même.

La vie des étoiles

La durée de vie des étoiles se compte en millions ou milliards d'années et leurs changements d'aspect au cours du temps ne sont pas détectables à l'échelle d'une vie humaine. Étudier les cycles de vie des étoiles revient à étudier une forêt, dans laquelle les arbres n'appartiennent pas tous à la même espèce et n'ont pas tous le même âge. Comme les arbres, les étoiles ne se développent et ne vieillissent pas toutes à la même vitesse. Celles qui sont similaires à notre Soleil vivent à peu près 10 milliards d'années, mais les plus massives, qui consomment leur énergie plus vite, durent « à peine » quelques millions d'années. Lorsqu'une étoile passe d'une étape à l'autre de sa vie, son aspect se modifie. Nous allons suivre ici deux étoiles depuis leur naissance jusqu'à leur mort : une étoile moyenne (branche inférieure) et une étoile massive (branche supérieure).

▼ À L'ORIGINE EST LE GAZ

Le lieu de naissance d'une étoile est un nuage de gaz sombre et froid composé essentiellement d'hydrogène, appelé nuage moléculaire. Par hasard, un grumeau de gaz plus dense se forme au sein de ce nuage. Développant une attraction gravitationnelle plus élevée du fait de sa densité accrue, le grumeau se met à attirer de plus en plus de gaz environnant. Et plus il grossit, plus sa capacité à attirer du gaz augmente.

La nébuleuse du Cône est un nuage de gaz dans lequel se forment des étoiles. Elle est visible à travers un grand télescope.

▼ LA PROTO-ÉTOILE

Finalement, sous l'effet des particules qui s'entrechoquent, l'amas gazeux, dont la taille ne cesse d'augmenter, s'échauffe en son centre. Il est maintenant devenu une proto-étoile et brille d'un rouge terne. Lorsque le cœur atteint environ 10 millions de degrés Celsius, une réaction de fusion nucléaire s'amorce et l'étoile commence à briller.

▼ L'ÉTOILE JEUNE

La chaleur de la jeune étoile souffle le gaz qui l'entourait encore et elle commence à rayonner comme une étoile mature. À partir de ce stade, son avenir dépend de la masse de matière qu'elle renferme. Les étoiles, en effet, tendent à naître en groupes appelés amas, qui réunissent des astres de masses très variables. Les plus massifs ne prennent pas le même chemin que ceux de masse moyenne.

L'amas du Trapèze d'Orion est un groupe typique d'étoiles de formation récente.

Une étoile en formation est encore enveloppée du cocon de gaz qui lui a donné naissance.

Le saviez-vous ?

- Les étoiles les plus massives connues se trouvent dans un amas appelé R136. Elles seraient jusqu'à 150 fois plus massives que le Soleil et 10 millions de fois plus brillantes. En consommant leur énergie à cette vitesse, elles ne peuvent vivre que quelques millions d'années.
- La plupart des éléments chimiques présents dans l'Univers, y compris ceux qui composent notre corps, ont été créés dans les étoiles. Ils se mélangent aux nuages de gaz à partir desquels se forment les étoiles et les planètes.

▼ LES ÉTOILES MASSIVES

Les étoiles dont la masse est supérieure à cent fois celle de notre Soleil vont vivre quelques dizaines de millions d'années, émettant une lumière très brillante de couleur bleutée. Beaucoup de celles qui composent Orion, telles Rigel, sont de ce type. Lorsque leur réserve d'hydrogène est épuisée, ces étoiles commencent à enfler pour devenir des supergéantes.

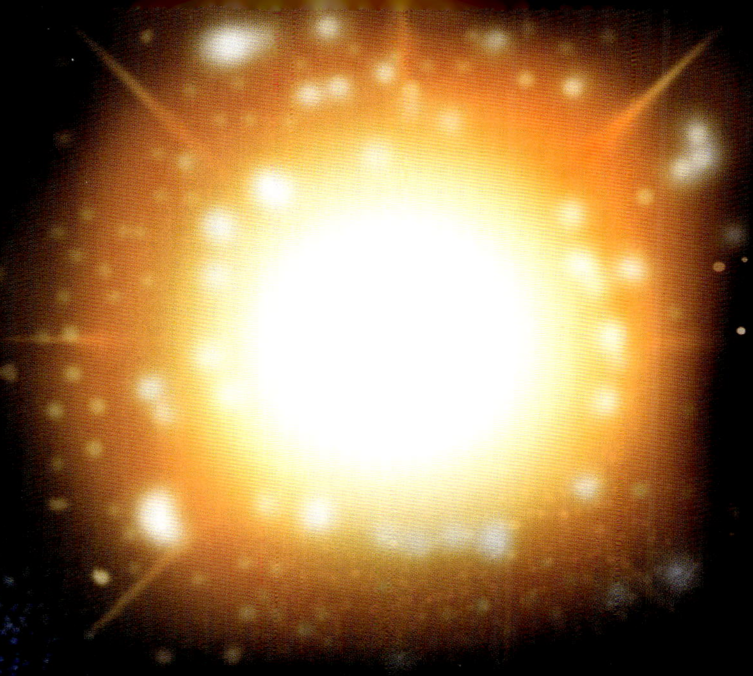

NÉBULEUSE DU CRABE

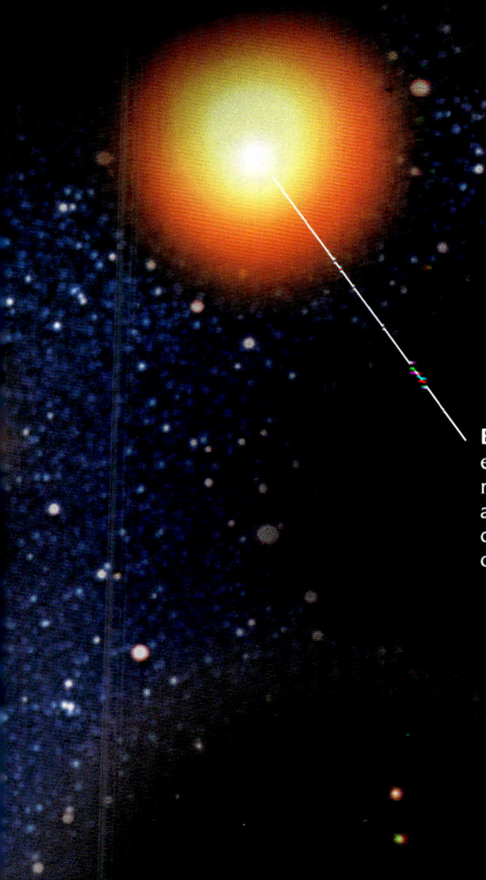

BÉTELGEUSE, dans Orion, est une supergéante rouge qui a grossi pour atteindre des centaines de fois le diamètre du Soleil.

▲ L'ÉTAPE SUPERNOVA

En approchant de la fin de sa vie, une étoile massive devient instable et, soudain, éclate en une gigantesque explosion, appelée supernova, dont la lumière peut être perçue à travers tout l'Univers. Dans la chaleur provoquée par l'explosion, des réactions nucléaires donnent naissance à de nombreux éléments chimiques, parmi lesquels des éléments lourds comme l'or et l'argent. Ces éléments sont alors projetés à travers l'espace. Les restes de l'étoile s'effondrent sur eux-mêmes et, en se recontractant, deviennent une minuscule étoile à neutrons ou bien un trou noir.

▲ LES VESTIGES D'UNE SUPERNOVA

La nébuleuse du Crabe, dans la constellation du Taureau, est constituée par les vestiges d'une supernova qui a été observée en 1054. Aujourd'hui faiblement visible à travers un petit télescope, elle renferme une étoile à neutrons faiblement lumineuse, aussi appelée pulsar. Celle-ci est en rotation rapide sur elle-même, effectuant 30 tours par seconde, et envoyant un jet d'ondes radio à chaque tour. Tandis que les restes des supernovae se déploient, ils dispersent des métaux lourds dans l'espace interstellaire.

ALDÉBARAN

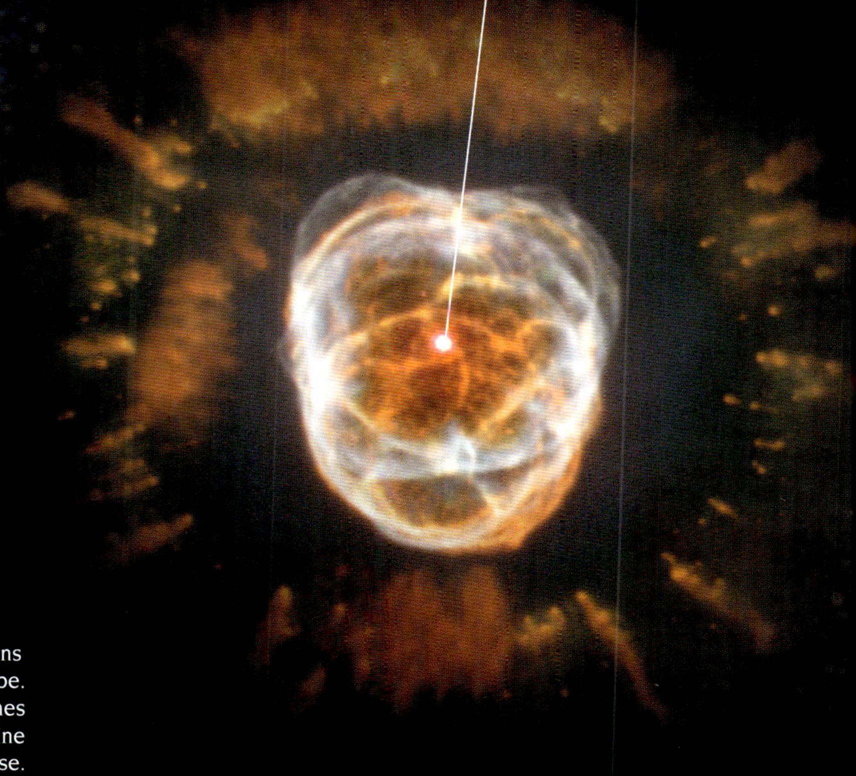

NAINE BLANCHE

▲ LES ÉTOILES MOYENNES

Les étoiles dont la masse est proche de celle du Soleil brillent de façon stable pendant des milliards d'années. Elles finissent tout de même par épuiser leur hydrogène et enflent alors pour devenir des géantes rouges, telle Aldébaran, dans le Taureau. Notre Soleil est à peu près à la moitié de cette étape de sa vie et va briller encore durant cinq milliards d'années avant de se transformer en géante rouge.

▶ UNE NÉBULEUSE PLANÉTAIRE

Les géantes rouges expulsent leurs couches externes, créant autour d'elles de très belles coquilles de gaz dénommées nébuleuses planétaires (bien qu'elles n'aient rien à voir avec des planètes). C'est le cas de la nébuleuse de l'Esquimau (ci-contre) dans les Gémeaux, visible avec un petit télescope. Les restes de l'étoile s'effondrent sur eux-mêmes pour former un minuscule objet appelé naine blanche, peu lumineux mais très dense.

Les étoiles de l'hémisphère Nord

C'est au cours de février que l'écliptique, qui marque la trajectoire suivie par la Lune et les planètes, est au plus haut dans le ciel nocturne. D'ailleurs, lorsque la Lune est pleine, vous pouvez constater combien elle est haute et brillante. L'écliptique traverse la constellation des Gémeaux, dont les deux étoiles les plus brillantes sont Castor et Pollux. Parmi les autres étoiles remarquables de cet hémisphère, figure bien évidemment l'Étoile polaire. Elle est située à la verticale du pôle Nord et marque la pointe de la queue de la Petite Ourse.

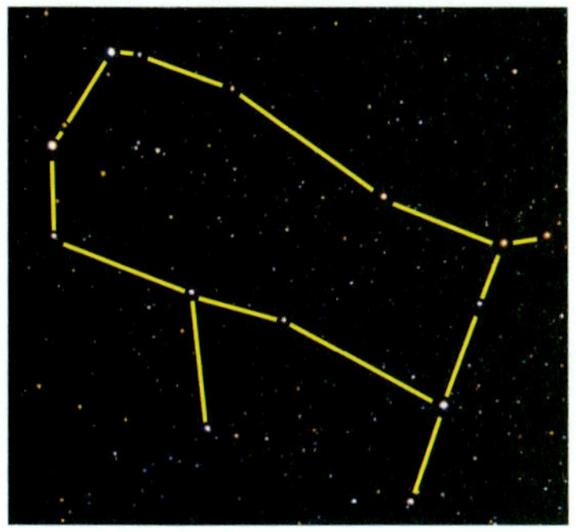

◀ LES GÉMEAUX

Castor et Pollux sont considérés comme les jumeaux célestes. Dans la mythologie grecque, ils furent réunis dans le ciel après leur mort. Les deux étoiles, toutefois, ne sont pas identiques : Pollux est plus brillante, plus jaune et, située à 25 années-lumière, elle est deux fois plus proche de la Terre que Castor. Très lumineux, ces deux astres marquent la tête des jumeaux, tandis que les deux longues lignes d'étoiles qui les prolongent définissent le corps.

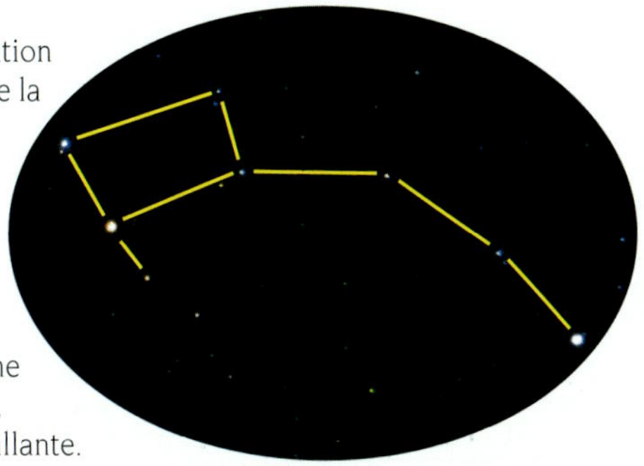

▶ LA PETITE OURSE

Le dessin de cette constellation est très semblable à celui de la Grande Ourse, mais moins étendu et les étoiles sont moins vives. Beaucoup de gens croient que l'Étoile polaire, ou Polaris, est l'étoile la plus brillante du ciel, ce qui est faux. Avec une magnitude moyenne de 2,0, elle n'est que la 49e plus brillante.

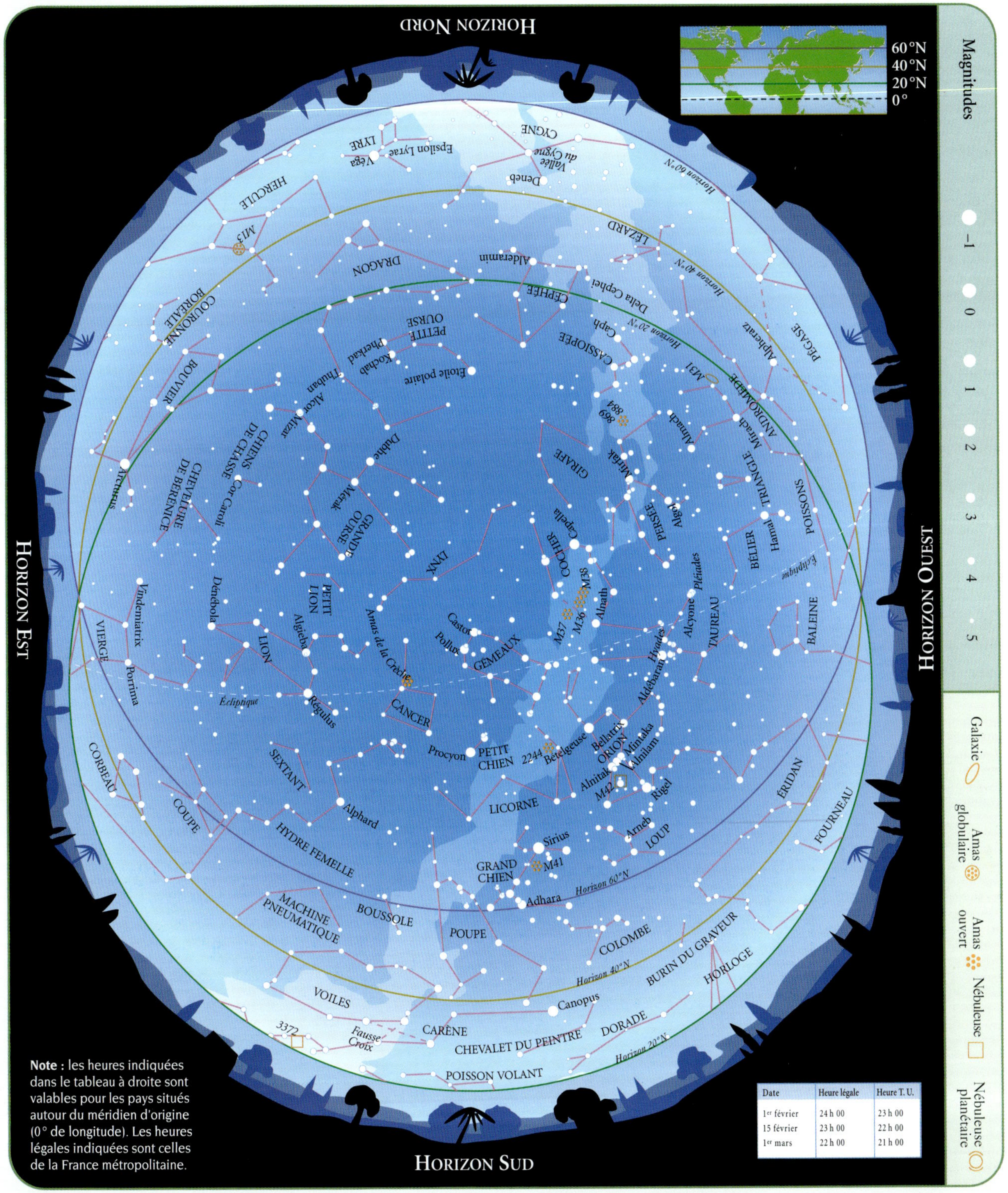

Le saviez-vous ?

- La constellation des Gémeaux renferme un pulsar très inhabituel nommé Geminga, qui délivre de puissants jets de rayons gamma et X, mais, contrairement aux autres pulsars, aucune onde radioélectrique.
- Le pôle Nord céleste décrit lentement un large cercle dans le ciel à cause du mouvement de précession de la Terre (voir page 7). En l'an 2102, il se trouvera au plus près de l'Étoile polaire. Il y a 5 000 ans, aucune étoile brillante ne se trouvait à la verticale du pôle Nord.

Les étoiles de l'hémisphère Sud

Même si la Voie lactée barre le ciel nocturne en plein travers à cette époque de l'année, elle reste difficile à distinguer sauf par les nuits les plus sombres car c'est sa région la moins lumineuse qui s'offre à la vue. Cela s'explique par le fait que, au lieu de regarder vers le centre très lumineux de notre galaxie, nous regardons alors, au contraire, vers l'extérieur. Les deux étoiles les plus brillantes du ciel, Sirius et Canopus, quant à elles, se trouvent pratiquement au zénith durant les nuits d'été, avec, entre elles, les constellations de la Poupe et de la Colombe. En tirant, depuis Sirius, une ligne imaginaire passant par Canopus, on tombe, dans la constellation de la Dorade, sur le Grand Nuage de Magellan.

▶ LA POUPE

Cette constellation représente l'étrave du navire mythique *Argo*, sur lequel Jason et les Argonautes partirent à la recherche de la Toison d'or. Jadis membre d'une constellation beaucoup plus vaste qui fut divisée au XVIIIe siècle, la Poupe ne renferme que des étoiles moyennement brillantes. Mais elle se trouve dans une riche région de la Voie lactée et abrite de nombreux amas d'étoiles.

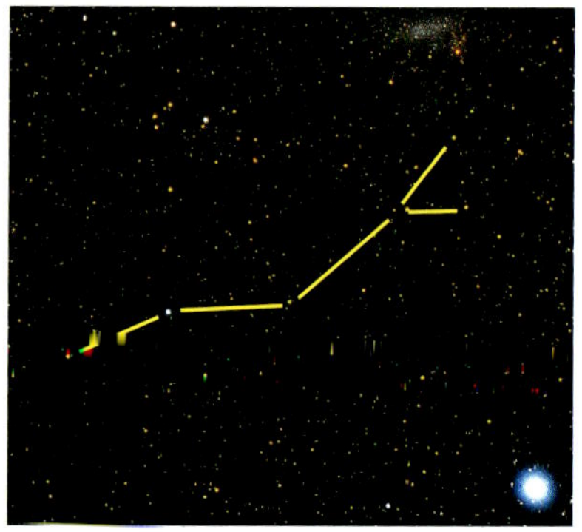

◀ LA DORADE

Cette constellation représente un cyprin tropical, mais elle a aussi été signalée sous les traits d'un espadon. Elle est connue surtout pour renfermer le Grand Nuage de Magellan, qui, avec son homologue plus petit, fut ainsi nommé en hommage au navigateur portugais Ferdinand Magellan, le premier à les avoir signalées en 1519.

▶ LA COLOMBE

Parmi les constellations que reconnaissent aujourd'hui les astronomes, la Colombe est la seule qui tire son nom d'un épisode de la Bible. Identifiée en 1592 par un cartographe hollandais du nom de Petrius Plancius, elle est la colombe que Noé envoya depuis son Arche pour aller reconnaître une terre.

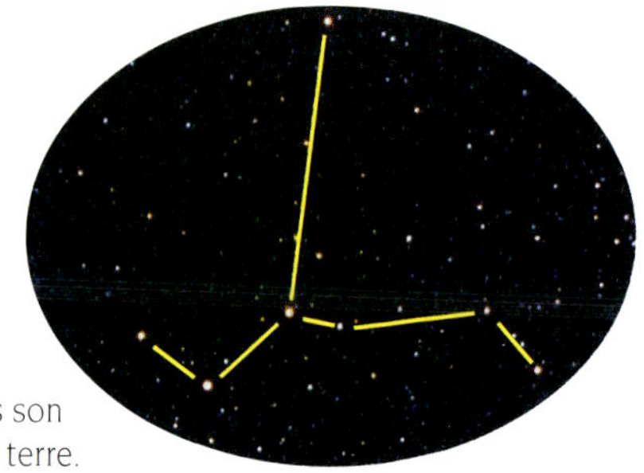

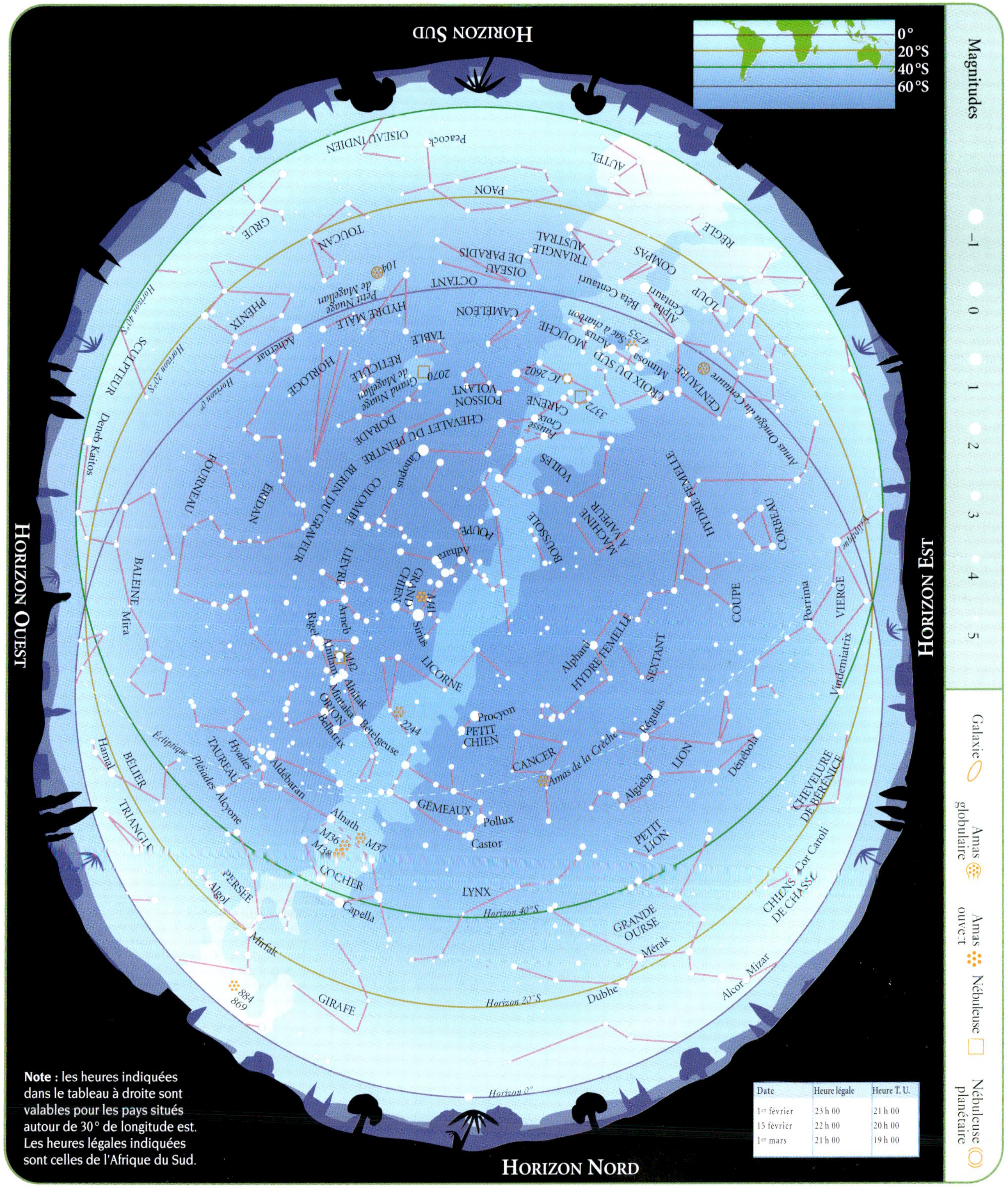

Note : les heures indiquées dans le tableau à droite sont valables pour les pays situés autour de 30° de longitude est. Les heures légales indiquées sont celles de l'Afrique du Sud.

Date	Heure légale	Heure T. U.
1er février	23 h 00	21 h 00
15 février	22 h 00	20 h 00
1er mars	21 h 00	19 h 00

Le Grand Chien

Voici le plus grand des deux chiens du chasseur Orion. Certains mythes grecs s'y réfèrent sous le nom de Laelaps, le plus rapide de tous les chiens, appartenant à Diane, la déesse de la chasse. Bien que située au sud de l'équateur céleste, cette constellation est visible depuis les deux hémisphères. Elle renferme l'étoile la plus brillante du ciel, Sirius, également appelée l'Étoile du Chien. Les Égyptiens de l'Antiquité, quant à eux, l'appelaient l'Étoile du Nil parce que, lorsqu'elle se levait juste avant le Soleil dans le ciel de l'est, elle annonçait l'arrivée de la crue annuelle du fleuve. En juillet et en août, Sirius est proche du Soleil. À cette période, en effet, elle n'apparaît pas dans le ciel nocturne : elle se trouve au-dessus de nos têtes durant le jour, non loin de l'Astre du Jour. Les Anciens croyaient alors que, sa chaleur venant s'ajouter aux rayons solaires, elle contribuait aux fortes températures de l'été dans l'hémisphère Nord. Or, les Romains l'avaient appelée Canicula, la « petite chienne », et ce nom a donné le terme « canicule », qui désigne les fortes chaleurs. Quant au nom « Sirius », il vient du Grec *seirios* qui signifie aussi « forte chaleur ».

LA CONSTELLATION DU GRAND CHIEN

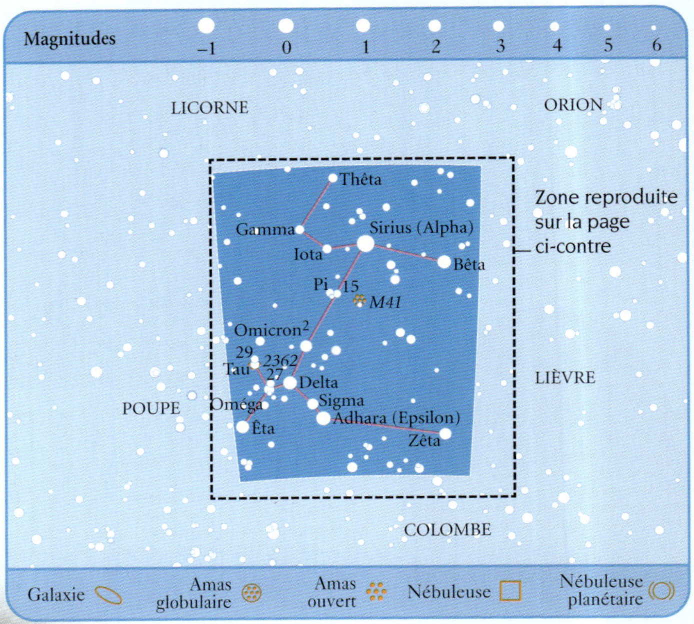

SIRIUS A ET SIRIUS B

Sirius (ou Sirius A) a un compagnon : une autre étoile nommée Sirius B, qui fut la première naine blanche à être identifiée. En orbite autour de Sirius, elle en fait le tour complet en 50 ans. Les naines blanches sont des étoiles en fin de vie, donc très petites et peu lumineuses. Sirius B n'est que cinq fois plus grosse que la Terre. Bien que beaucoup moins brillante que Sirius, sur la photographie aux rayons X ci-contre, c'est elle qui présente l'éclat le plus vif.

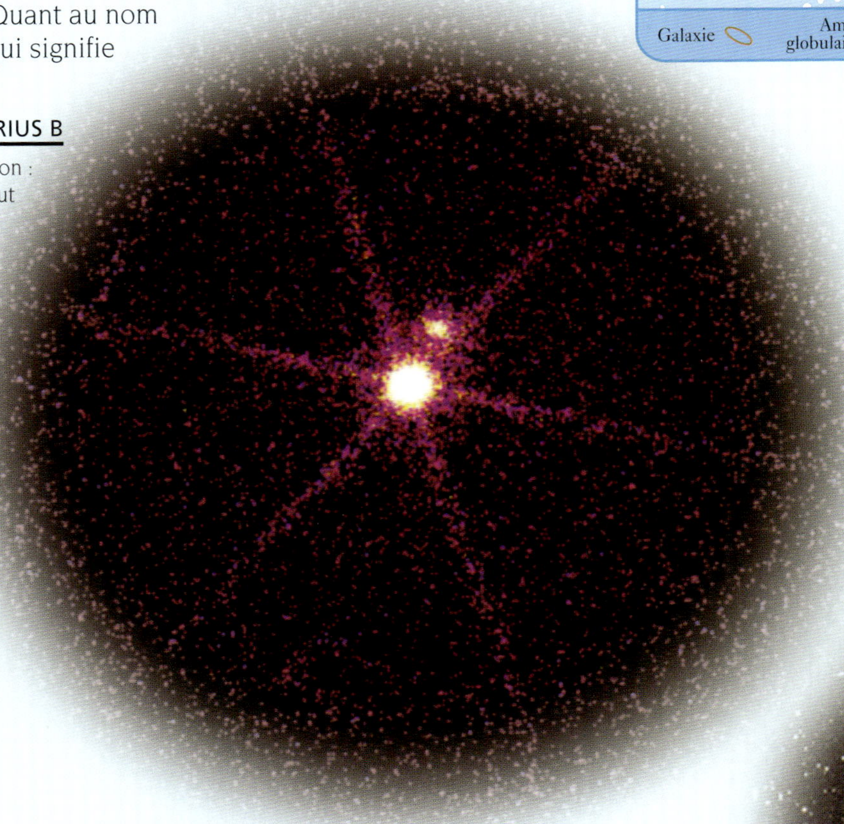

L'AMAS OUVERT M41

Au sud de Sirius, figure ce joli petit amas que les Grecs anciens avaient identifié comme un mystérieux petit point nuageux. Il contient environ 80 étoiles dont la plupart sont bleues (voir pages 32-33), mais certaines rouges également. M41 est situé à environ 2 350 années-lumière de la Terre.

L'AMAS OUVERT NGC 2362

Jetez un coup d'œil à travers un petit télescope sur l'étoile Tau du Grand Chien et vous découvrirez ce petit amas qui l'entoure. L'étoile Tau elle-même est une supergéante bleue très brillante ; les autres sont d'une luminosité beaucoup plus faible. Âgé d'environ 1 million d'années, c'est l'un des plus jeunes amas connus.

Friedrich Bessel

Né en Allemagne dans une grande famille, Friedrich Bessel (1784–1846) travailla dès l'âge de 15 ans dans une société d'import-export. Durant son apprentissage, il se prit de fascination pour l'astronomie et les mathématiques. À seulement 20 ans, il étonna tous les experts par ses calculs de l'orbite de la comète de Halley. On lui confia la charge d'un nouvel observatoire en Allemagne, où il continua ses travaux de mesure de la position des étoiles.

▼ LE MOUVEMENT DE SIRIUS

Friedrich Bessel observa le mouvement de Sirius sur une période de 10 ans. Ses mesures indiquaient qu'au lieu d'être stable dans le ciel, la trajectoire de l'étoile présentait des ondulations. Bessel suggéra alors que cela pouvait être dû à l'attraction gravitationnelle d'une étoile compagnon. Les astronomes recherchèrent en vain ce compagnon jusqu'à ce que l'Américain Alvan Clark découvre, en 1862, une étoile très faible alors qu'il essayait son nouveau télescope.

Sirius A est tellement plus brillante que son compagnon qu'il faut un grand télescope pour observer Sirius B.

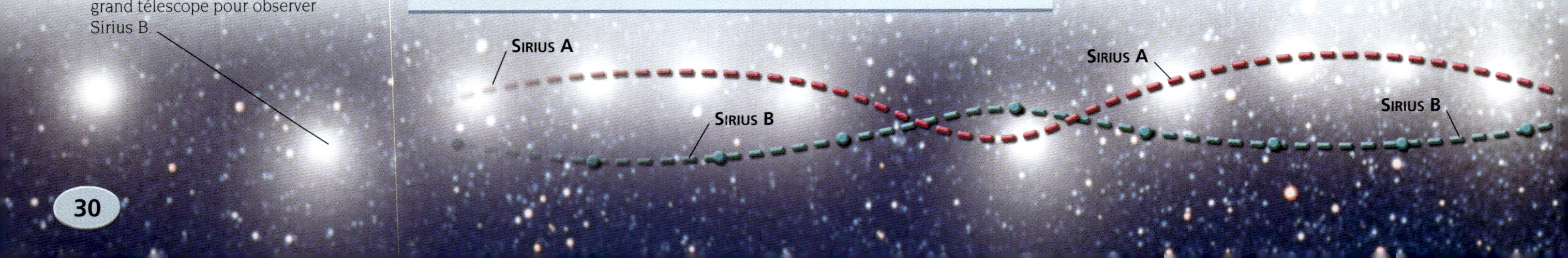

Les types d'étoiles

Si vous observez attentivement le ciel nocturne, vous constaterez que les étoiles ne sont pas toutes semblables. Elles sont de taille, de couleur et de luminosité très différentes. Afin de les classifier et d'établir ce qui les distingue, les astronomes ont examiné les émissions lumineuses des étoiles. Ils savent aujourd'hui qu'elles brillent de façon stable la majeure partie de leur vie mais deviennent variables en approchant de leur fin. Ils ont découvert que leur luminosité est directement liée à leur couleur et à leur température. La lumière émise par les étoiles les renseignent également sur leur masse (la quantité de matière qu'elles contiennent), leur diamètre et leur composition. Celles qui se forment à partir d'une masse de gaz insuffisante brillent faiblement pendant peu de temps.

▲ LA TEMPÉRATURE DE LA COULEUR

Tout ce qui est très chaud brille. Qu'il s'agisse d'une étoile, d'une barre de fer ou de n'importe quoi d'autre, sa couleur dépend essentiellement de sa température, et non pas de sa composition. Ainsi, lorsqu'une barre de fer est chauffée dans un fourneau, elle s'éclaire d'abord d'un rouge terne. Elle passe ensuite à l'orange, puis au jaune. Sa température augmentant encore, elle vire ensuite au blanc chaud, et enfin au blanc bleuté.

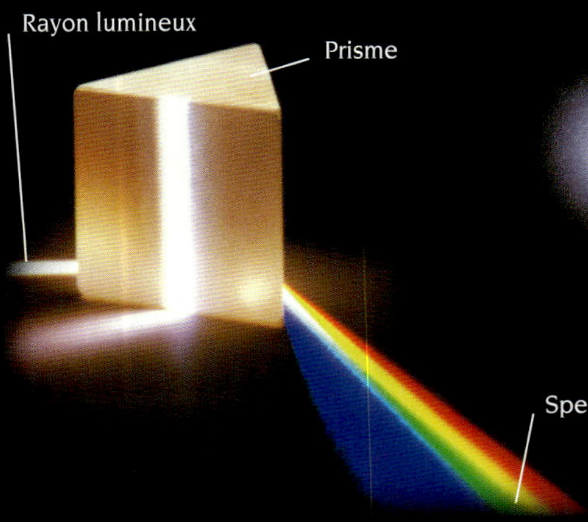

Les lignes sombres dans le spectre révèlent la composition chimique d'une étoile.

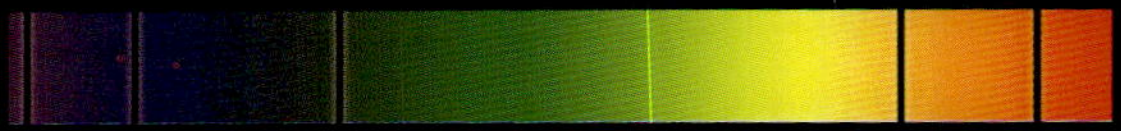

▲ LE SPECTRE D'UNE ÉTOILE

Lorsque la lumière blanche traverse un prisme, elle se sépare en une série de rayons décalés aux couleurs de l'arc-en-ciel. C'est ce que l'on appelle son spectre. En astronomie, un instrument appelé spectrographe permet de séparer ainsi la lumière des étoiles pour établir leur spectre. D'après la position des lignes noires qui barrent le spectre d'une étoile, les astronomes peuvent déduire sa composition chimique.

Type O
(blanc-bleu)
28 000 à 50 000 °C

Type B
(blanc bleuâtre)
9 600 à 28 000 °C

Type A
(blanc)
7 100 à 9 600 °C

Type F
(blanc crème)
5 700 à 7 100 °C

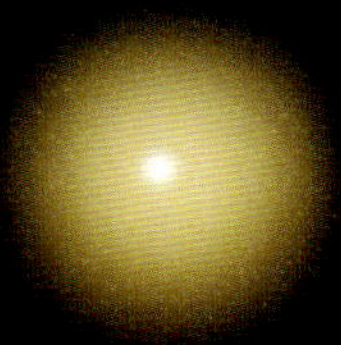

Type G
(jaune)
4 600 à 5 700 °C

Type K
(orange)
3 200 à 4 600 °C

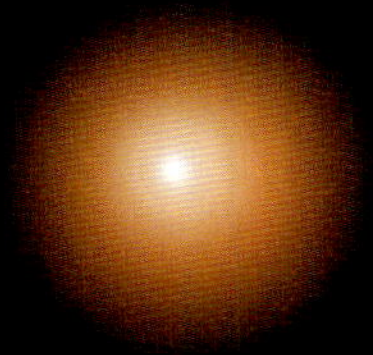

Type M
(rouge)
1 700 à 3 200 °C

▶ LA COULEUR DES ÉTOILES

De la même manière que la couleur d'une barre de fer indique si elle est plus ou moins chaude, la couleur des étoiles renseigne sur leur température. Les étoiles ont été classées en sept types spectraux qui vont du bleu (O), le type le plus chaud, au rouge (M), le plus froid. Les lettres O, B, A, F, G, K et M ont été reprises d'un ancien système de notation établi à une époque où les astronomes n'avaient pas encore appris à déterminer la température d'une étoile d'après son spectre.

Un amas typique (celui-ci est fictif, pour l'exemple) contient des étoiles de différentes natures. Toutes étant à peu près à la même distance de la Terre, nous pouvons en déduire que les moins brillantes produisent réellement moins de lumière que les autres.

▶ COULEUR ET LUMINOSITÉ

Après avoir mesuré la couleur (qui indique la température) et la luminosité d'un groupe d'étoiles (à gauche), nous pouvons les répartir dans le diagramme de Hertzsprung-Russell (ou diagramme HR) à droite. La plupart se situent dans une bande diagonale que l'on appelle la « séquence principale ». Cette bande s'étire depuis les étoiles les plus chaudes et les plus brillantes, en haut à gauche, jusqu'aux plus faibles et plus froides, en bas à droite du diagramme. Lorsque les étoiles atteignent la fin de leur vie, elles quittent la séquence principale ; elles enflent pour devenir des géantes, en haut du diagramme. Ces géantes se sont déjà refroidies mais, avec leur taille énorme, elles apparaissent encore brillantes. Ensuite, elles expulsent leurs couches externes de gaz et s'effondrent sur elles-mêmes tout en se réchauffant. Il n'en reste alors qu'un petit noyau chaud et peu lumineux appelé naine blanche.

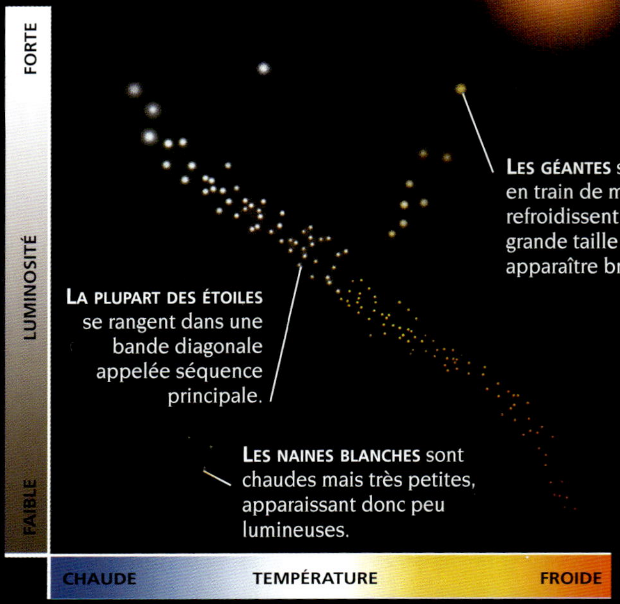

Les géantes sont en train de mourir et refroidissent mais leur grande taille les fait apparaître brillantes.

La plupart des étoiles se rangent dans une bande diagonale appelée séquence principale.

Les naines blanches sont chaudes mais très petites, apparaissant donc peu lumineuses.

▼ LES ÉTOILES DE LA SÉQUENCE PRINCIPALE

Durant la majeure partie de leur vie, les étoiles se classent dans la séquence principale. Avec peu de variation dans leur luminosité et leur température, elles brillent de façon stable en convertissant, dans leur cœur, des atomes d'hydrogène en hélium. Notre Soleil figure dans la séquence principale depuis environ 5 milliards d'années. Il y restera encore à peu près autant de temps avant de commencer à voir son volume augmenter pour devenir une géante rouge. Le temps pendant lequel une étoile se maintient dans la séquence principale dépend de sa masse. Plus elle est massive, plus sa durée de vie est courte parce qu'elle consomme alors sa réserve d'hydrogène plus rapidement.

▼ DES ÉTOILES DE TOUTES TAILLES

Les astronomes expriment généralement la masse et le diamètre des étoiles par comparaison avec notre Soleil, qui est une étoile de type G et de taille moyenne. Les étoiles typiques de la séquence principale se classent du type O, avec une masse de 15 fois celle du Soleil et 7 fois son diamètre, au type M, appelé naine rouge, dont la masse et le diamètre ne sont que d'un cinquième de ceux du Soleil. Les géantes rouges sont à peu près de même masse que le Soleil mais peuvent enfler jusqu'à atteindre 50 fois son diamètre ou plus. Quant aux naines blanches, elles ont à peu près la même masse que le Soleil mais concentrée dans une sphère approximativement de la taille de la Terre. Elles sont donc très denses.

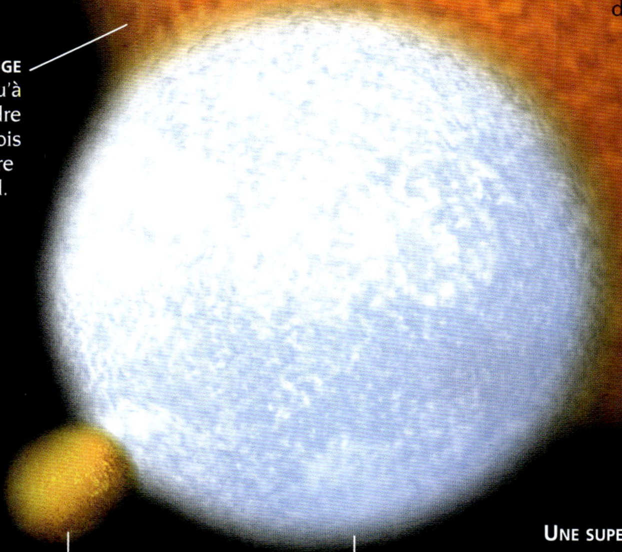

UNE GÉANTE ROUGE enfle jusqu'à atteindre 30 à 50 fois le diamètre du Soleil.

UNE NAINE BLANCHE a environ le même diamètre que la Terre.

LE SOLEIL (une naine jaune) a un diamètre de 1 392 000 km.

UNE ÉTOILE DE TYPE O peut atteindre sept fois la taille du Soleil.

UNE SUPERGÉANTE ROUGE peut atteindre 300 à 600 fois le diamètre du Soleil.

▶ LES NAINES BRUNES

Si une étoile tente de se former à partir d'une masse de gaz de moins de 8 % de celle du Soleil, son cœur n'atteindra jamais une température suffisante pour que s'amorcent des réactions nucléaires qui en feront une véritable étoile. Elle brille alors très faiblement pendant peu de temps. Les « étoiles avortées » de faible masse de ce type sont appelées naines brunes. C'est peu de temps après leur formation qu'on les détecte le mieux grâce aux rayons infrarouges qu'elles émettent. Les plus petites des naines brunes sont à peu près de la taille de la planète Jupiter. Certains des points les plus faibles sur la photo infrarouge de la Grande nébuleuse d'Orion (ci-contre, à droite) sont supposés être des naines brunes.

LA GRANDE NÉBULEUSE D'ORION PHOTOGRAPHIÉE EN LUMIÈRE VISIBLE

LA GRANDE NÉBULEUSE D'ORION PHOTOGRAPHIÉE EN INFRAROUGE

Subrahmanyan Chandrasekhar

Le physicien indien Subrahmanyan Chandrasekhar (1910–95), prix Nobel de Physique 1983 pour ses travaux sur les étoiles mourantes, calcula qu'aucune naine blanche ne peut subsister avec une masse supérieure à 140 % de celle du Soleil. Cette masse est appelée « limite de Chandrasekhar ». Au-delà, l'étoile continue à s'effondrer pour devenir une étoile à neutrons ou un trou noir.

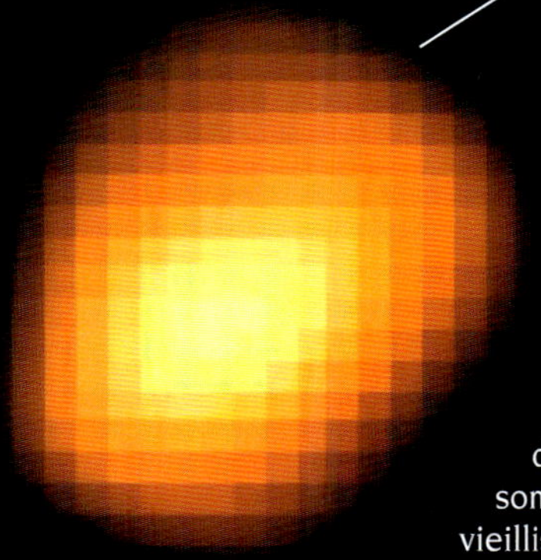

MIRA est une géante rouge qui varie de la deuxième à la dixième magnitude selon un cycle de 322 jours environ.

◀ LES ÉTOILES VARIABLES

Lorsque les étoiles vieillissent, elles deviennent souvent instables au point d'enfler et se contracter alternativement. Ce faisant, leur luminosité varie. Certaines pulsent ainsi à intervalles réguliers de quelques jours ou semaines, d'autres de façon moins régulière sur des durées se mesurant en mois. Ces dernières sont appelées variables éruptives. Certaines étoiles vieillissantes s'affaiblissent soudain de temps en temps lorsque des nuages de poussières se forment dans leurs couches externes froides.

Les étoiles de l'hémisphère Nord

Le ciel de ce mois de fin d'hiver est rempli des créatures les plus diverses. Outre le Lion, haut dans la sphère céleste, l'Hydre femelle, serpent d'eau géant, se déploie à travers la voûte nocturne. Près de sa tête, se trouve le Cancer, le crabe qui, dans la mythologie romaine, fut envoyé par Junon pour détourner l'attention d'Hercule tandis qu'il se battait contre l'Hydre. Mal lui en prit : il finit écrasé sous le talon du héros. Tout près se trouve la petite constellation du Petit Chien. Avec le Grand Chien, il est l'un des deux compagnons d'Orion le chasseur.

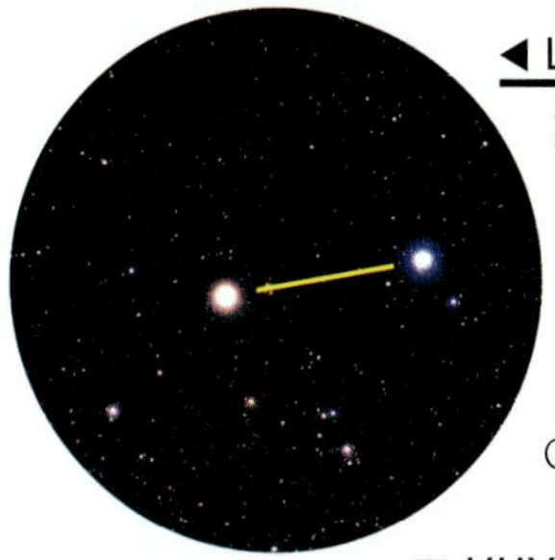

◀ **LE PETIT CHIEN**

Le Petit Chien ne compte que deux étoiles majeures, mais la brillante Procyon est la huitième plus lumineuse étoile du ciel nocturne. Elle reçut son nom, qui signifie « avant le chien », en grec, parce qu'elle se lève toujours avant Sirius, l'Étoile du Chien, dans la constellation du Grand Chien.

▼ **L'HYDRE FEMELLE**

L'Hydre femelle est la plus grande des constellations. Néanmoins, elle est parfois difficile à voir, sauf dans un ciel très sombre, car toutes ses étoiles sont de troisième magnitude ou plus faibles, à l'exception d'Alphard. Celle-ci, de deuxième magnitude, doit son nom, qui signifie « la solitaire » en arabe, au fait qu'il n'existe pas d'autre étoile aussi brillante dans une vaste portion de ciel autour d'elle.

▶ **LE CANCER**

Bien que le Cancer ne compte aucune étoile brillante, il abrite en son cœur l'amas de la Crèche, un amas ouvert facile à voir à l'œil nu. Il y a environ 3 000 ans, le Soleil se trouvait dans le Cancer au milieu de l'été dans l'hémisphère Nord. La latitude à laquelle l'astre du jour se trouvait au zénith ce jour-là s'appelle encore aujourd'hui le tropique du Cancer.

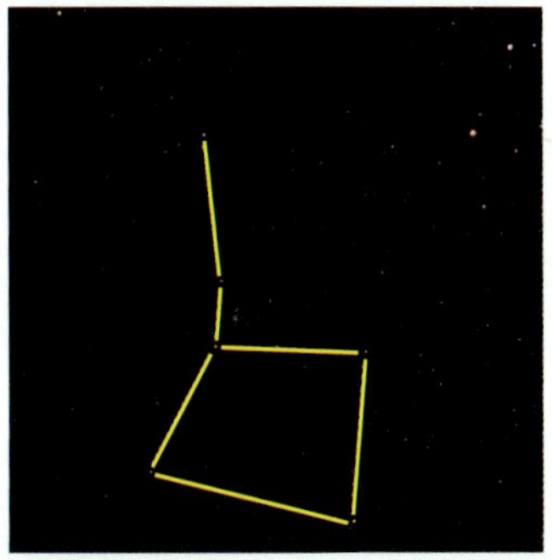

Magnitudes –1 0 1 2 3 4 5

Galaxie — Amas globulaire — Amas ouvert — Nébuleuse — Nébuleuse planétaire

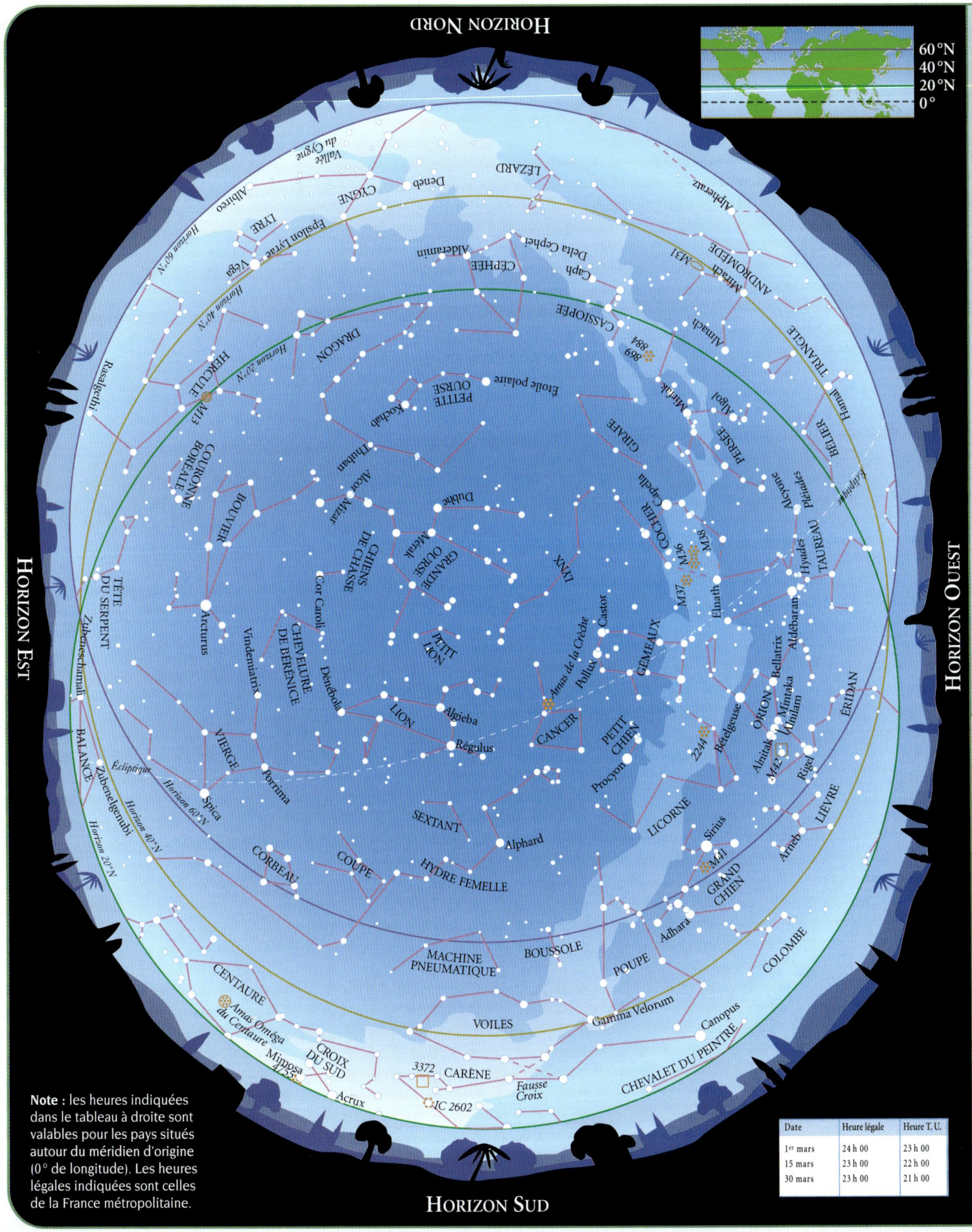

Note : les heures indiquées dans le tableau à droite sont valables pour les pays situés autour du méridien d'origine (0° de longitude). Les heures légales indiquées sont celles de la France métropolitaine.

Date	Heure légale	Heure T. U.
1er mars	24 h 00	23 h 00
15 mars	23 h 00	22 h 00
30 mars	23 h 00	21 h 00

Les étoiles de l'hémisphère Sud

Une célèbre contrefaçon est visible dans le ciel du Sud en cette période : la Fausse Croix. Constituée en fait de deux étoiles de la Carène et de deux étoiles des Voiles, on la voit bien sur la photo nocturne ci-dessous. Elle trompe parfois les observateurs débutants, qui la prennent pour la Croix du Sud. Ce mois-ci offre l'occasion de les comparer et d'apprendre à les différencier. La Fausse Croix est utile pour localiser la constellation des Voiles, qui possède bon nombre d'étoiles lumineuses et d'amas, ainsi que le Poisson volant proche.

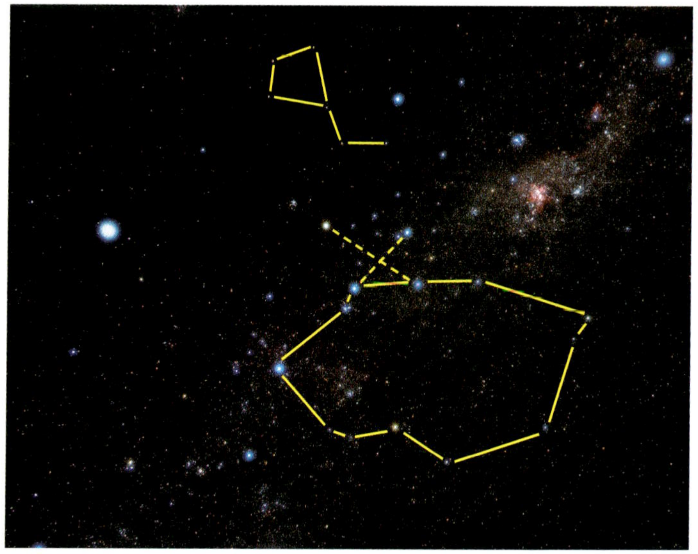

▲ LES VOILES ET LE POISSON VOLANT

Les Voiles faisaient jadis partie de la grande constellation d'Argo, le navire mythique de Jason, qui fut divisée au XVIIIe siècle en trois ensembles plus petits. Les Voiles s'étendent sur une région très riche de la Voie lactée. Le Poisson volant, quant à lui, bondit de l'eau juste sous la coque d'Argo. Cette constellation doit son nom aux premiers marins qui traversèrent les mers du Sud et rapportèrent avoir vu des poissons voler hors de l'eau Ces derniers appartiennent à un genre plus scientifiquement appelé exocets.

Le saviez-vous ?

- On a découvert dans les Voiles les vestiges de supernova les plus proches de la Terre. Ils se trouvent à environ 700 années-lumière et furent détectés en 1988 grâce à leurs émissions de rayons X. Les astronomes pensent donc qu'une étoile a implosé là il y a environ 700 ans, mais il n'existe, dans l'histoire, aucune relation d'un tel événement.
- L'étoile Gamma des Voiles est l'une des plus chaudes facilement visibles à l'œil nu. Sa température est d'environ 50 000 °C : presque dix fois plus élevée que celle du Soleil !

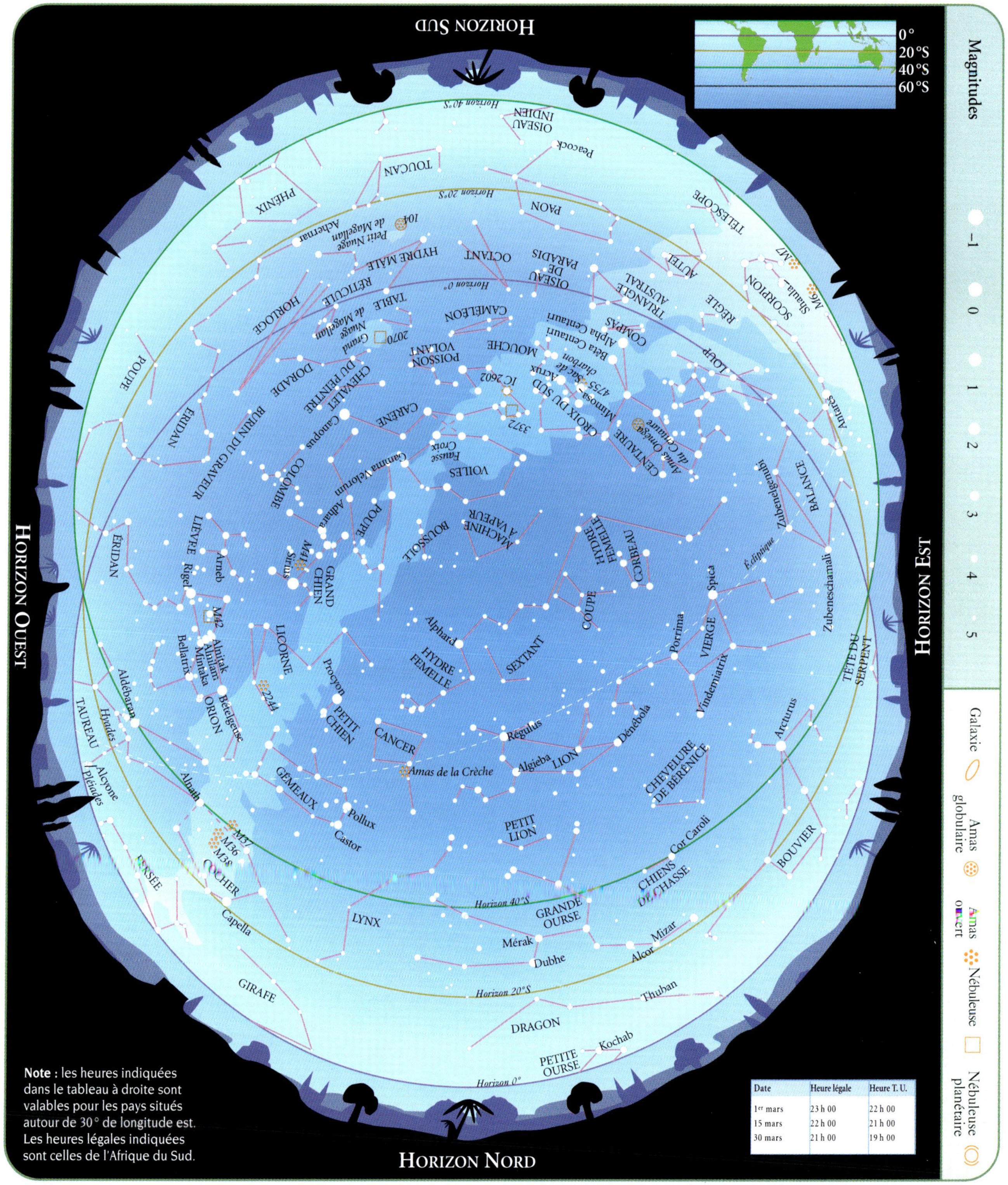

Note : les heures indiquées dans le tableau à droite sont valables pour les pays situés autour de 30° de longitude est. Les heures légales indiquées sont celles de l'Afrique du Sud.

Date	Heure légale	Heure T. U.
1er mars	23 h 00	22 h 00
15 mars	22 h 00	21 h 00
30 mars	21 h 00	19 h 00

La Carène

Constellation de l'hémisphère Sud, la Carène représente la coque d'un bateau mythique pour les Grecs. Nommé *Argo*, il fut piloté par Jason et son équipage d'Argonautes lors d'une expédition héroïque menée pour s'emparer de la non moins mythique Toison d'or. En référence à cet épisode de leur mythologie, les anciens créèrent une immense constellation connue sous le nom d'Argo Navis, « le navire *Argo* », et qui représentait l'ensemble du bateau. Mais au XVIIIe siècle, pour plus de commodité, les astronomes la divisèrent en plusieurs parties, dont les trois principales – les Voiles, la Poupe et la Carène – devaient plus tard devenir des constellations à part entière. La Carène renferme un amas d'étoiles nommé les « Pléiades du Sud », ainsi que la deuxième étoile la plus brillante du ciel, Canopus. C'est aussi en son sein que l'on trouve Êta Carinae, ou Êta de la Carène, une extraordinaire étoile massive qui fait partie d'une énorme nébuleuse brillante.

LES PLÉIADES DU SUD (IC 2602)

Cet attrayant amas entoure l'étoile Thêta de la Carène et compte presque autant d'étoiles brillantes que les Pléiades, celles du Nord, dans la constellation du Taureau. C'est avec une paire de jumelles qu'il s'observe le mieux, révélant alors une trentaine d'étoiles. C'est l'amas ouvert le plus brillant de l'hémisphère Sud.

John Herschel

Fils de William Herschel, l'astronome qui découvrit Uranus, John Herschel (1792–1871) fut un savant anglais de renom. Parti en Afrique du Sud pour étudier le ciel austral, il y assista, en 1843, à l'embrasement de Êta Carinae et dessina les détails de la nébuleuse (ci-dessous, à droite). À son retour en Angleterre, il mit au point le système de photographie astronomique encore en usage de nos jours.

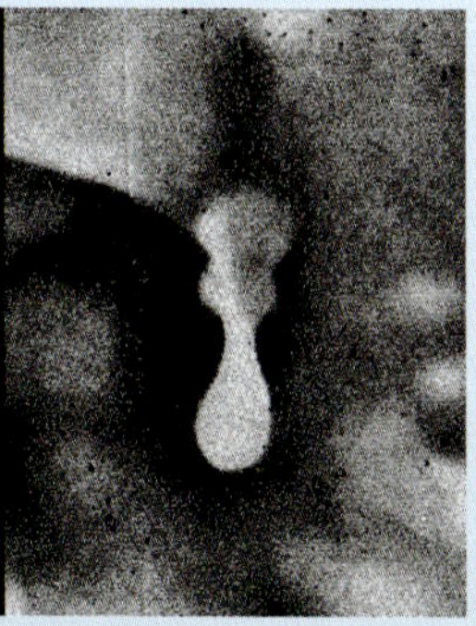

LA NÉBULEUSE ÊTA DE LA CARÈNE (NGC 3372)

C'est l'une des nébuleuses les plus brillantes du ciel. Avec des jumelles, on peut la voir sous la forme d'une tache brumeuse sur fond de Voie lactée. Près de son centre, se trouve une étoile variable nommée Êta. En 1843, son éclat dépassa celui de Canopus elle-même. Puis elle disparut à la vue pendant 100 ans. De nos jours, elle est à nouveau à peine visible à l'œil nu, gagnant lentement en luminosité. Cette étoile massive libère dans l'espace de grandes quantités de gaz formant la nébuleuse au cœur de laquelle elle se trouve enfouie, appelée aussi nébuleuse de l'Homoncule.

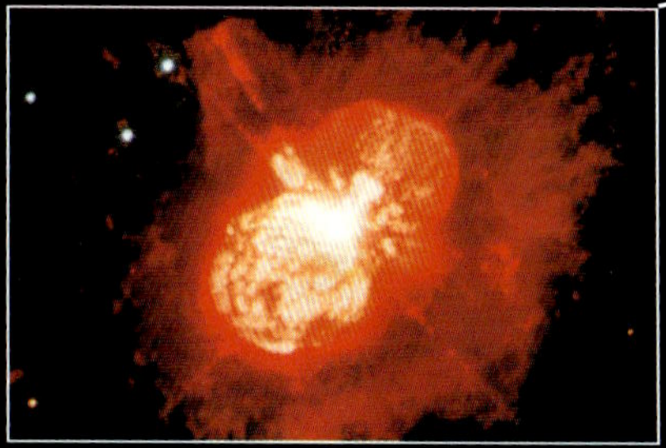

Nébuleuse Êta de la Carène

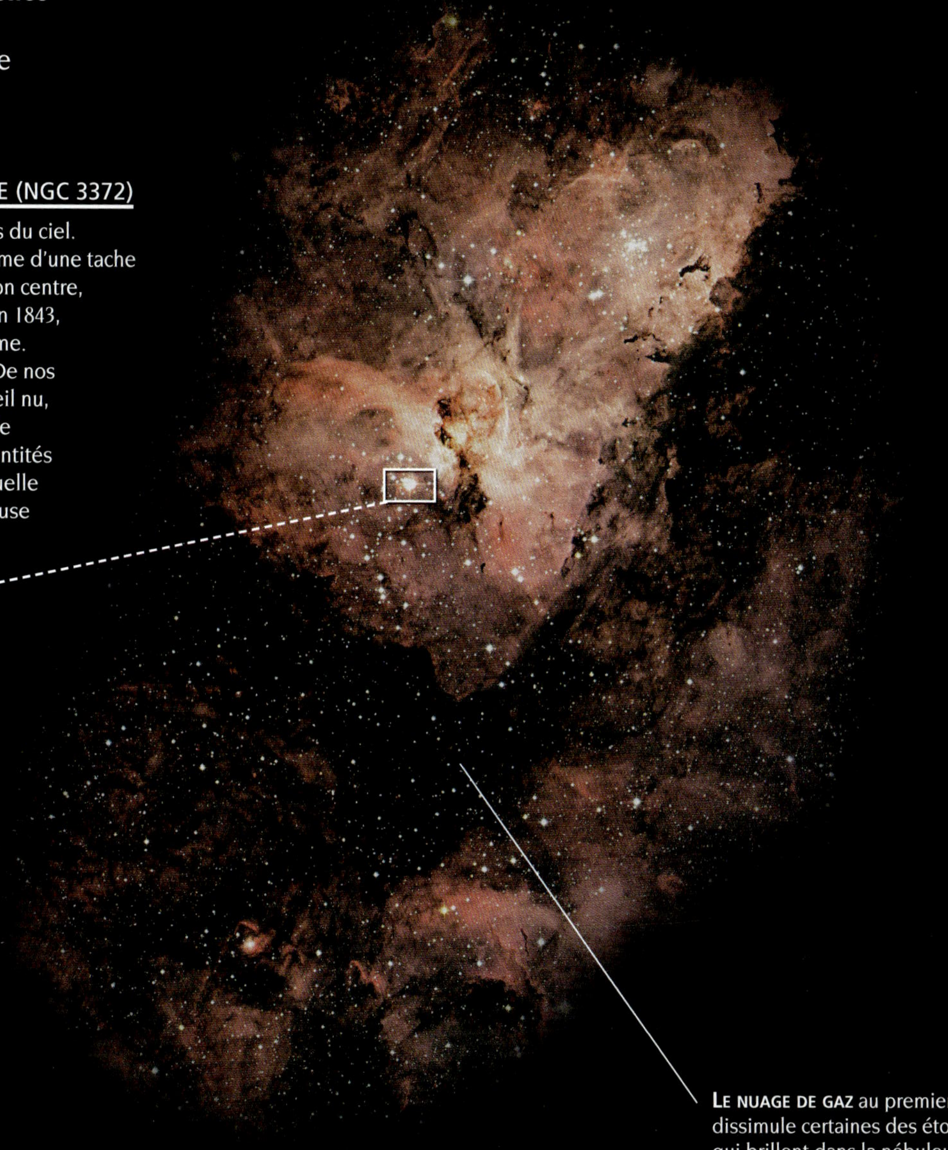

Le nuage de gaz au premier plan dissimule certaines des étoiles qui brillent dans la nébuleuse Êta de la Carène.

L'AMAS OUVERT NGC 3532

Situé à environ 1 300 années-lumière de la Terre, cet amas est l'un des plus beaux du ciel austral. Il ne contient pas d'astre individuellement détectable à l'œil nu, mais sa richesse en étoiles, bien que de faible intensité lumineuse fait qu'il apparaît de troisième magnitude et donc facilement visible sans instrument. À travers un petit télescope ou une petite lunette, il se montre sous la forme d'une région remplie d'étoiles, dont environ 150 sont nettement discernables.

Pour mesurer les étoiles

Comment savons-nous à quelle distance se trouve une étoile et quelle est sa taille ? Sa luminosité apparente ne suffit pas à nous renseigner sur ces points. En effet, une étoile peut être proche et faible ou bien très distante et très brillante. Les astronomes utilisent en fait une méthode de calcul très précise basée sur la parallaxe. Celle-ci permet de connaître non seulement la distance d'une étoile, mais également sa luminosité réelle. Et pour en savoir plus sur les corps célestes, les scientifiques analysent leur lumière. L'examen de leurs spectres permet de classer les étoiles en différents types et d'en dresser le portrait.

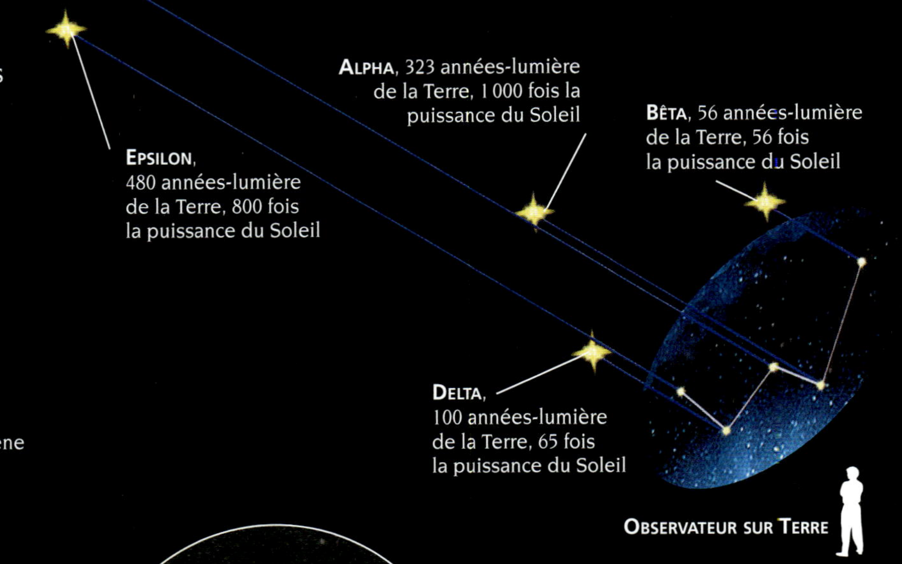

▼ LA DISTANCE DES ÉTOILES

Si, vues depuis la Terre, les étoiles qui composent une constellation semblent réunies dans un même plan, dans la réalité, elles peuvent se trouver à des distances très différentes. Ainsi, les cinq étoiles principales de Cassiopée s'étagent de 56 à 615 années-lumière de notre planète. Gamma ne semble pas plus brillante que Bêta de Cassiopée. Elle est en réalité plus de 100 fois plus puissante mais sa plus grande distance de la Terre en atténue l'éclat.

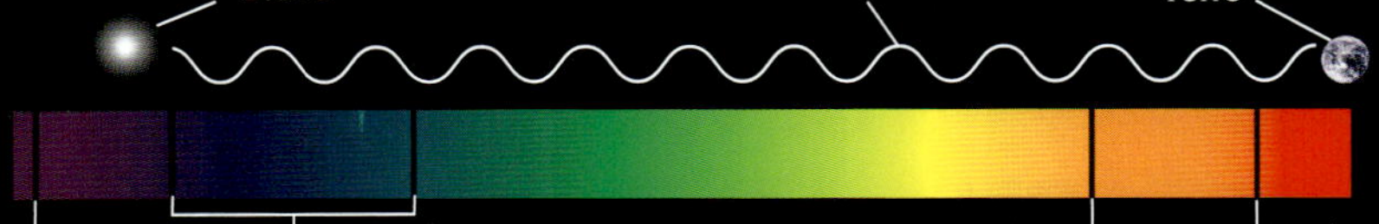

Spectre montrant les lignes sombres d'absorption de trois éléments

▲ DANS L'INTIMITÉ DES ÉTOILES

Le spectre d'une étoile présente de petites coupures sombres appelées « lignes d'absorption » dues aux atomes et molécules des éléments de son atmosphère qui absorbent la lumière. La répartition des lignes est différente d'un élément à l'autre et varie aussi avec la température de l'étoile. Ces lignes renseignent donc sur la composition de l'atmosphère de l'étoile et, indirectement, sur sa taille. Elles révèlent également si l'étoile se rapproche ou s'éloigne de la Terre.

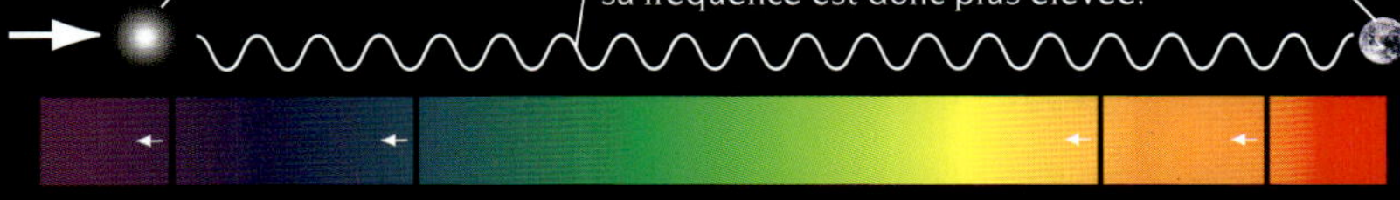

Décalage vers le bleu d'une étoile se rapprochant de la Terre

Les lignes d'absorption se décalent vers l'extrémité bleue du spectre.

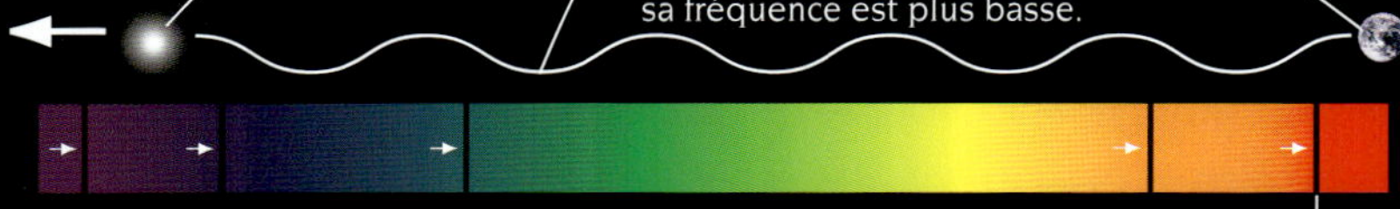

Décalage vers le rouge d'une étoile s'éloignant de la Terre

Les lignes d'absorption se décalent vers l'extrémité rouge du spectre.

▲ LA MESURE DE L'EFFET DOPPLER

Lorsqu'une étoile se rapproche de la Terre, son mouvement a pour effet de comprimer les ondes lumineuses qu'elle émet en notre direction. Celles-ci deviennent plus courtes et de fréquence plus élevée. Les lignes d'absorption de son spectre se déplacent donc vers les lumières de fréquence plus élevée, c'est-à-dire vers le bleu. C'est ce qu'on appelle le décalage vers le bleu ou *blueshift*. À l'inverse, quand une étoile s'éloigne de la Terre, les ondes lumineuses qu'elle émet en notre direction sont étirées. Elles deviennent plus longues et de fréquence moins élevée. Dans le spectre, les lignent se déplacent alors vers les fréquences plus basses, c'est-à-dire vers le rouge. C'est ce qu'on appelle le décalage vers le rouge ou *redshift*. Cet effet est appelé « effet Doppler », du nom du physicien autrichien qui, le premier, le mit en évidence avec les ondes sonores.

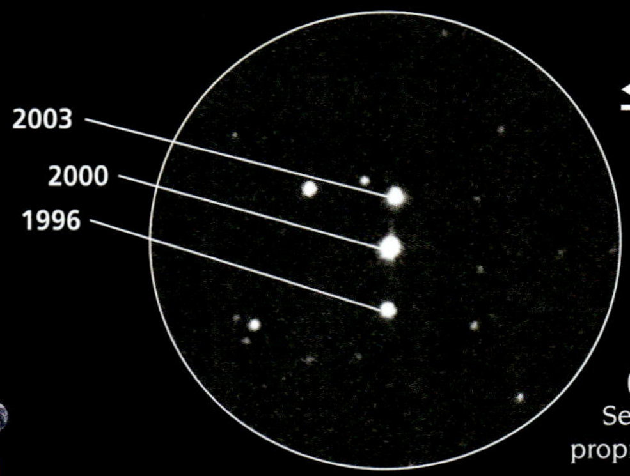

◀ LE MOUVEMENT PROPRE DES ÉTOILES

Au cours d'une vie humaine, la position des étoiles ne semble pas changer dans le ciel. Mais en réalité, les astres voyagent dans l'espace et leur position se modifie lentement. Le déplacement d'une étoile au cours d'une année est appelé son « mouvement propre ». L'Étoile de Barnard (à gauche), dans la constellation du Serpentaire, a le plus grand mouvement propre connu.

▶ PROXIMA DU CENTAURE

L'étoile la plus proche de notre Soleil est Proxima du Centaure, une naine rouge peu lumineuse, compagnon de la brillante Alpha du Centaure. Mais bien qu'elle ne soit située qu'à 4,22 années-lumière de nous, son diamètre ne peut être mesuré qu'en combinant deux très grands télescopes. Elle n'est que de 40 % plus grosse que la planète Jupiter et se révèle 13 000 fois plus faible que le Soleil.

▲ LA MAGNITUDE ABSOLUE

La brillance d'une étoile telle qu'elle nous apparaît depuis la Terre, c'est-à-dire sa « magnitude apparente », dépend de la distance qui la sépare de notre planète. Pour déterminer sa véritable luminosité, les astronomes calculent sa « magnitude absolue », c'est-à-dire sa luminosité si elle se trouvait à 32,6 années-lumière. L'étoile de cinquième magnitude 61 Cygni (ci-dessus, à gauche) est à 11,4 années-lumière, avec une magnitude absolue de 7,5. Deneb, de première magnitude (en haut, à droite), est à 3250 années-lumière, avec une magnitude absolue de – 8,7 (voir Sirius, en bas de page, à droite).

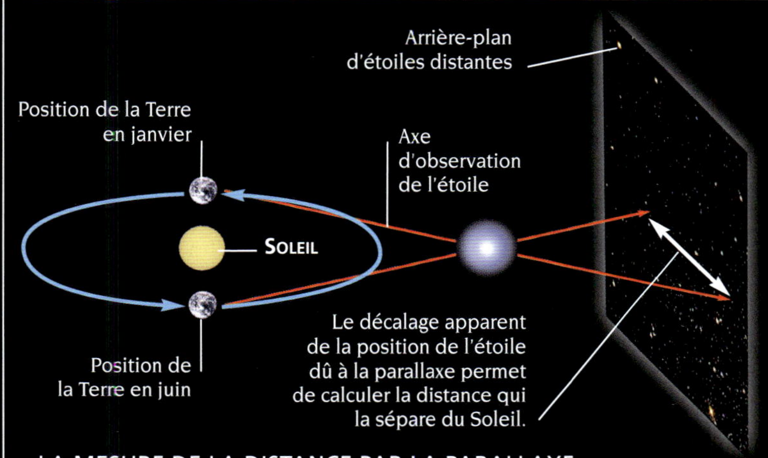

LA MESURE DE LA DISTANCE PAR LA PARALLAXE

Si l'on ferme alternativement un œil, puis l'autre, les objets les plus proches semblent se déplacer par rapport aux objets plus distants. Cela se produit parce que la distance qui sépare nos deux yeux fait que l'axe de vue de l'œil droit est différent de celui de l'œil gauche. Cet effet est appelé parallaxe. La même chose se produit dans l'espace : la Terre tournant autour du Soleil, notre axe d'observation change au cours de l'année. À cause de l'effet de parallaxe, les étoiles les plus proches semblent se déplacer par rapport aux plus lointaines. La mesure de ce déplacement permet aux astronomes de calculer la distance d'une étoile par rapport au Soleil.

▲ LE SATELLITE HIPPARCOS

Les mesures les plus précises de la parallaxe des astres sont effectuées par le satellite Hipparcos (ci-dessus), qui a mesuré la distance de plus d'un million d'étoiles entre 1989 et 1993. Le catalogue de la position, de la magnitude, du mouvement propre et de la distance de chacune d'entre elles nécessita quatre années supplémentaires de préparation. Les observations réalisées depuis l'espace sont de plus précises que celles effectuées sur Terre parce que leur lumière ne subit aucune distorsion atmosphérique.

Les étoiles les plus proches du Soleil

Nom de l'étoile	Distance (années-lumière)	Magnitude (apparente/absolue)
Proxima du Centaure	4,2	11,05/15,5
Alpha du Centaure	4,3	– 0,01/4,4
Étoile de Barnard	6,0	9,54/13,2
Wolf 359	7,7	13,53/16,7
Lalande 21185	8,31	7,49/10,46

Les étoiles les plus brillantes

Nom de l'étoile	Magnitude (apparente/absolue)	Distance (années-lumière)
Sirius	1,44/1,5	8,6
Canopus	– 0,62/– 5,53	313
Alpha du Centaure	– 0,28/4,07	4,4
Arcturus	– 0,05/0,31	37
Véga	0,03/0,6	25

Sirius est l'étoile la plus brillante du ciel nocturne.

◄ SIRIUS

Sur l'échelle de magnitude des Grecs anciens, les étoiles les plus brillantes étaient de première magnitude. Sur l'échelle scientifique moderne, Sirius et quelques autres étoiles dans le ciel sont plus brillantes que la première magnitude et possèdent donc des valeurs de magnitude négatives.

Les étoiles de l'hémisphère Nord

Par les belles soirées de début de printemps, plusieurs étoiles brillantes se font remarquer : l'orange Arcturus, dans le Bouvier, Spica, dans la Vierge, Procyon, dans le Petit Chien et Régulus, dans le Lion. C'est une bonne époque pour se familiariser avec la constellation du Lion et pour découvrir, non loin de lui, un autre félin du ciel nocturne : le Petit Lion. Le Lion se repère aisément en recherchant l'ensemble distinctif d'étoiles que l'on nomme la Faucille, qui souligne la tête et le poitrail de l'animal. Juste au sud du Lion, trois étoiles marquent la constellation du Sextant.

Magnitudes −1 0 1 2 3 4 5 — Galaxie — Amas globulaire — Amas ouvert — Nébuleuse — Nébuleuse planétaire

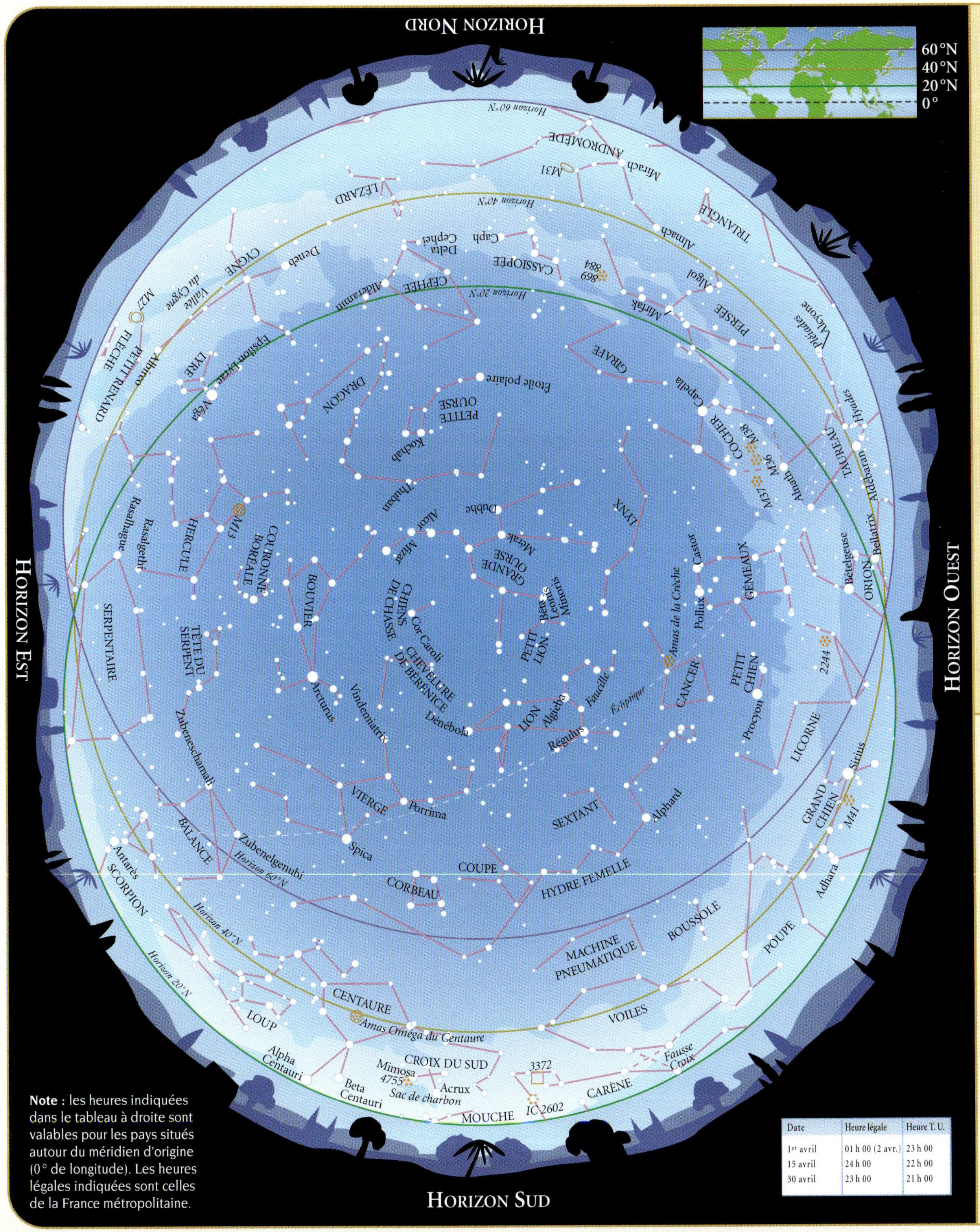

Date	Heure légale	Heure T. U.
1er avril	01 h 00 (2 avr.)	23 h 00
15 avril	24 h 00	22 h 00
30 avril	23 h 00	21 h 00

Note : les heures indiquées dans le tableau à droite sont valables pour les pays situés autour du méridien d'origine (0 ° de longitude). Les heures légales indiquées sont celles de la France métropolitaine.

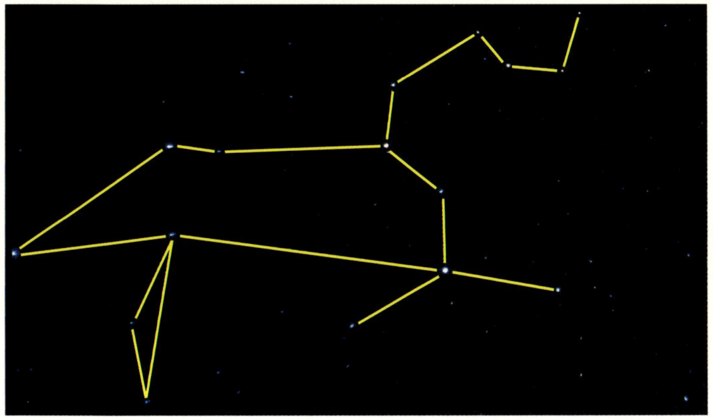

▲ LE LION

Selon la mythologie grecque, il est le lion de Némée, vivant dans une caverne et qui sera tué par Hercule. Régulus, étoile la plus brillante de cette constellation bien connue, est localisée à la base de la Faucille. Lorsqu'on l'observe aux jumelles, on lui découvre une étoile compagnon.

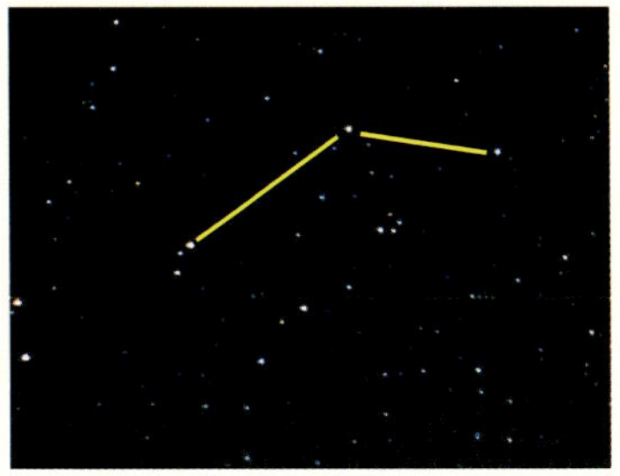

▶ LE PETIT LION

Constellation beaucoup plus petite, elle représente un lionceau. Curieusement, lorsque les lettres grecques furent assignées aux étoiles qui la composent, Alpha fut oubliée, de sorte que son étoile la plus brillante est Bêta.

◀ LE SEXTANT

Johannes Hevelius, un astronome polonais, nomma cette petite constellation au XVIIe siècle. Elle représente l'objet du même nom, bien connu des marins, qui sert à relever la position des astres. Sauf par un ciel très sombre, des jumelles sont nécessaires pour en localiser les étoiles, dont la plus brillante n'est que de quatrième magnitude.

Les étoiles de l'hémisphère Sud

À cette époque de l'année, le ciel du Sud est riche en étoiles et comme les nuits rallongent, les astronomes de l'hémisphère Sud peuvent s'attendre à de belles soirées d'observation. De brillantes constellations soulignent la Voie lactée, parmi lesquelles le Loup, le Centaure, la Carène et le Grand Chien. L'Hydre femelle, grand serpent d'eau, ondule aux abords du zénith – le point le plus haut de la voûte céleste, juste à la verticale de l'observateur. Recherchez la Coupe, suspendue vers le nord en dessous de l'Hydre femelle, ainsi que la Boussole et la Machine pneumatique, entre l'Hydre femelle et la Voie lactée.

▶ LA COUPE

La forme de la Coupe évoque un ancien ustensile pour boire. Dans la mythologie grecque, en effet, il s'agissait d'un gobelet appartenant à Apollon et une histoire le relie au Corbeau, tout proche, et à l'Hydre femelle. Ses quatre principales étoiles sont toutes de quatrième magnitude environ, la plus brillante étant Delta.

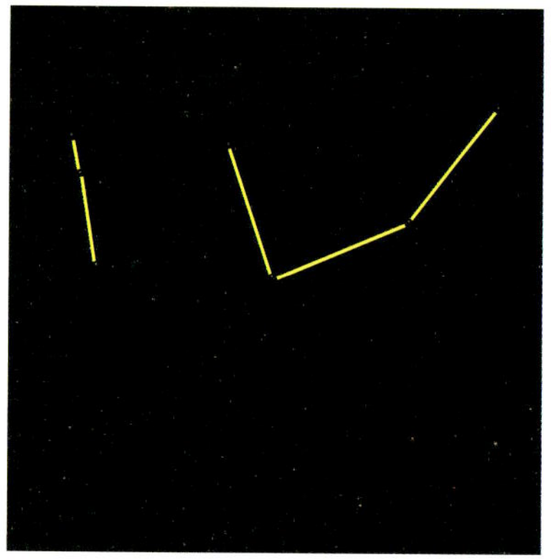

◀ LA BOUSSOLE ET LA MACHINE PNEUMATIQUE

Ces deux constellations furent découvertes au XVIIIe siècle par l'astronome français Nicolas Louis de Lacaille, qui cartographia quelque 10 000 étoiles de l'hémisphère Sud. La Machine pneumatique est une pompe à air qui fut inventée au cours du XVIIe siècle.

Le saviez-vous ?

Dans la constellation de la Boussole, figure une étoile appelée T Pyxidis. Bien que très faible, sa clarté augmente de façon répétée pour devenir presque visible à l'œil nu. Les astronomes ont ainsi assisté à cinq embrasements entre 1890 et 1966 et ils attendent le sixième.

Les astronomes ont découvert une faible galaxie naine dans la constellation de la Machine pneumatique. Comptant seulement un million d'étoiles environ, c'est l'une des plus petites connues.

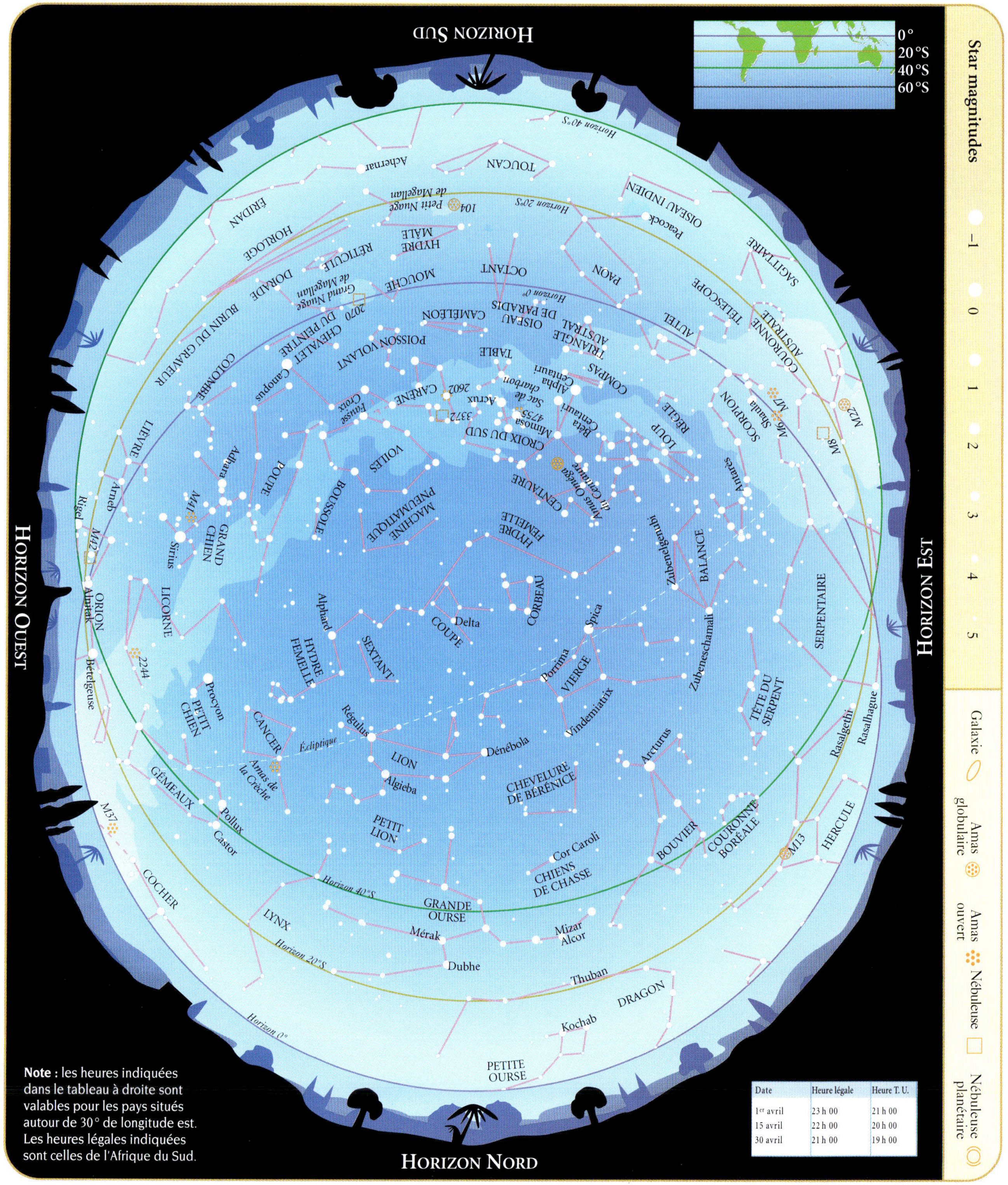

Note : les heures indiquées dans le tableau à droite sont valables pour les pays situés autour de 30° de longitude est. Les heures légales indiquées sont celles de l'Afrique du Sud.

Date	Heure légale	Heure T. U.
1er avril	23 h 00	21 h 00
15 avril	22 h 00	20 h 00
30 avril	21 h 00	19 h 00

La Vierge

Dans les légendes grecques, la Vierge représentait Déméter, la déesse des récoltes. Le nom de son étoile la plus brillante, Spica, qui, en latin, signifie « l'épi », se réfère à la tige de blé que, dans sa représentation la plus commune, la déesse tient à la main. Visible depuis les deux hémisphères, cette constellation est la seconde plus grande du ciel nocturne. Distante des nuages de poussière de la Voie lactée, la Vierge offre une vue très claire sur le ciel profond en arrière-plan, et sur le fameux amas de galaxies qui l'occupe. On en compte en tout environ 2 000, parmi lesquelles des galaxies spirales, elliptiques et irrégulières (voir pp. 56-57). Quoi qu'il en soit, seules les plus brillantes d'entre elles sont visibles à travers de petits instruments optiques ; situées à environ 50 millions d'années-lumière de la Terre, elles apparaissent de petite taille et peu lumineuses.

LA CONSTELLATION DE LA VIERGE

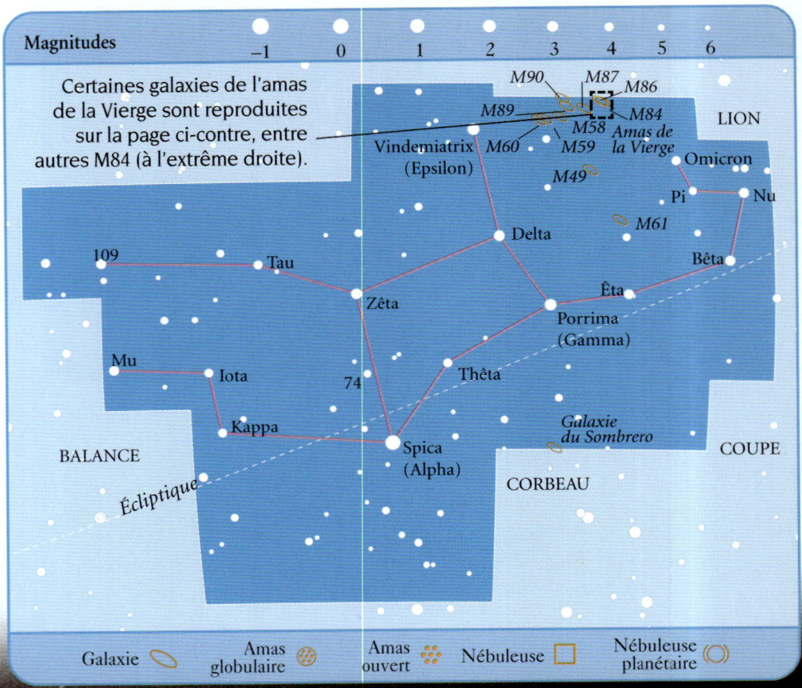

LA GALAXIE DU SOMBRERO (M104)

Le large disque plat et le renflement central de cette galaxie la font ressembler à un chapeau mexicain, ce qui lui a valu son nom. Il s'agit d'une galaxie spirale que nous voyons pratiquement par la tranche. L'anneau sombre qui ourle le « bord du chapeau » est une bande de poussières. Cette galaxie se situe au sud de celles qui composent l'amas de la Vierge et, distante d'environ 35 millions d'années-lumière, est plus proche de nous que ces dernières.

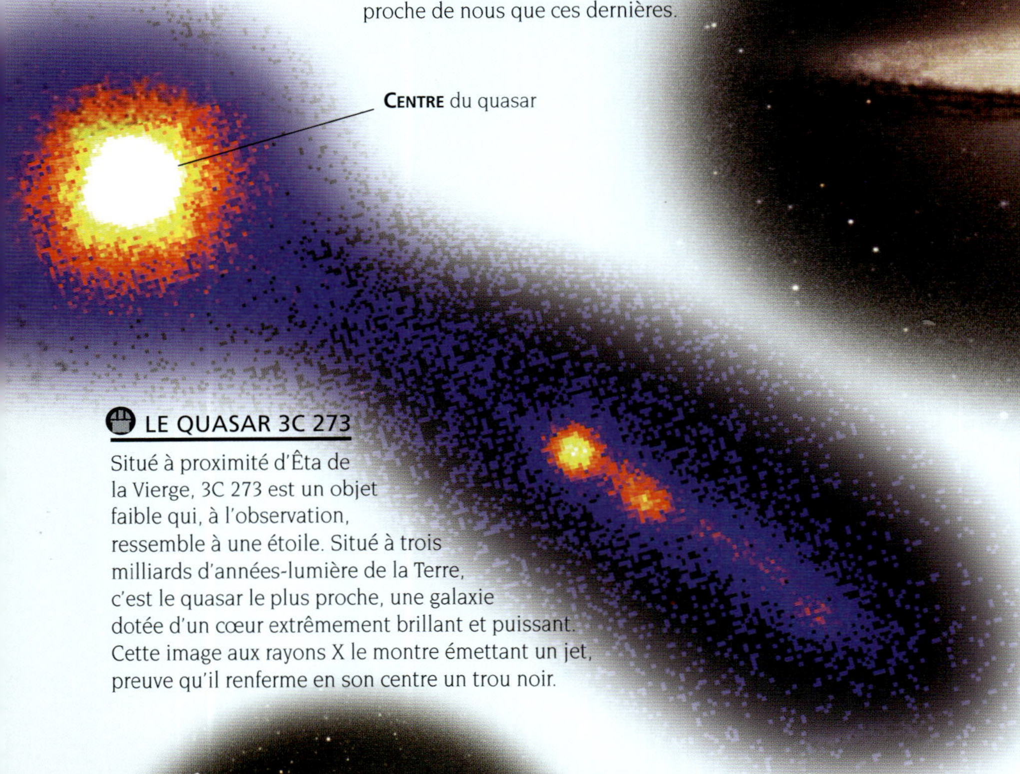

LE QUASAR 3C 273

Situé à proximité d'Êta de la Vierge, 3C 273 est un objet faible qui, à l'observation, ressemble à une étoile. Situé à trois milliards d'années-lumière de la Terre, c'est le quasar le plus proche, une galaxie dotée d'un cœur extrêmement brillant et puissant. Cette image aux rayons X le montre émettant un jet, preuve qu'il renferme en son centre un trou noir.

LA GALAXIE ELLIPTIQUE M87

Bon nombre de gros amas de galaxies abritent en leur cœur une galaxie elliptique géante, et celle nommée M87 est la plus grosse de l'amas de la Vierge. Elle est absolument gigantesque, renfermant quelque 900 milliards d'étoiles. À titre de comparaison, la Voie lactée n'en contient « que » 100 milliards. Comme toutes les galaxies elliptiques géantes, M87 a atteint cette taille en absorbant les galaxies voisines.

Edwin Hubble

En 1924, l'astronome américain Edwin Hubble (1889–1953) découvrit que les nébuleuses spiralées du fond du ciel étaient des galaxies situées au-delà de la Voie lactée. Il comprit aussi que les galaxies s'éloignent et que plus elles sont lointaines, plus vite elles s'éloignent de nous, démontrant que l'Univers est en expansion.

LA GALAXIE SPIRALE M61

Bien que ses galaxies les plus brillantes soient de type elliptique, l'amas de la Vierge contient également de nombreuses galaxies spirales. M61 est l'une des plus brillantes ; elle est classée parmi les spirales barrées (voir p. 56). Située à 60 millions d'années-lumière, elle se tient près de la bordure de l'amas la plus éloignée de la Terre.

Des nuages dans l'espace

L'espace interstellaire n'est pas totalement vide. Il contient des gaz et des poussières sous la forme de nuages. À certains endroits, les nuages de poussières les plus épais apparaissent comme des masses sombres parce qu'ils masquent les étoiles plus distantes qui se trouvent derrière eux. Mais ils peuvent aussi briller en reflétant la lumière d'étoiles proches. Quoi qu'il en soit, les plus brillants sont souvent les nuages de gaz ; lorsqu'ils abritent des étoiles très chaudes, la lumière ultraviolette qu'elles émettent rend le gaz incandescent. Qu'elles soient sombres ou illuminées, les astronomes nomment ces nuées interstellaires des nébuleuses (du latin *nebula*, qui signifie « nuage »). Lorsqu'elles éjectent des couches de gaz, certaines étoiles développent autour d'elles des nébuleuses d'un autres genre. En photographie, les nébuleuses montrent de riches couleurs que l'œil humain, en observation directe, n'est pas assez sensible pour détecter. Même à travers de grands télescopes, elles apparaissent blanches ou verdâtres.

▼ DES NÉBULEUSES EN QUANTITÉS

Dans cette région du ciel, près de l'étoile Antarès, dans le Scorpion, se côtoient des nébuleuses à émission, à réflexion, et des nébuleuses sombres qui produisent un mélange inhabituel de couleurs. Sigma du Scorpion, ou Sigma Scorpii, est au centre d'une nébuleuse à émission, tandis que les autres étoiles sont entourées de nébuleuses à réflexion. Et là où il n'existe pas d'étoile proche, des nébuleuses sombres se découpent sur l'arrière-plan étoilé.

▶ LES NÉBULEUSES À ÉMISSION

Les nuages de gaz incandescents sont appelés nébuleuses à émission : en absorbant la lumière ultraviolette produite par une étoile blanche très chaude, les atomes de gaz émettent leur propre lumière visible. La couleur de ces nébuleuses dépend du mélange gazeux qui les compose. Le gaz le plus répandu dans le milieu interstellaire étant l'hydrogène, qui produit un mélange de lumière rouge et bleue, elles apparaissent le plus souvent dans des tons de rose. Les amas de très jeunes étoiles sont généralement enveloppés par une nébuleuse à émission, parce qu'elles font elles-mêmes briller le nuage de gaz à partir duquel elles sont nées.

La nébuleuse du Pélican est une nébuleuse à émission dans la constellation du Cygne.

La nébuleuse NGC 1977, qui fait partie de la Grande nébuleuse d'Orion, est un magnifique exemple de nébuleuse à réflexion.

◀ LES NÉBULEUSES À RÉFLEXION

La poussière est commune dans l'espace, mais elle n'a rien à voir avec celle de nos maisons. Elle est essentiellement composée de particules de carbone mélangées à de la glace. Ces particules sont similaires à celles qui composent la fumée et, tout comme la fumée de bois apparaît bleue, certaines nébuleuses sont bleues lorsqu'elles reflètent la lumière des étoiles. La couleur des étoiles à l'intérieur des nébuleuses joue toutefois aussi un rôle.

Nébuleuse sombre

Cette nébuleuse à réflexion entoure l'étoile 22 Scorpii.

Antarès est une géante rouge qui produit une nébuleuse à réflexion jaunâtre au lieu du bleu habituel.

Le saviez-vous ?

- Les nébuleuses planétaires et les vestiges de supernovae sont d'autres types de nébuleuses. Dans les deux cas, il s'agit de coquilles de matériaux expulsés par les étoiles à l'approche de la fin de leur vie.
- Les nébuleuses sont parfois nommées d'après les formes qu'elles évoquent. On trouve, par exemple, la nébuleuse de la Tête de Sorcière, ou bien celle du Marteau de Thor, ou encore la nébuleuse America.

▲ Les nébuleuses sombres

Généralement, un nuage de poussières très dense ou bien ne se trouvant à proximité d'aucune étoile pour l'illuminer n'est visible que lorsqu'il se découpe sur un arrière-plan étoilé ou occupé par une nébuleuse par émission. Certaines petites nébuleuses sombres arrondies sont appelées globules de Bok, du nom de l'astronome Bart Bok qui suggéra qu'ils pouvaient être des sites de formation d'étoiles. Les nuages plus grands, comme ceux de la nébuleuse de l'Aigle, présentent parfois de longues colonnes de gaz sombres. Les étoiles qui se forment en leur cœur deviennent visibles à mesure que ces colonnes sont érodées par la lumière ultraviolette des étoiles proches.

Nébuleuse de l'Aigle

Image infrarouge de la nébuleuse de l'Aigle

▲ Derrière les nuages

Les nuages de poussières empêchent les télescopes optiques de voir ce qui se trouve derrière eux, mais ils n'arrêtent pas aussi facilement les rayonnements infrarouges et les ondes radio. Les astronomes utilisent donc des télescopes conçus pour capter les infrarouges ou les micro-ondes (ondes radio dont la longueur d'onde est de l'ordre du millimètre) pour percer les nuages de poussières. L'image infrarouge d'une partie de la nébuleuse de l'Aigle (ci-dessus, à droite) révèle un grand nombre d'étoiles invisibles sur la photo de la même région réalisée dans la lumière visible (à gauche).

Les étoiles de l'hémisphère Nord

Lorsque, par les belles soirées de mai, la brillante Véga se lève à l'est, annonçant les ciels d'été, vers l'ouest s'offrent les dernières occasions d'observer les étoiles hivernales des Gémeaux. Si les constellations de ce mois-ci ne sont pas très brillantes, beaucoup, en revanche, sont célèbres, telles le Lion, Hercule et la Vierge. D'autres, moins connues, méritent néanmoins le coup d'œil, comme la Chevelure de Bérénice, le Corbeau, au sud de la Vierge, ainsi que la région du nord de la Vierge, entre le Lion et le Bouvier.

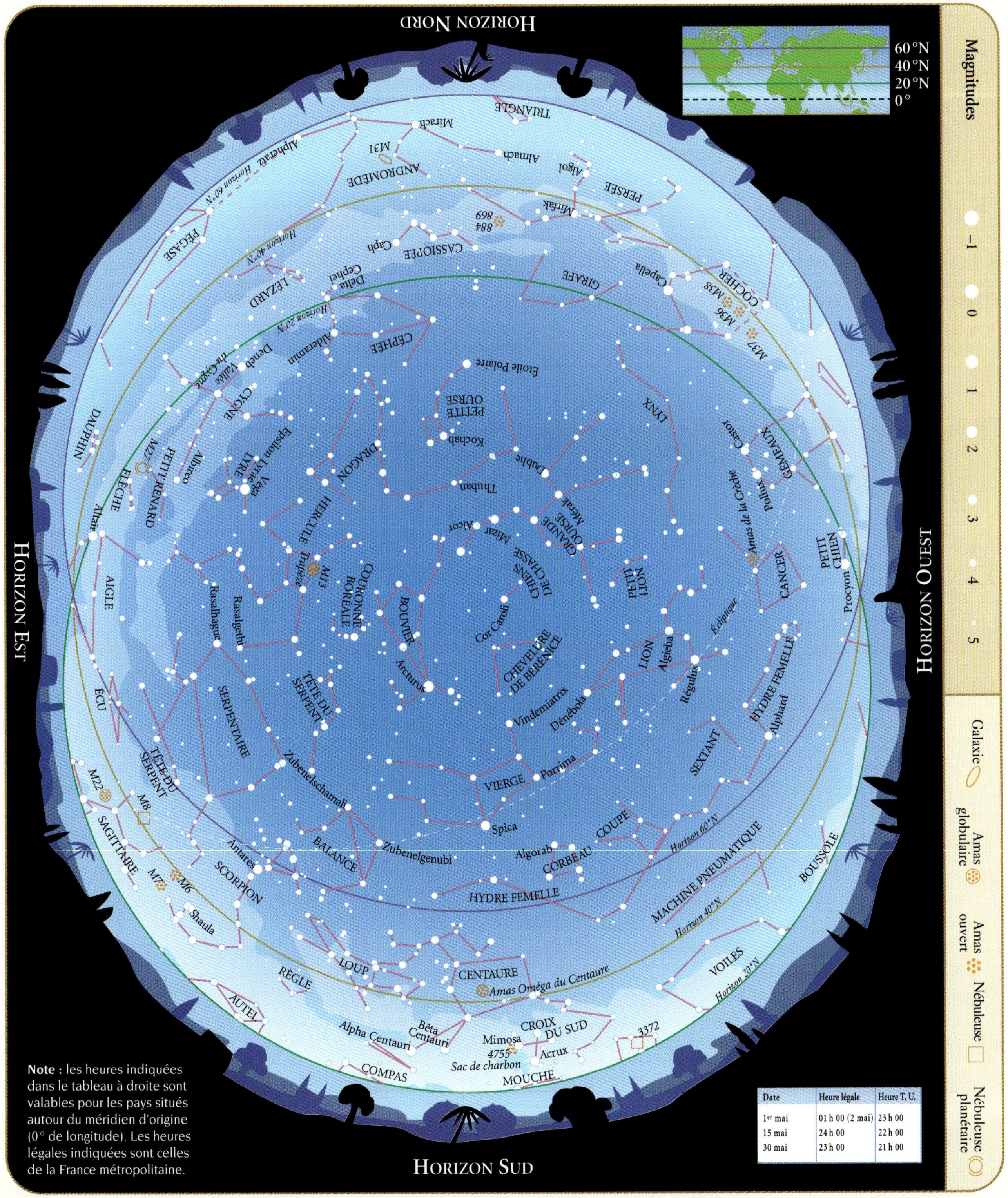

Date	Heure légale	Heure T. U.
1er mai	01 h 00 (2 mai)	23 h 00
15 mai	24 h 00	22 h 00
30 mai	23 h 00	21 h 00

Note : les heures indiquées dans le tableau à droite sont valables pour les pays situés autour du méridien d'origine (0° de longitude). Les heures légales indiquées sont celles de la France métropolitaine.

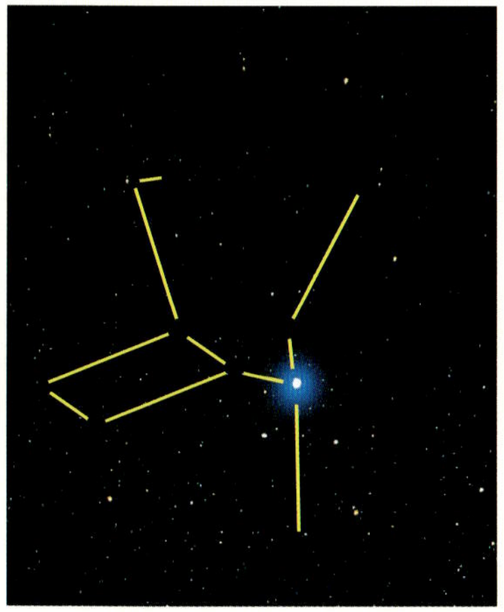

◀ LA LYRE

La constellation de la Lyre est facile à localiser parce qu'elle contient Véga, la cinquième étoile la plus brillante du ciel. Servez-vous-en de point de repère pour localiser la toute proche Epsilon de la Lyre, ou Epsilon Lyrae, une étoile multiple. À travers un télescope, vous pourrez constater que celle-ci est en fait composée de quatre étoiles proches : deux étoiles doubles.

▶ LE CORBEAU

Cette petite constellation dépeint un corbeau mythique et jouxte la constellation de la Coupe. L'une de ses étoiles, Algorab, est une intéressante étoile double. La faible étoile jaune qui lui sert de compagnon est visible dans un petit télescope. Les deux mettent près de 10 000 ans pour effectuer une révolution l'une autour de l'autre.

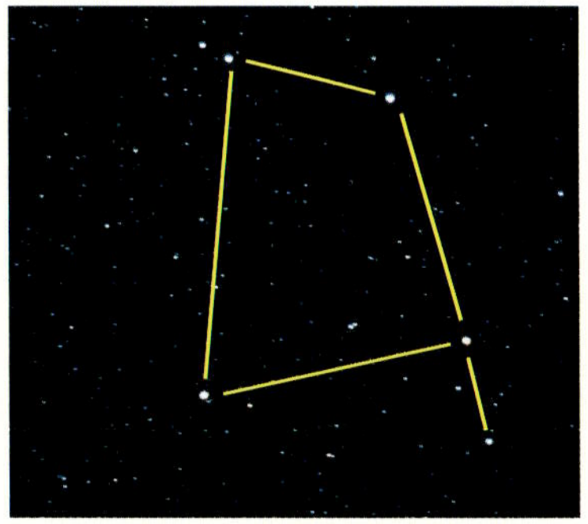

◀ LA CHEVELURE DE BÉRÉNICE

La Chevelure de Bérénice n'est devenue constellation à part entière qu'au XVIe siècle ; à l'origine, ses étoiles étaient groupées avec celles du Lion. Elle doit son nom à une reine égyptienne du IIIe siècle av. J.-C. Selon la légende, la reine Bérénice coupa ses cheveux pour remercier les dieux de lui avoir ramené son mari vivant de la guerre.

Les étoiles de l'hémisphère Sud

À mesure que l'automne s'étire et se rapproche de l'hiver et que, dans l'hémisphère Sud, les nuits continuent de rallonger, la Croix du Sud et la profusion d'étoiles qui composent le Centaure s'élèvent de plus en plus dans le ciel, Spica, dans la Vierge, se retrouvant presque au zénith. C'est la bonne période pour l'observation des galaxies de la Vierge (voir pp. 42–43) qui sont alors à leur point le plus haut et donc dans la partie la plus sombre du ciel. C'est aussi l'occasion de jeter un coup d'œil sur des constellations de moindre importance, comme la Mouche et l'Oiseau de Paradis. Ces dernières furent créées avec les étoiles plus faibles qui entourent le pôle Sud céleste.

◀ LA MOUCHE

Cette constellation se tient dans la Voie lactée en l'honneur de l'humble insecte qui lui a donné son nom. Elle fut définie au XVIe siècle par les navigateurs hollandais Pieter Dirkszoon Keyser et Frederick de Houtman. L'étoile double Thêta Muscae contient une étoile de Wolf-Rayet, un type très rare d'étoile extrêmement chaude qui a perdu ses couches externes.

▶ L'OISEAU DE PARADIS

Constellation à la gloire de l'oiseau du même nom vivant en Papouasie-Nouvelle-Guinée, elle fut, elle aussi, définie au XVIe siècle par Keyser et de Houtman pour remplir la région autour du pôle Sud céleste. Avant cette époque, bien peu de cartographes du ciel avaient pu contempler cette région de la sphère céleste.

LE SAVIEZ-VOUS ?

- Les navigateurs hollandais Pieter Dirkszoon Keyser et Frederick de Houtman définirent à eux seuls douze nouvelles constellations de l'hémisphère Sud à la fin du XVIe siècle.
- La constellation de la Mouche fut d'abord connue sous le nom de l'Abeille, puis la Mouche-Abeille, et enfin la Mouche australe ou indienne, avant d'être finalement réduite au nom qu'on lui connaît aujourd'hui.

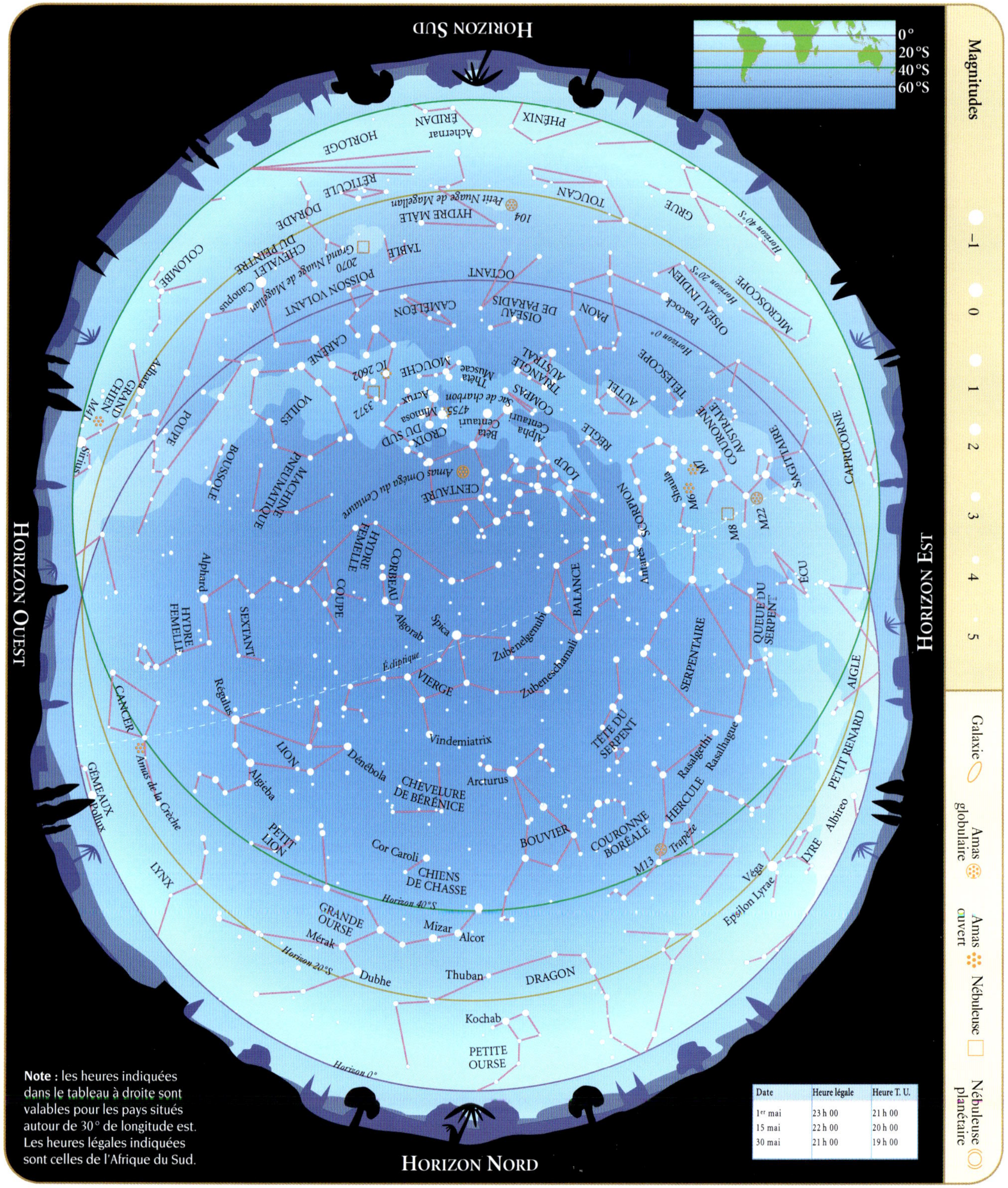

Note : les heures indiquées dans le tableau à droite sont valables pour les pays situés autour de 30° de longitude est. Les heures légales indiquées sont celles de l'Afrique du Sud.

Date	Heure légale	Heure T. U.
1er mai	23 h 00	21 h 00
15 mai	22 h 00	20 h 00
30 mai	21 h 00	19 h 00

La Grande Ourse

La Grande Ourse est l'une des constellations les plus célèbres. Ses sept étoiles principales, les plus brillantes, dessinent un motif connu d'à peu près tout le monde, et qui lui a valu ses autres noms de Grand Chariot ou Grande Casserole. En outre proche du pôle céleste, elle est facile à observer depuis de nombreux endroits de l'hémisphère Nord. La constellation, dans sa totalité, couvre une surface beaucoup plus vaste que celle du seul Grand Chariot. D'après la mythologie grecque, elle représente une princesse nommée Callisto qui, ayant été séduite par Zeus, fut transformée en ourse par la jalouse Héra, l'épouse du maître des dieux.

W URSAE MAJORIS

Cette étoile faible est une binaire à éclipse (voir p. 84). Sa luminosité varie selon un cycle de seulement huit heures. Les deux étoiles naines qui la composent sont si proches qu'elles se touchent, comme le montre cette image créée par ordinateur (ci-dessus).

LE SAVIEZ-VOUS ?

- De nombreux peuples ont, de tous temps, vu un ours dans cette constellation. Celui qu'y voyaient les Indiens d'Amérique n'avait pas de queue – d'ailleurs, les ours n'en ont pas – et les trois étoiles que nous considérons comme celles de la queue représentaient pour eux des chasseurs à la poursuite de l'animal.
- Le terme « arctique » qualifiant les régions froides du Grand Nord dérive du grec *arktos*, qui signifie « ours », parce que les deux ourses célestes, la grande et la petite, se situent aux abords du pôle Nord.

LES GALAXIES DE LA GRANDE OURSE M81 ET M82

Ces deux galaxies sont situées seulement à 12 millions d'années-lumière de nous : des voisines à l'échelle galactique ! Membres les plus brillants d'un petit amas de galaxies, elles sont facilement visibles à travers une paire de jumelles. M81 (en bas de la photo ci-contre) est une galaxie spirale. M82 , quant à elle, est une galaxie particulière avec une profusion d'étoiles en formation en son cœur.

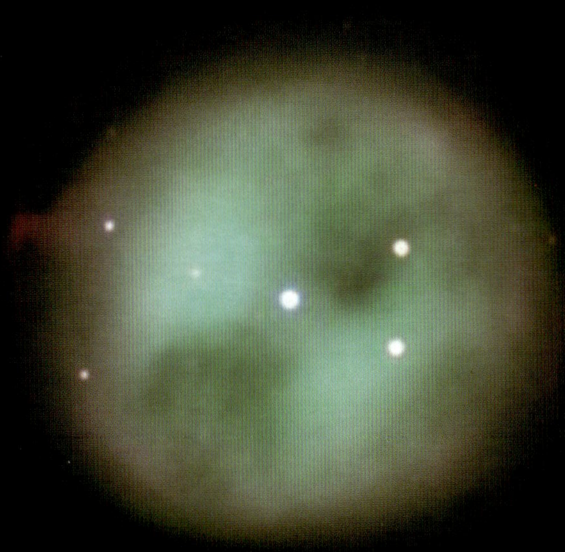

LA NÉBULEUSE DU HIBOU (M97)

Comptant parmi les plus grosses nébuleuses planétaires connues, cette nébuleuse doit son nom à la présence de deux régions arrondies plus sombres qui la font ressembler à une tête de hibou avec ses deux gros yeux. Située à 1 500 années-lumière, on la trouve au sud-est de l'étoile Mérak. Mais bien que de grandes dimensions, elle est peu brillante et peut être difficile à voir, même avec un bon instrument optique, sauf lorsque le ciel est très sombre.

LA GALAXIE M101

Cette très belle galaxie spirale vue de face est visible avec des jumelles, mais c'est à travers un télescope qu'elle se révèle le mieux. Il est toutefois difficile de discerner ses bras spiraux peu lumineux, sauf quand le ciel est très sombre. Située à 25 millions d'années-lumière, elle est plus de deux fois plus éloignée que les galaxies M81 et M82.

La Voie lactée

Par les nuits bien sombres, on distingue une arche de pâle lumière traversant le ciel. Les Grecs, qui y virent une rivière de lait créée par la déesse Héra, la nommèrent la Voie lactée. En réalité, il s'agit de la lumière de quelque 100 milliards d'étoiles appartenant à la même galaxie que celle de notre Soleil. La Voie lactée est notre propre galaxie que nous observons de l'intérieur, par la tranche. Si l'on pouvait voyager très loin dans l'espace au-delà de ses limites, nous la verrions comme un vaste disque d'étoiles, de gaz et de poussières, avec des bras spiraux et un énorme essaim stellaire en son centre.

LÉGENDE

1	Centre galactique	6	Bras d'Orion
2	Bras de 3 kiloparsecs	7	Bras de Persée
3	Bras de la Règle	8	Bras extérieur
4	Bras de l'Écu et de la Croix du Sud	9	Double amas
5	Bras du Sagittaire	10	Grande nébuleuse d'Orion

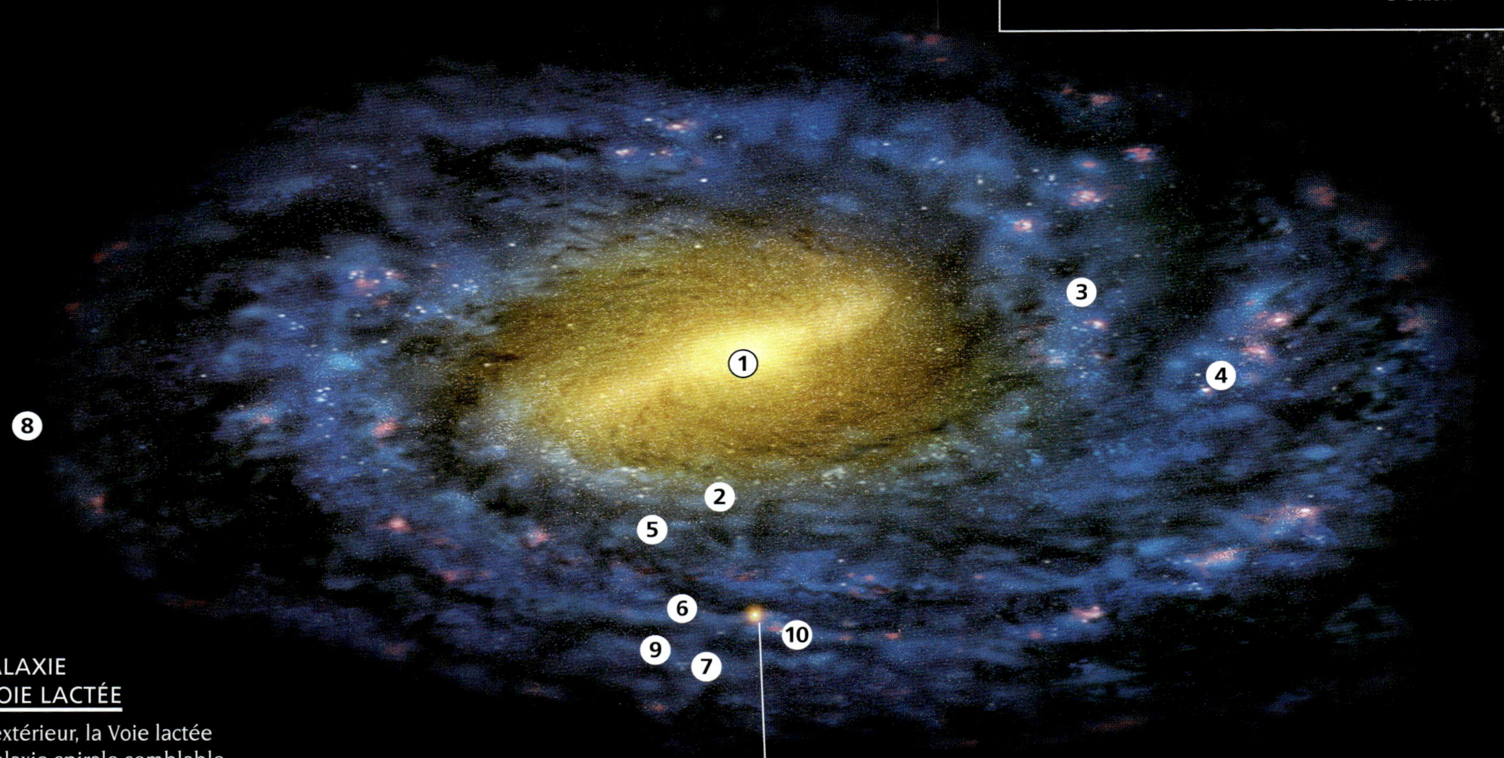

▲ LA GALAXIE DE LA VOIE LACTÉE

Vue de l'extérieur, la Voie lactée est une galaxie spirale semblable à beaucoup d'autres. Elle possède un disque central qui forme un renflement, et de longs bras spiraux qui s'enroulent autour. La plupart de ces bras sont nommés d'après les constellations que nous observons dans leur direction. Notre Soleil se situe dans le bras d'Orion entre 25 000 et 28 000 années-lumière du centre galactique. Toutes les étoiles que nous pouvons voir dans le ciel à l'œil nu se situent, au plus, à quelques milliers d'années-lumière du Soleil.

Notre Soleil n'est qu'une étoile parmi des milliards d'autres, non discernables à cette échelle.

▶ LES NÉBULEUSES

Les bras spiraux de notre galaxie abritent de nombreuses nébuleuses (nuages de gaz et de poussières). La nébuleuse NGC 3606, dans l'Hydre femelle, est la plus grande région de formation d'étoiles de la Voie lactée que nous puissions observer.

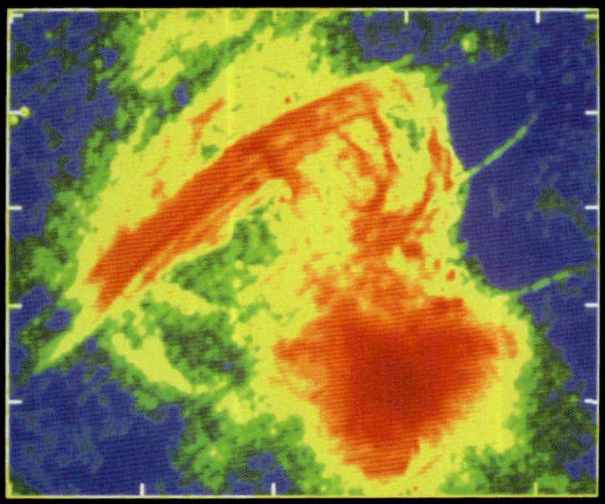

◀ SAGITTARIUS A*

La vue sur le centre de notre galaxie nous est bouchée par des nuages de poussières trop épais pour permettre à la lumière de les traverser. En revanche, les ondes radio en provenance de cette direction ne sont pas arrêtées par les poussières. Ainsi, nous savons qu'au centre de la Voie lactée se trouve une source très puissante d'ondes radioélectriques, appelée Sagittarius A. En son cœur se situe un minuscule point lumineux, appelé Sagittarius A* (prononcer A-étoile). On pense qu'il s'agit d'un trou noir dont la masse est supérieure à un million de soleils. La matière qui s'y précipite libère d'énormes quantités d'énergie.

Stephen Hawking

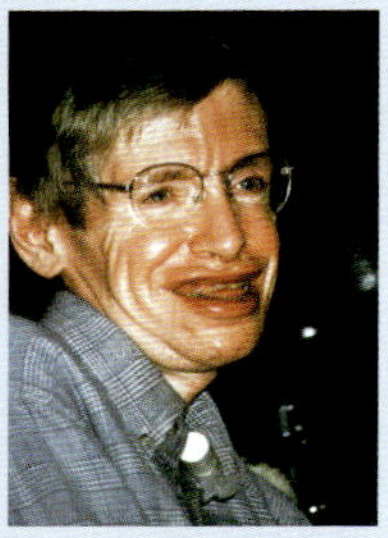

Le physicien britannique Stephen Hawking (né en 1942) fut le premier à suggérer que, dans certaines conditions, les trous noirs pouvaient émettre des particules sous la forme de rayonnements. C'est ce que l'on appelle le rayonnement d'Hawking. Hawking montra aussi que, contre toute attente, les trous noirs peuvent s'évaporer.

◀ VUE DEPUIS LA TERRE

Par les nuits bien sombres et dégagées, la Voie lactée offre, à l'œil nu, un étonnant spectacle. Avec de simples jumelles, on peut y observer quantité de nébuleuses et d'amas d'étoiles.

LA NÉBULEUSE DE LA PIPE, située entre le Sagittaire et le Scorpion, est un nuage sombre en forme de pipe.

▲ UN HALO DE MATIÈRE SOMBRE

Il semble que la Voie lactée contienne plus de matière que ne peuvent voir nos yeux et détecter nos instruments. L'étude des orbites de ses étoiles révèle en effet que leur mouvement est affecté par l'attraction gravitationnelle d'une matière formant un gigantesque halo (une sphère) entourant notre galaxie. Elle s'y trouverait en quantité dix fois supérieure à celle de la matière visible. Mais la composition exacte de cette matière sombre reste un mystère. Il pourrait s'agir de mystérieuses particules ou de quelque chose d'autre encore inconnu.

▲ LA VOIE LACTÉE DANS L'INFRAROUGE

La lumière infrarouge est moins affectée par les poussières que la lumière visible. Ce panorama de la Voie lactée, réalisé dans l'infrarouge, est centré sur le cœur de notre galaxie, dans la direction du Sagittaire, où l'on peut voir le renflement central. Cette image regroupe un demi-milliard d'étoiles, la plupart invisibles en lumière ordinaire. Les deux Nuages de Magellan, des galaxies proches, sont visibles en bas à droite de l'image.

Les étoiles de l'hémisphère Nord

C'est à cette époque de l'année que, dans l'hémisphère Nord, les nuits atteignent leurs plus courtes durées. Et sous les latitudes les plus boréales, le Soleil ne se couche même pas totalement. La queue de la Grande Ourse peut servir de guide dans le ciel de cette fin de printemps. Une fois localisée, il suffit d'en suivre la courbe vers l'horizon sud pour rencontrer le Bouvier. C'est en son sein que brille la lumineuse Arcturus. Non loin se trouve la petite constellation des Chiens de chasse, dont les étoiles faisaient jadis partie de la Grande Ourse.

Magnitudes: –1, 0, 1, 2, 3, 4, 5

Galaxie — Amas globulaire — Amas ouvert — Nébuleuse — Nébuleuse planétaire

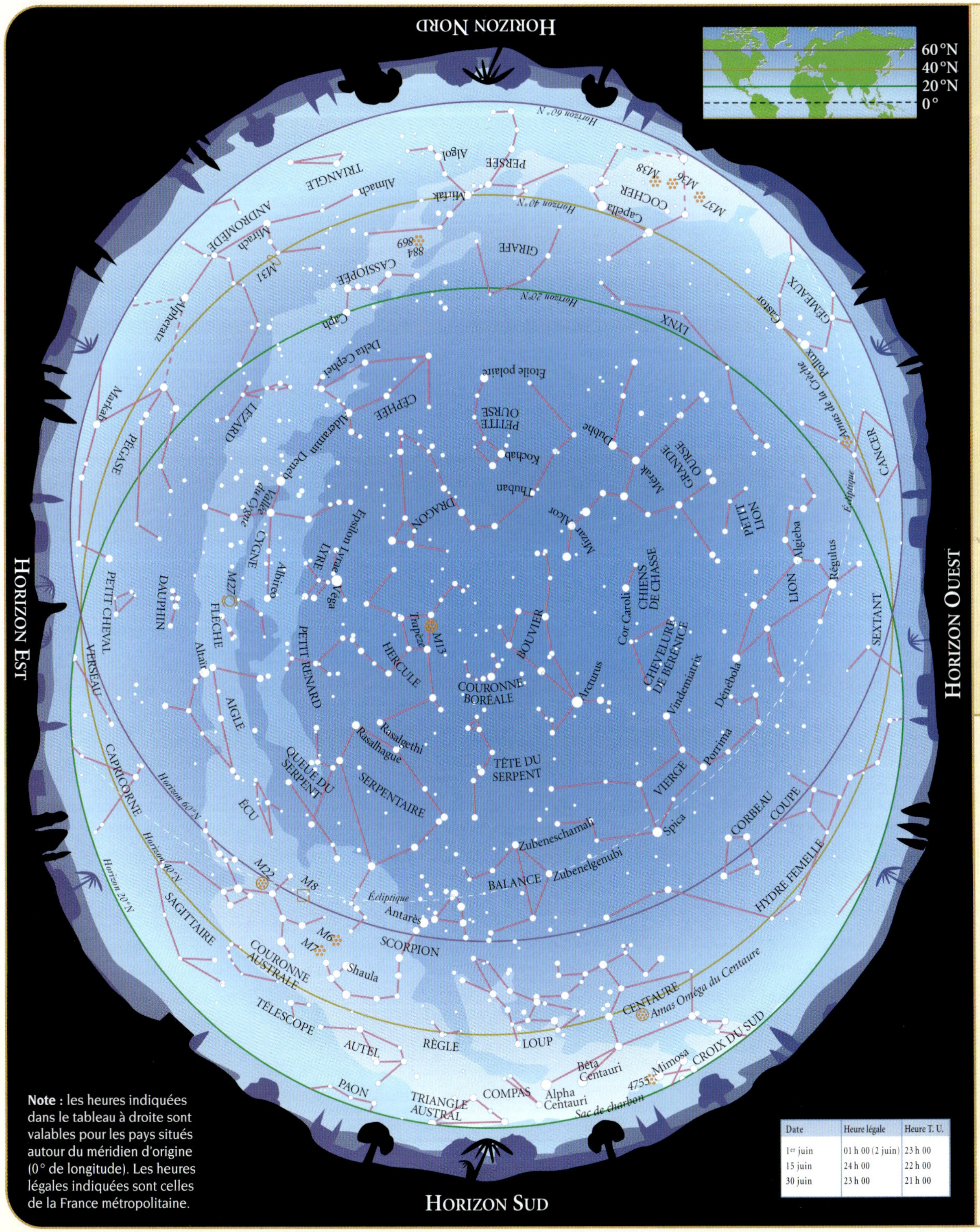

Date	Heure légale	Heure T. U.
1er juin	01 h 00 (2 juin)	23 h 00
15 juin	24 h 00	22 h 00
30 juin	23 h 00	21 h 00

Note : les heures indiquées dans le tableau à droite sont valables pour les pays situés autour du méridien d'origine (0° de longitude). Les heures légales indiquées sont celles de la France métropolitaine.

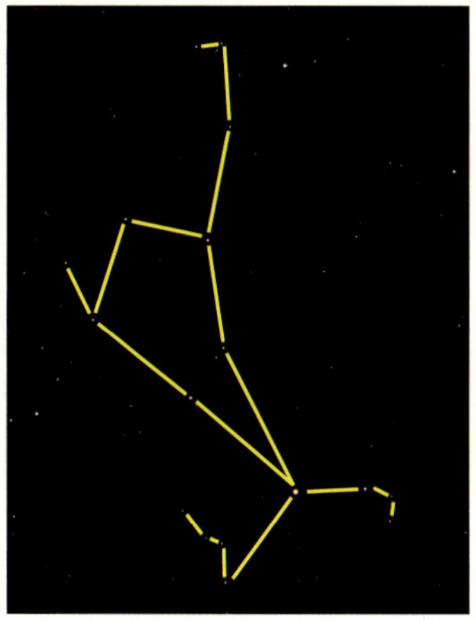

▶ LE BOUVIER

Dans la mythologie, cette constellation représente le gardien de la Grande Ourse, dont il observe le parcours dans le ciel. Toutes les étoiles de cette constellation, qui dessine une forme de cerf-volant, sont assez faibles, à l'exception d'une, la jaune Arcturus ; son nom, dérivé du grec *arktouros*, signifie « gardien de l'ours ». C'est la quatrième plus brillante étoile du ciel nocturne.

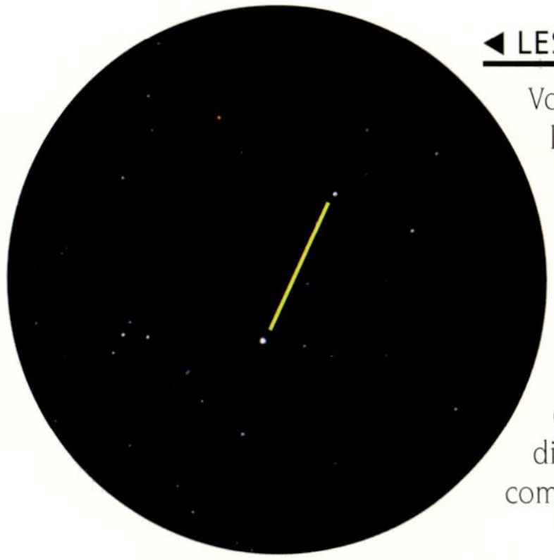

◀ LES CHIENS DE CHASSE

Voici les deux chiens qui aident le Bouvier à maintenir la Grande Ourse sous contrôle. Contrairement à ces constellations plus anciennes, les Chiens de chasse furent définis au XVIIe siècle. Leur étoile principale, Cor Caroli, est une étoile double dont on peut distinguer nettement les deux composantes à l'aide d'un télescope.

LE SAVIEZ-VOUS ?

- En 1933, Arcturus fut mise en vedette lors de la soirée d'ouverture d'une foire exposition à Chicago, aux États-Unis. C'est la lumière de l'étoile qui servit à déclencher les interrupteurs qui contrôlaient les projecteurs.
- Le nom de Cor Caroli, l'étoile la plus brillante des Chiens de chasse, signifie « Le cœur de Charles ». Elle commémore le roi Charles Ier d'Angleterre, condamné à mort et exécuté par le Parlement en 1649.

Les étoiles de l'hémisphère Sud

Avec la Voie lactée qui barre la voûte céleste, le ciel de la fin de l'automne est rempli d'étoiles. Presque au zénith, on trouve la Balance et le Loup. L'Écliptique (voir p. 6) est également haut dans le ciel, de sorte que les planètes peuvent être en bonne place pour l'observation. Cette époque est également l'occasion de comparer l'amas globulaire Oméga du Centaure avec son homologue de l'hémisphère Nord, le beaucoup plus pâle M13, dans la constellation d'Hercule, que l'on appelle souvent le Grand Amas.

▶ LA BALANCE

C'est la seule constellation non animale du zodiaque. Jusqu'à l'époque romaine, ses deux étoiles les plus brillantes, Alpha et Bêta, étaient considérées comme les pinces du Scorpion voisin. Le nom de ces étoiles en témoigne encore aujourd'hui : en arabe, Zubenelgenubi signifie « pince du Sud », et Zubeneschamali, « pince du Nord ».

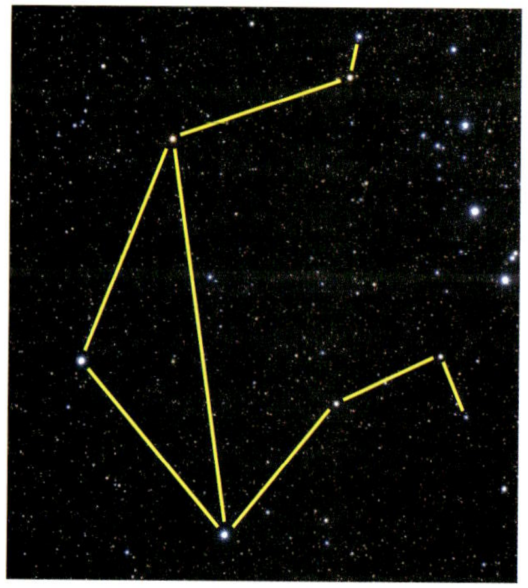

◀ LE LOUP

Aucune légende particulière n'est rattachée à cette constellation. Elle contient plusieurs étoiles modérément brillantes, mais son objet le plus célèbre apparut très brièvement en l'an 1006. Il s'agissait d'une supernova, la plus brillante jamais observée. De ses vestiges, on ne détecte plus aujourd'hui que des ondes radio.

▶ LE COMPAS

Localisée à l'est d'Alpha du Centaure, cette constellation fut définie en 1756 par l'astronome français Nicolas Louis de Lacaille. Elle resta de peu d'intérêt jusqu'aux années 1970, lorsqu'on y découvrit une galaxie proche, la galaxie du Compas, que personne n'avait vue jusqu'alors.

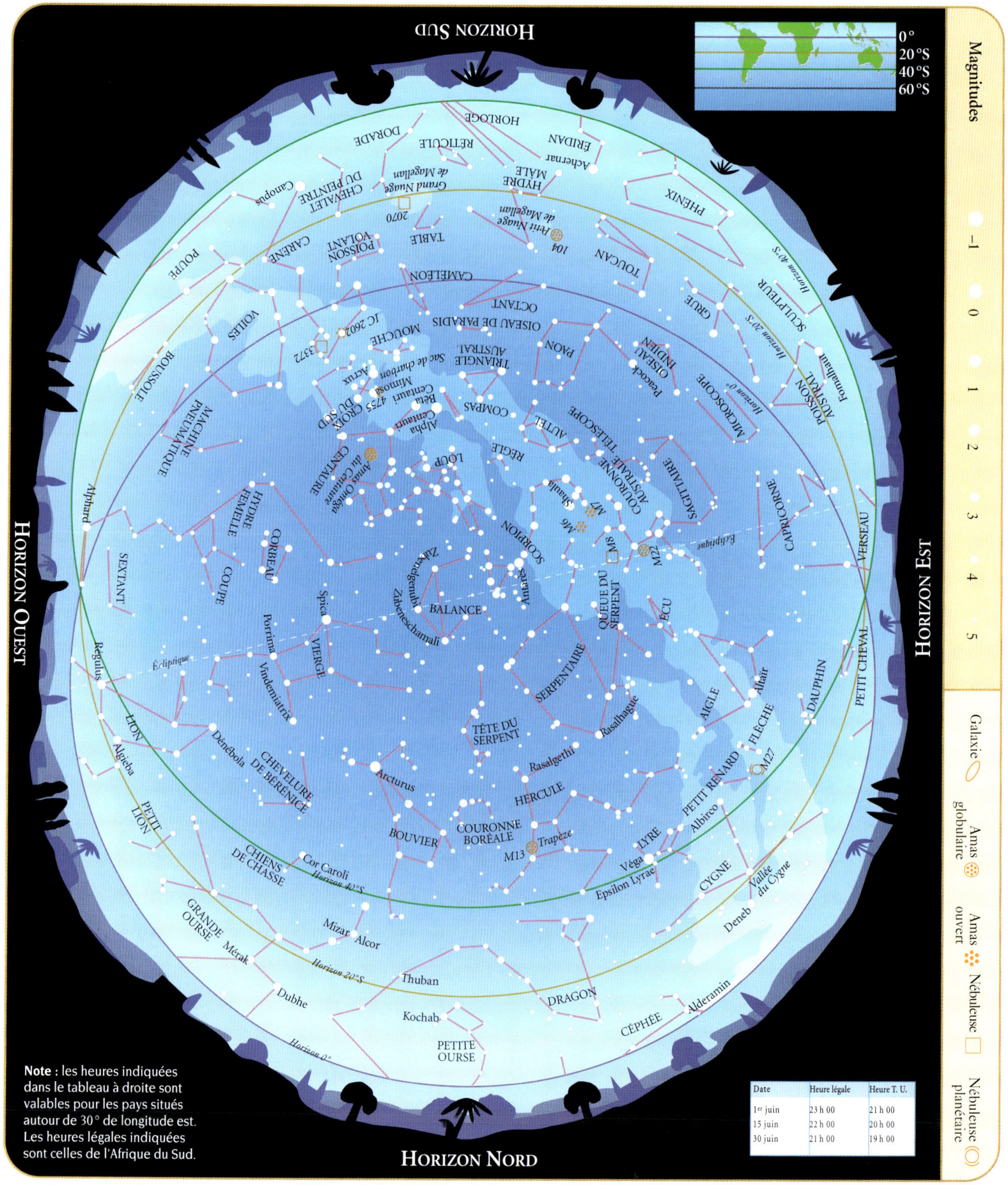

Note : les heures indiquées dans le tableau à droite sont valables pour les pays situés autour de 30° de longitude est. Les heures légales indiquées sont celles de l'Afrique du Sud.

Date	Heure légale	Heure T. U.
1er juin	23 h 00	21 h 00
15 juin	22 h 00	20 h 00
30 juin	21 h 00	19 h 00

Le Centaure et la Croix du Sud

La Croix du Sud est l'une des plus célèbres constellations de l'hémisphère Sud. Ses étoiles constituaient jadis les pattes arrières du Centaure, une créature mythique mi-homme, mi-cheval. Dans l'Antiquité, le Centaure était visible très bas sur l'horizon depuis le sud de l'Europe. Toutefois, sous l'effet du mouvement de précession de l'axe terrestre (voir p. 7), les étoiles de cette région, notamment celles de la Croix du Sud, devinrent avec le temps difficiles à voir, n'étant plus observables que depuis des points situés beaucoup plus au sud vers l'équateur. Ce n'est qu'au XVIe siècle, lorsque les explorateurs occidentaux commencèrent à voyager dans l'hémisphère Sud, qu'ils purent remarquer le dessin caractéristique de la Croix du Sud et en faire une constellation à part entière.

LES CONSTELLATIONS DU CENTAURE ET DE LA CROIX DU SUD

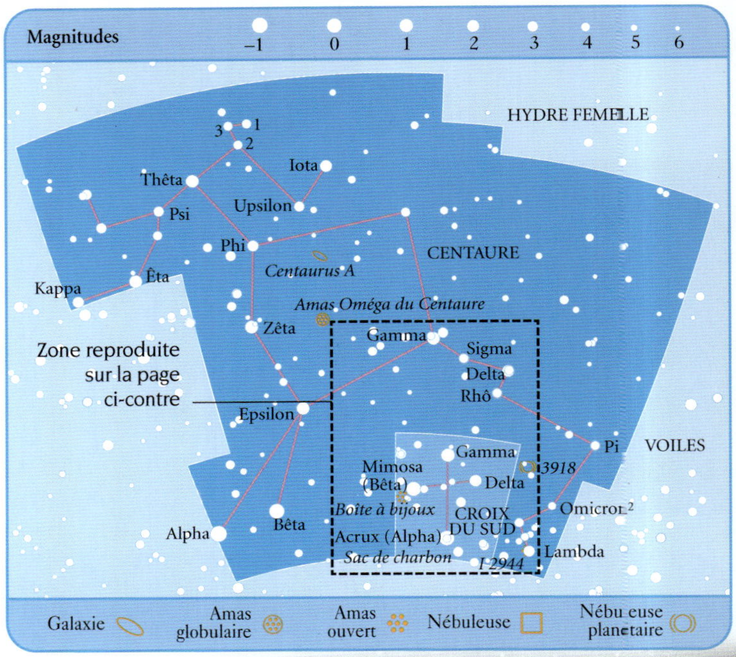

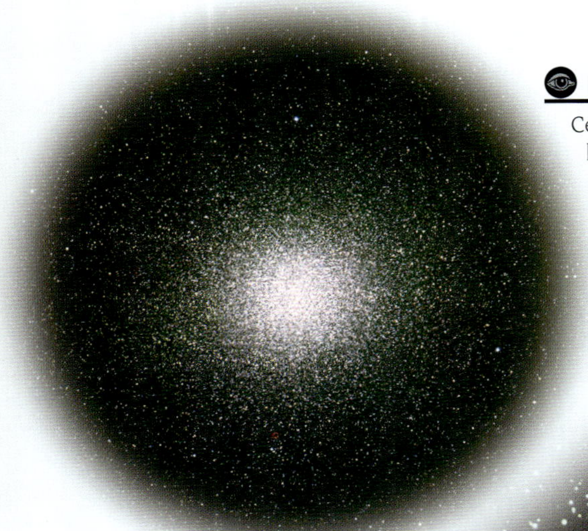

L'AMAS OMÉGA DU CENTAURE

Cet amas, le plus brillant et le plus gros de tous les amas globulaires, évoque, à l'œil nu, une étoile entourée d'un halo brumeux. C'est pourquoi les anciens astronomes lui donnèrent un nom d'étoile avec une lettre grecque. Il contient plus d'un million d'étoiles densément rassemblées. En son cœur, la distance moyenne entre deux étoiles est plus de cent fois plus petite que dans le voisinage de notre Soleil.

LA BOÎTE À BIJOUX (NGC 4755)

La Croix du Sud abrite un scintillant amas ouvert d'étoiles appelé la Boîte à bijoux. Formé il y a près de 10 millions d'années, c'est l'un des amas les plus jeunes de notre galaxie. Constitué de plusieurs supergéantes blanc bleuâtre très lumineuses et d'une supergéante rouge au centre du groupe, il se tient à quelque 7600 années-lumière de la Terre.

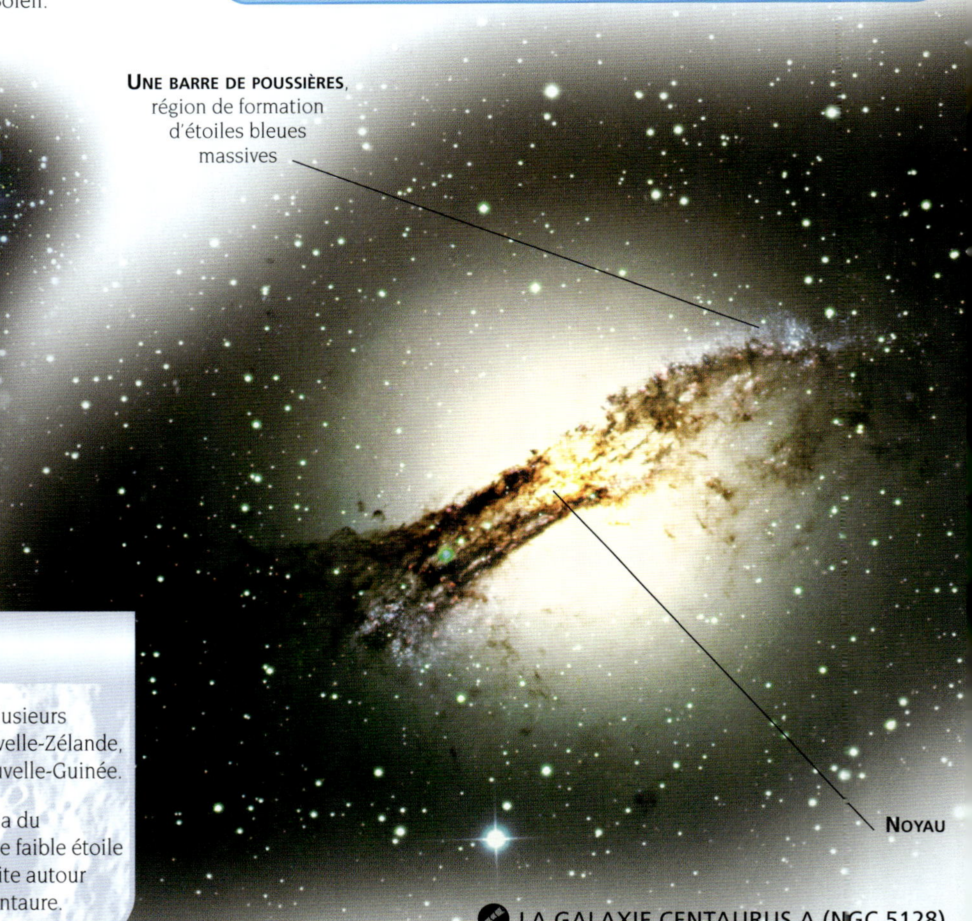

Une barre de poussières, région de formation d'étoiles bleues massives

Noyau

LA GALAXIE CENTAURUS A (NGC 5128)

Cette galaxie elliptique inhabituelle est une puissante source d'ondes radioélectriques et de rayons X. Les astronomes pensent qu'elle est entrée en collision avec une galaxie spirale, provoquant la chute d'étoiles et de gaz dans un trou noir massif situé au cœur du noyau galactique, un phénomène accompagné par la production d'énormes quantités d'énergie. La collision a aussi déclenché la production en masse d'étoiles nouvelles.

Le saviez-vous ?

- La Croix du Sud figure sur le drapeau de plusieurs nations, parmi lesquelles l'Australie, la Nouvelle-Zélande, le Brésil, les îles Samoa et la Papouasie-Nouvelle-Guinée.
- L'étoile la plus proche du Soleil est Proxima du Centaure, située à 4,22 années-lumière. Cette faible étoile rouge de 11e magnitude décrit une large orbite autour de l'étoile double plus brillante Alpha du Centaure.

LA NÉBULEUSE DU SAC DE CHARBON

Tout près d'Acrux, l'étoile la plus brillante de la Croix du Sud, figure un nuage sombre de gaz et de poussières qui cache les étoiles de la Voie lactée. C'est la nébuleuse du Sac de charbon, la plus célèbre des nébuleuses sombres.

Nébuleuse du Sac de charbon

Les galaxies

Vastes îles de matière dispersées dans l'Univers, les galaxies sont constituées de milliards d'étoiles associées à des poussières et des gaz interstellaires ainsi qu'à une mystérieuse matière sombre (voir p. 51). L'ensemble est maintenu rassemblé par la force de gravité de ses composants. Beaucoup de galaxies présentent, en leur centre, un trou noir massif. Les astronomes estiment qu'il existe dans l'Univers environ 100 milliards de galaxies groupées en amas. Certains de ces amas ne comptent que quelques dizaines de membres, mais les plus gros en ont des milliers. Les amas eux-mêmes se rassemblent en superamas. Les galaxies peuvent prendre des formes très diverses et chacune est unique. Les plus belles sont celles qui possèdent des bras spiraux s'enroulant autour de leur noyau.

◀ LES GALAXIES LENTICULAIRES

Certaines galaxies sont constituées d'un renflement central d'étoiles anciennes et d'un disque. Elles contiennent très peu de gaz et de poussières et n'ont pas de bras spiraux. Elles sont dites lenticulaires, c'est-à-dire « en forme de lentilles ». Elles apparaissent comme une forme intermédiaire entre les galaxies spirales et elliptiques.

Galaxie lenticulaire barrée NGC 2787

▶ LES GALAXIES SPIRALES

Ces galaxies spectaculaires sont constituées de deux grandes parties. Le renflement central formant le noyau est dense et constitué de vieilles étoiles et de peu de gaz et de poussières. Le disque, où se dessinent les bras spiraux, contient, quant à lui, gaz et poussières en quantité à partir desquels se forment de nouvelles étoiles. Ces galaxies varient en diamètre de 10 000 à 200 000 années-lumière, voire plus. L'astronome Edwin Hubble a classifié les galaxies spirales d'après le degré d'ouverture de leurs bras.

Galaxie spirale NGC 4414

◀ LES GALAXIES ELLIPTIQUES

Ces galaxies ressemblent parfois à des balles aplaties, mais le plus souvent présentent la forme de pommes de terre. Elles sont essentiellement constituées de vieilles étoiles, très peu d'astres nouveaux se formant en leur sein. Certaines, comme Fornax A, présentent des allées de poussières dues à la fusion avec une galaxie spirale. Il existe des galaxies elliptiques de toutes tailles, mais les plus grandes galaxies sont toujours elliptiques, pouvant contenir plus de mille milliards d'étoiles.

Fornax A (NGC 1316)

◀ LES GALAXIES SPIRALES BARRÉES

Nombre de galaxies spirales, telle NGC 2442 (à gauche), présentent une barre centrale au lieu d'un simple renflement, les bras spiraux jaillissant des extrémités de la barre. Cette dernière est constituée d'étoiles, de gaz et de poussières qui parcourent le centre de la galaxie. L'importance et la forme de la barre varient d'une galaxie à l'autre. Il semble que la Voie lactée possède aussi une barre que, depuis notre position, nous verrions par l'une des extrémités.

▶ LES GALAXIES IRRÉGULIÈRES

Nombre de galaxies ne présentent pas de formes bien définies et sont simplement dites irrégulières. C'est même le type le plus commun de galaxies. Elles arborent donc des formes très variées mais aucune n'est particulièrement grande. Ces galaxies contiennent des gaz à partir desquels se forment de nouvelles étoiles ; elles présentent donc une couleur bleutée à cause de ces astres jeunes et chauds. Les galaxies compagnes de notre Voie lactée, les deux Nuages de Magellan, dont on voit le petit ci-contre, à droite, en sont de bons exemples.

▲ LES GALAXIES ACTIVES

Les galaxies qui possèdent un cœur brillant sont dites actives. Outre le fait qu'il soit très lumineux, leur noyau peut être une puissante source d'ondes radio et de rayonnements X. Plus on observe loin dans l'Univers – donc plus on remonte loin dans le temps – plus les galaxies actives semblent communes. Le moteur qui entretient l'activité du noyau est probablement un trou noir massif, qui provoque une intense élévation de la température de toute la matière qui tombe dedans, donc un puissant rayonnement.

Galaxies interactives NGC 2207 et IC 2163

Traînée d'étoiles

▲ LES GALAXIES EN INTERACTION

Les astronomes ont découvert deux petites galaxies en collision avec notre Voie lactée et fusionnant avec elle, et pensent que les galaxies géantes sont créées par des fusions de ce type. La collision déforme les galaxies qui se rencontrent, créant parfois de longues traînées d'étoiles. Elle peut aussi déclencher une poussée de formation d'étoiles nouvelles. Les distances interstellaires restent toutefois si grandes que des collisions entre les étoiles elles-mêmes sont improbables.

Vera Rubin

Dans les années 1970, l'astronome américaine Vera Rubin (née en 1928) fit une étonnante découverte. En étudiant la galaxie d'Andromède, elle s'aperçut que ses étoiles intérieures et extérieures voyageaient autour du centre à la même vitesse. Elle en conclut que la galaxie devait être entourée par une grande quantité de « matière sombre » invisible.

▶ LES AMAS DE GALAXIES

Les galaxies sont rassemblées en amas, chacun contenant un mélange de galaxies de différents types. La Voie lactée appartient à un groupe d'une trentaine de membres : l'Amas local. Lorsque les astronomes estiment la masse d'un amas, le chiffre apparaît toujours plus grand que la somme des masses de chaque galaxie. Le surplus est dû à la masse de la « matière sombre ».

Amas de galaxies Abell 2218

La lumière provenant de galaxies distantes subit des distorsions en forme d'arcs dues à la masse d'un amas de galaxies situé devant. On appelle cela l'effet de lentille gravitationnelle.

Les étoiles de l'hémisphère Nord

Au mois de juillet, le nuage d'étoiles de la Voie lactée devient très présent dans le ciel nocturne, en particulier vers le sud autour du Sagittaire et du Scorpion. Au nord du Scorpion, figure la vaste constellation du Serpentaire, que l'on cite souvent également sous son nom latin Ophiuchus. Le serpent qui s'enroule autour de lui est représenté par deux constellations distinctes, la Tête et la Queue du Serpent. Au-dessus de la Queue du Serpent figure le motif caractéristique de la Couronne boréale. Bien que la plupart des étoiles qui composent cette petite constellation ne soient que de quatrième magnitude, le petit arc qu'elles dessinent est très facile à distinguer.

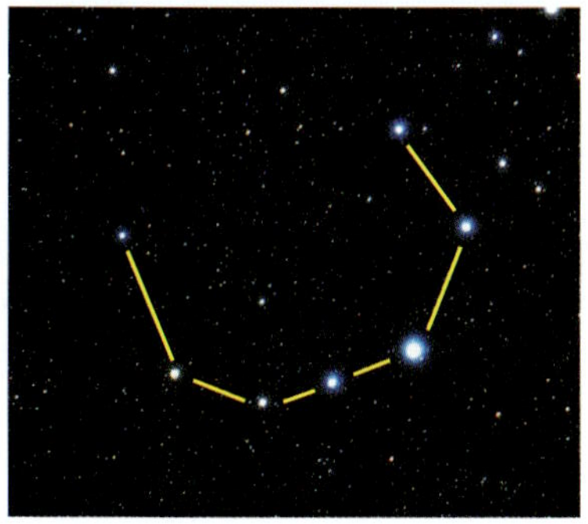

◀ **LA COURONNE BORÉALE**

Cet attrayant demi-cercle composé de sept étoiles dépeint la couronne d'Ariane, fille du mythique Minos, roi de Crête. Tombé amoureux d'elle, le dieu Dionysos lança sa couronne vers les cieux en son hommage, dont les bijoux devinrent des étoiles. La plus brillante a pour nom Gemma, ce qui signifie «joyau» en latin.

▼ **LE SERPENT**

Les Grecs identifiaient le Serpentaire à Asclépios, le dieu de la médecine, parce que le serpent était l'un de ses symboles. Dans le ciel, le serpent stellaire qui se love autour de lui est la seule constellation qui soit divisée en deux parties. On trouve d'un côté la Tête du Serpent, facilement reconnaissable au triangle d'étoiles qui définit la tête de l'animal. De l'autre côté, la Queue du Serpent abrite la fameuse nébuleuse de l'Aigle.

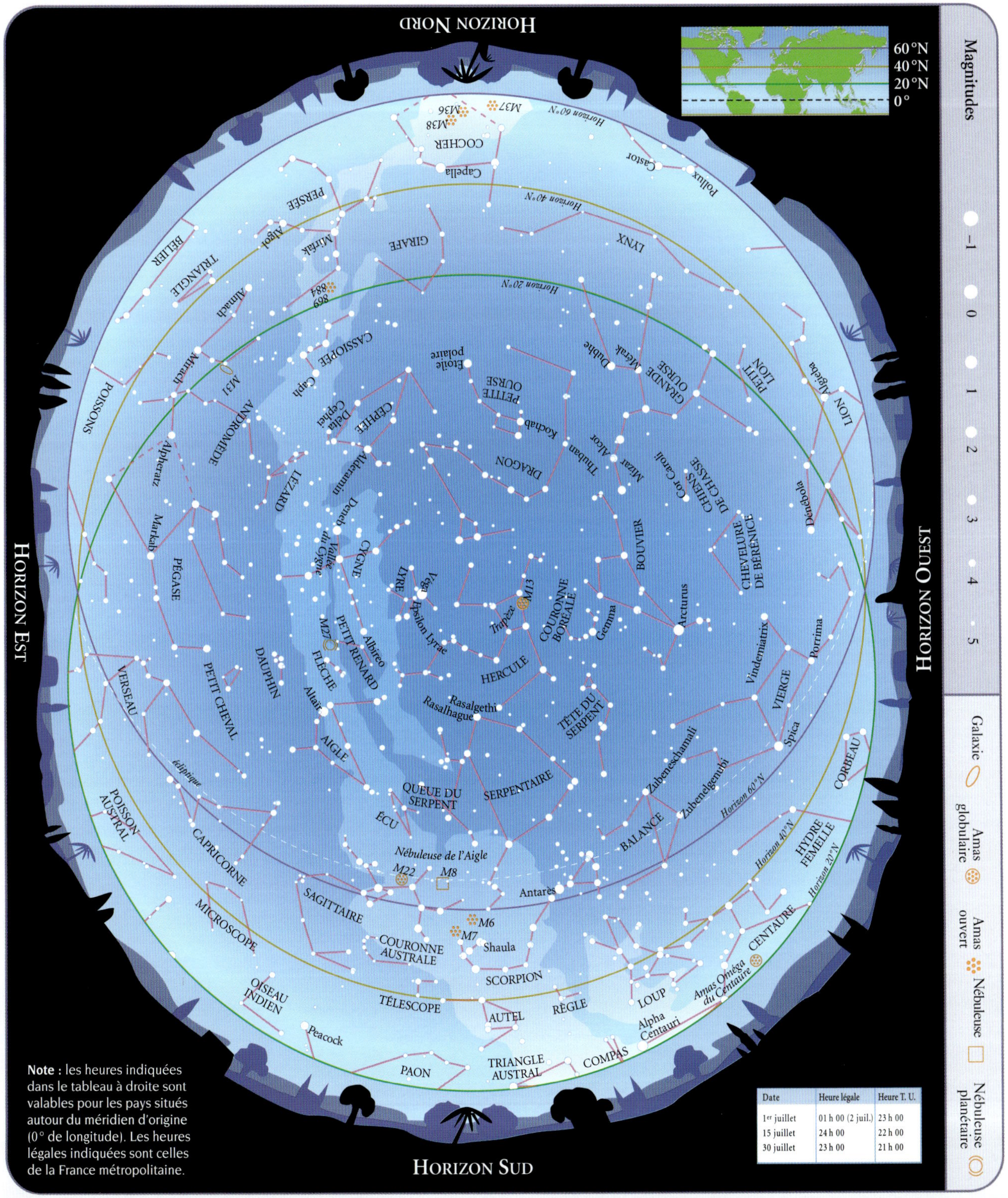

Note : les heures indiquées dans le tableau à droite sont valables pour les pays situés autour du méridien d'origine (0° de longitude). Les heures légales indiquées sont celles de la France métropolitaine.

Date	Heure légale	Heure T. U.
1er juillet	01 h 00 (2 juil.)	23 h 00
15 juillet	24 h 00	22 h 00
30 juillet	23 h 00	21 h 00

Les étoiles de l'hémisphère Sud

Ce mois-ci, la Voie lactée se trouve droit au zénith, ce qui la rend bien visible par les nuits sombres et dégagées. Les constellations bien connues du Scorpion et du Sagittaire dominent le ciel nocturne. Mais le Triangle austral, la Règle et l'Autel tiennent également bonne place non loin de la bande étoilée que forme notre galaxie. Bien que ces constellations ne contiennent pas d'objets très lumineux, elles méritent au moins une observation aux jumelles car quelques attrayants amas d'étoiles parsèment cette région du ciel.

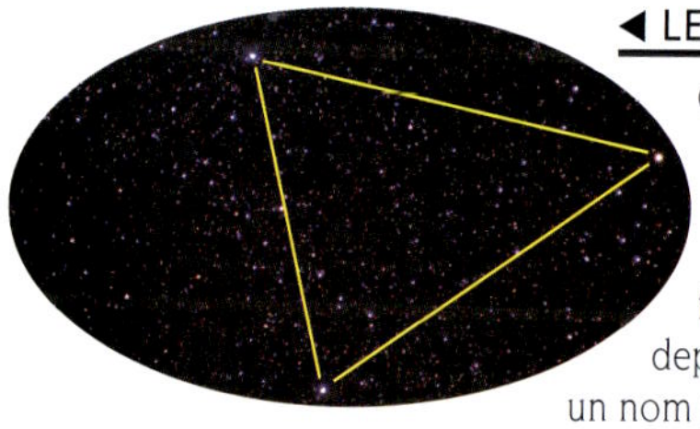

◀ LE TRIANGLE AUSTRAL

Comme bon nombre de constellations de l'hémisphère Sud, le Triangle austral fut défini au XVIe siècle, lorsque les formations stellaires invisibles depuis l'hémisphère Nord reçurent un nom pour la première fois. Il est souvent représenté par un outil de charpentier. Les trois étoiles brillantes qui figurent à ses sommets délimitent un triangle caractéristique facile à localiser dans la Voie lactée.

▶ LA RÈGLE ET L'AUTEL

Voici deux constellations situées côte à côte dans la Voie lactée. La Règle – en fait une équerre – est un autre outil de charpentier. Son étoile Gamma est constituée de deux étoiles jaunes visibles à l'œil nu. Mais il ne s'agit nullement d'une étoile double : seulement de deux étoiles distantes que l'angle de vue depuis la Terre nous fait voir très proches dans le ciel. L'Autel, quant à lui, contient plusieurs étoiles géantes très lumineuses, visibles à l'œil nu bien que très distantes.

Le saviez-vous ?

- Pour les Grecs anciens, l'Autel était celui auprès duquel leurs dieux faisaient vœu d'allégeance les uns envers les autres avant de s'engager dans le combat contre leurs ennemis, les Titans.
- Les deux étoiles nommées jadis Alpha et Bêta, dans la Règle, font maintenant partie de leur voisin le Scorpion. L'étoile la plus brillante qui subsiste aujourd'hui dans la Règle est Gamma.

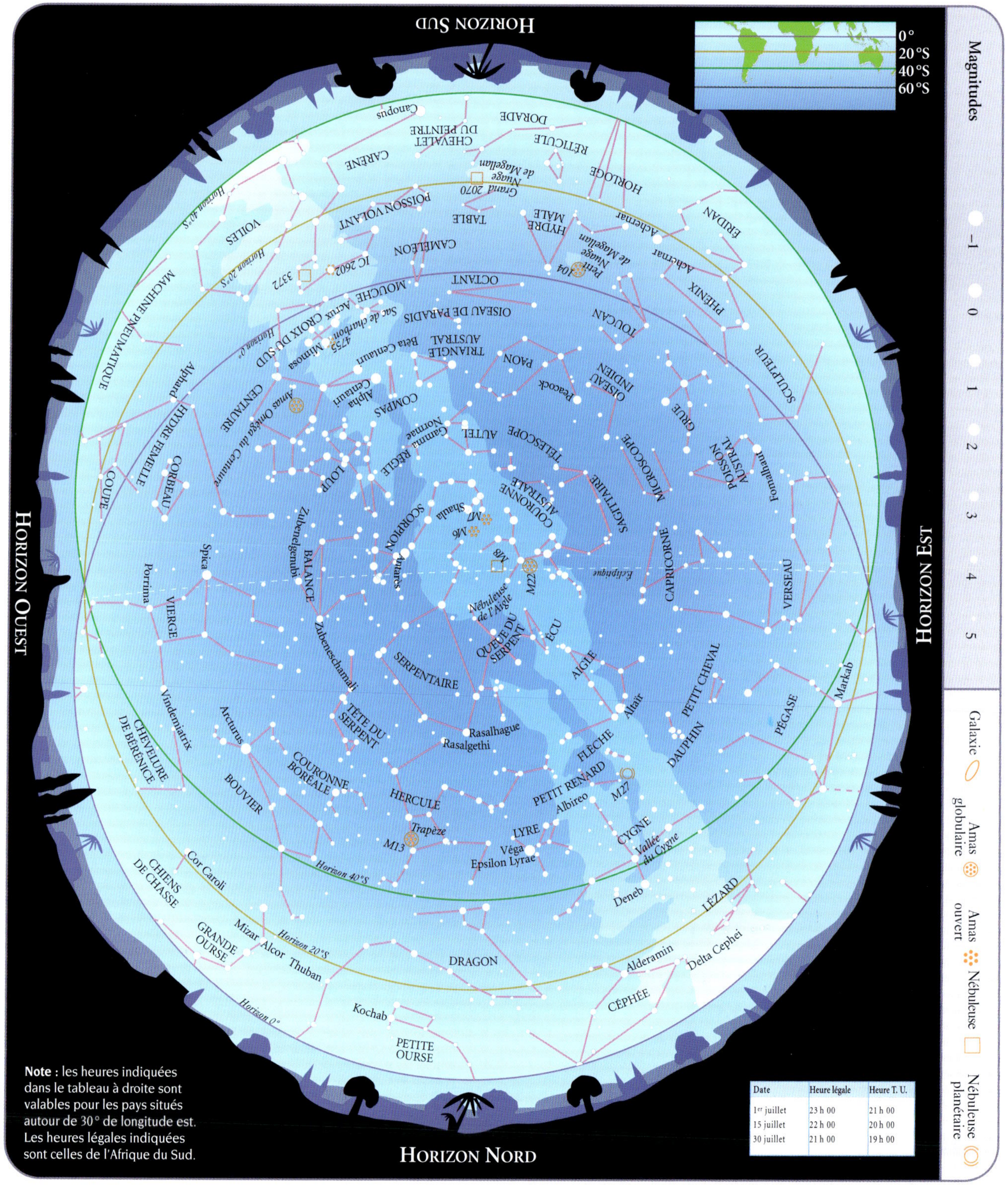

Date	Heure légale	Heure T. U.
1er juillet	23 h 00	21 h 00
15 juillet	22 h 00	20 h 00
30 juillet	21 h 00	19 h 00

Le Scorpion

La constellation du Scorpion figure dans la Voie lactée entre la Balance et le Sagittaire. Une fois n'est pas coutume, il n'est pas trop difficile d'imaginer, dans ce motif étoilé, les formes de l'animal qu'il est censé représenter, avec ses pinces et sa queue piquante. Un arc d'étoiles brillantes marque la courbe de la queue et Antarès, avec sa couleur rouge feu, marque le cœur de l'animal. Dans la mythologie grecque, le Scorpion tua Orion de sa piqûre. Dans le ciel nocturne, la constellation du Scorpion se lève à l'est tandis que celle d'Orion se couche à l'ouest, comme si le second fuyait devant le premier. Jadis, le Scorpion comprenait des étoiles qui figurent aujourd'hui dans la Balance, ce qui en faisait le plus grand de tous les groupes stellaires. Il renferme plusieurs amas remarquables, certains visibles à l'œil nu.

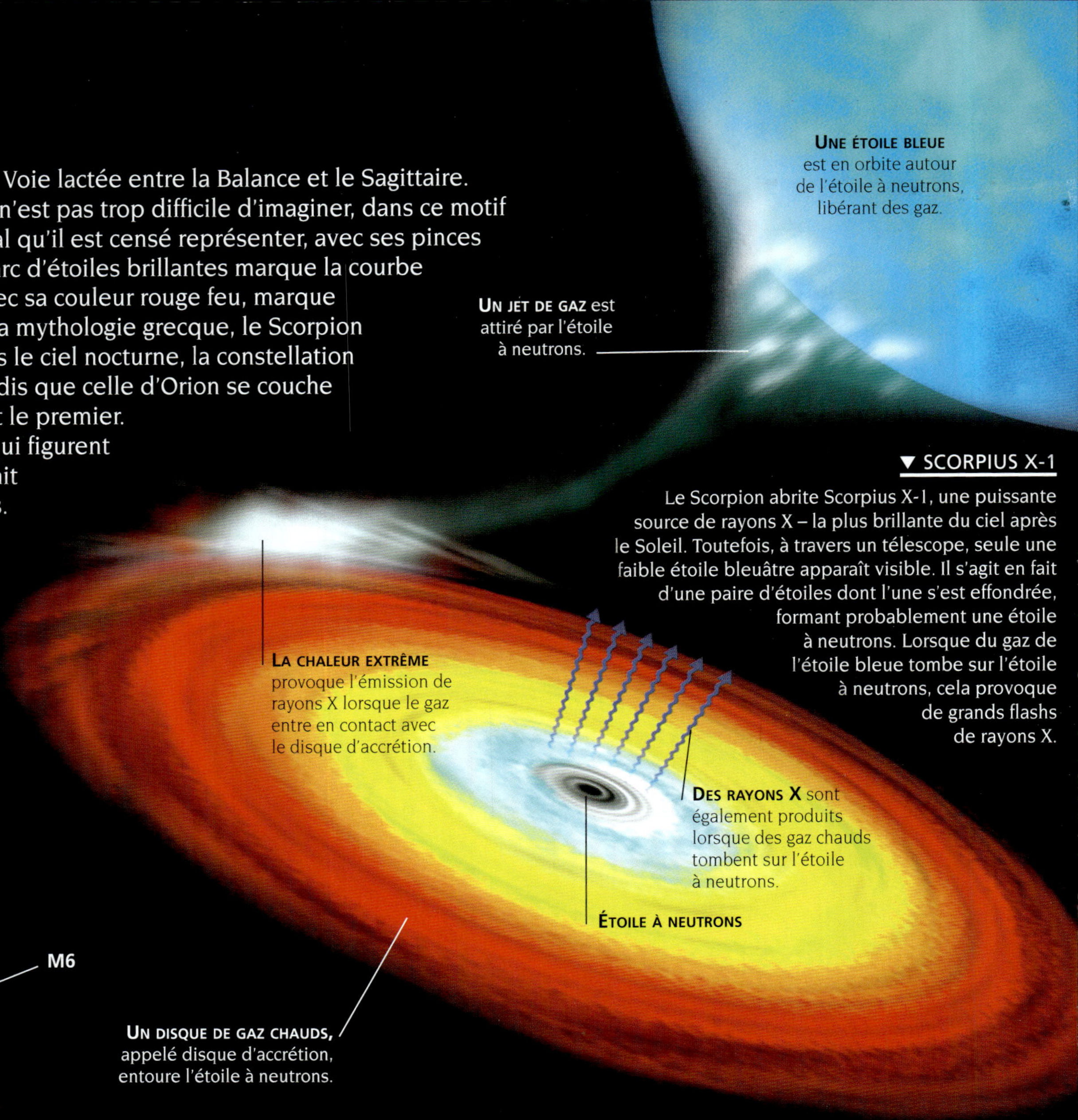

▼ SCORPIUS X-1

Le Scorpion abrite Scorpius X-1, une puissante source de rayons X – la plus brillante du ciel après le Soleil. Toutefois, à travers un télescope, seule une faible étoile bleuâtre apparaît visible. Il s'agit en fait d'une paire d'étoiles dont l'une s'est effondrée, formant probablement une étoile à neutrons. Lorsque du gaz de l'étoile bleue tombe sur l'étoile à neutrons, cela provoque de grands flashs de rayons X.

LES AMAS OUVERTS M6 ET M7

Bien qu'ils apparaissent proches l'un de l'autre dans le ciel, ces deux amas ouverts sont en réalité très distants. M6, qui semble le plus petit, est situé à 2000 années-lumière. M7, le plus au sud, n'est qu'à 780 années-lumière de distance. M6 est visible à l'œil nu mais les étoiles qui le composent se distinguent à l'aide de jumelles. Ces deux amas sont difficiles à voir depuis les moyennes latitudes nord.

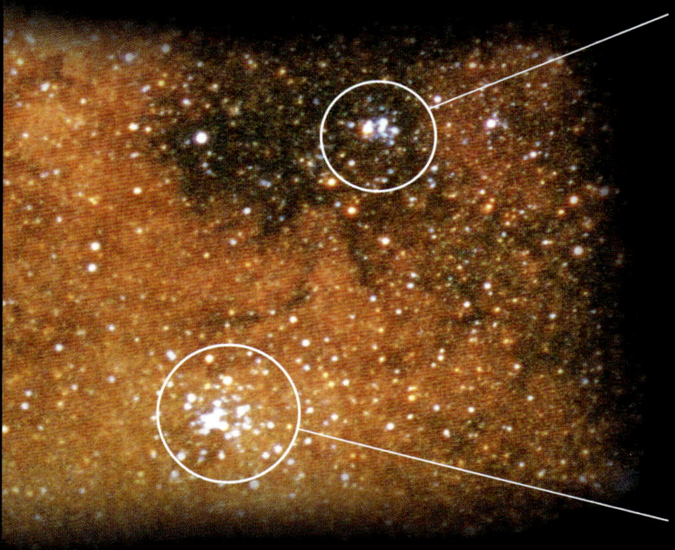

ANTARÈS

Antarès est l'étoile la plus brillante du Scorpion et la treizième étoile la plus brillante du ciel. Elle doit son nom à la planète Mars. Elle est en effet l'*Anti Arès*, Arès étant le nom grec de Mars. Elle est donc la « rivale de Mars » et l'on comprend pourquoi lorsque la Planète rouge se rapproche d'elle dans la voûte céleste, ce qui se produit à peu près tous les deux ans : toutes deux apparaissent très similaires par leur couleur et leur luminosité. Antarès a un compagnon, une étoile blanc bleuâtre qui se révèle à l'observation au télescope.

LE SAVIEZ-VOUS ?

- Antarès connaît une lente évaporation sous l'effet d'un vent puissant qui souffle à sa surface et l'enveloppe dans un petit nuage de gaz. Ce nuage n'est visible que grâce à la lueur émise par une étoile compagnon proche.
- Les Polynésiens ne voyaient pas la constellation du Scorpion sous la forme de cet animal, mais comme un simple hameçon.

Notre étoile, le Soleil

Le Soleil est notre étoile et, de ce fait, l'étoile la plus proche de la Terre. Les planètes du Système solaire, dont il constitue le centre, sont en orbite autour de lui, maintenues par son énorme gravité. Comparé à ces dernières, c'est un astre gigantesque. Néanmoins, bien que d'un diamètre 109 fois plus grand que celui de notre planète, c'est une étoile de taille moyenne. Comme toute étoile, il est constitué d'une énorme boule de gaz brûlants au cœur de laquelle s'effectuent des réactions de fusion nucléaire produisant l'énergie qui le fait briller. Sans cette énergie, sans sa chaleur et sa lumière, la vie sur Terre ne pourrait exister. Il est toutefois si brillant qu'il peut rendre aveugle quiconque essaierait de le regarder directement. C'est pourquoi les astronomes utilisent des instruments spéciaux pour l'étudier en toute sécurité. Ils ont découvert que la surface du Soleil est d'un blanc légèrement jaune et qu'elle présente souvent des taches sombres appelées taches solaires.

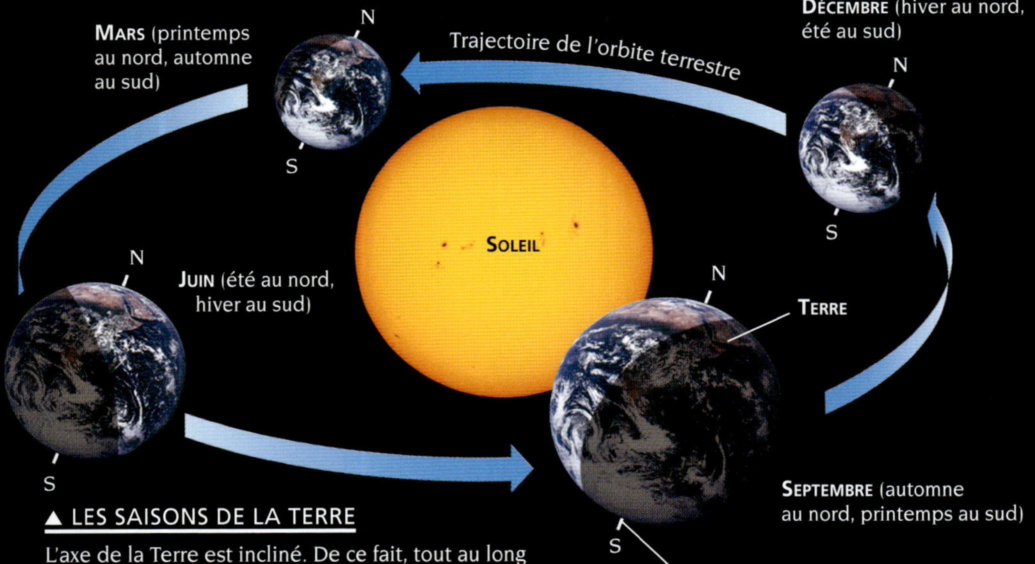

▲ LES SAISONS DE LA TERRE

L'axe de la Terre est incliné. De ce fait, tout au long de son orbite annuelle autour du Soleil, ses hémisphères Nord et Sud penchent alternativement en direction de l'étoile et à son opposé. C'est la raison de l'existence des saisons. L'hémisphère incliné en direction du Soleil reçoit plus de lumière. Les journées y sont plus longues ; c'est la belle saison.

Éclipses solaires totales jusqu'en 2010

Date	Visible depuis :
8 avril 2005	Amérique centrale
29 mars 2006	Afrique de l'Ouest, est Méditerranée
1er août 2008	Russie centrale, Chine
22 juillet 2009	Nord de l'Inde, Chine, Pacifique
11 juillet 2010	Océan Pacifique, Amérique du Sud

◀ LES ÉCLIPSES DE SOLEIL

Il arrive de temps à autre que la Lune passe entre le Soleil et la Terre, projetant son ombre sur cette dernière. Toute personne se trouvant exactement dans cette ombre voit alors le Soleil caché en plein jour pendant quelques minutes par le disque lunaire. C'est ce que l'on appelle une éclipse totale de Soleil (ci-contre). Pour l'observer, il faut porter des lunettes spéciales afin de ne pas s'endommager la vue. Immédiatement avant ou après la phase d'éclipse totale, il arrive que des portions de Soleil brillent en bordure du disque, sa lumière canalisée par une vallée lunaire, provoquant ce que l'on appelle un « anneau de diamant » (à gauche).

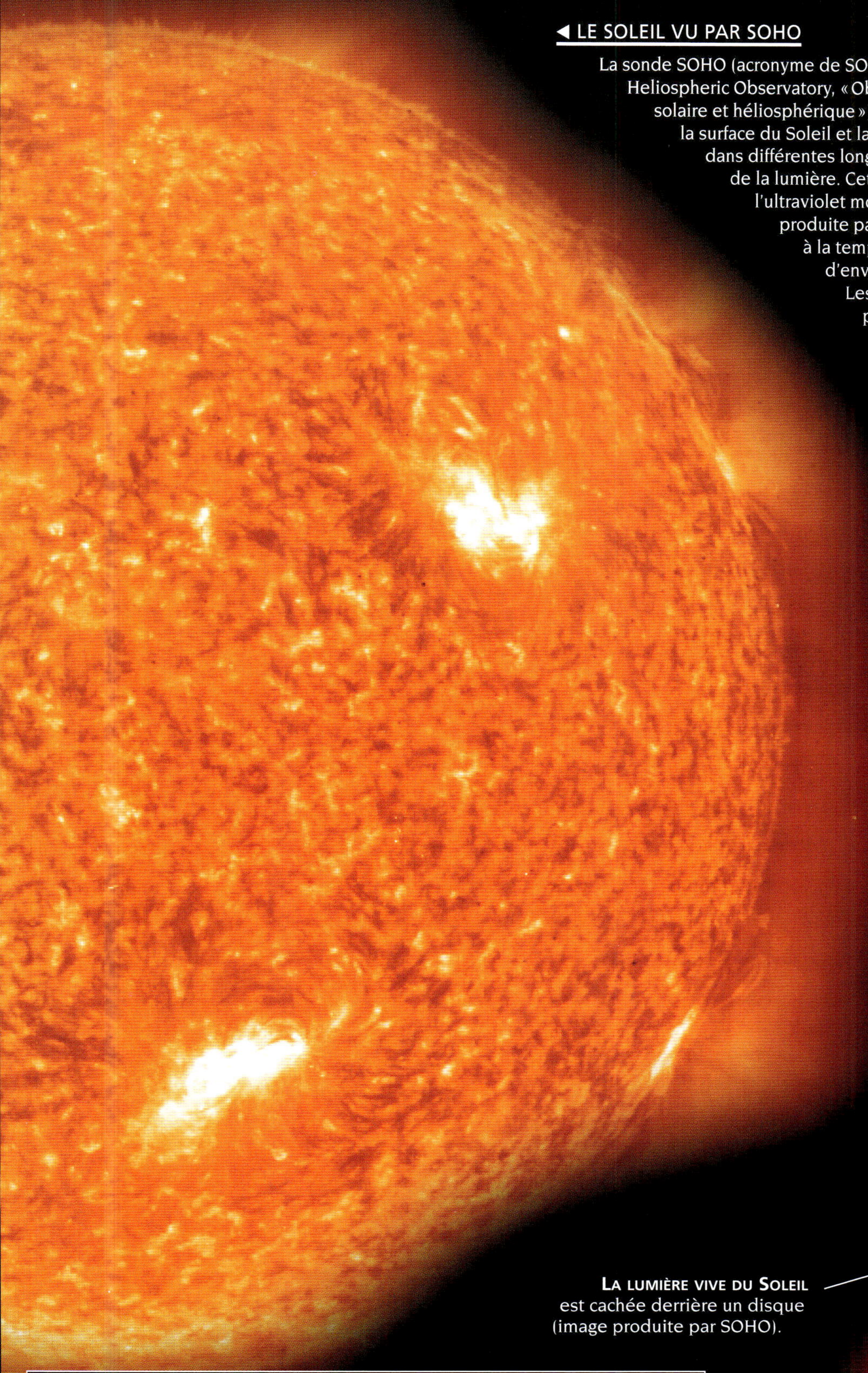

◀ LE SOLEIL VU PAR SOHO

La sonde SOHO (acronyme de SOlar and Heliospheric Observatory, « Observatoire solaire et héliosphérique ») surveille la surface du Soleil et la photographie dans différentes longueurs d'ondes de la lumière. Cette image dans l'ultraviolet montre la lumière produite par le gaz hélium à la température d'environ 60 000 °C. Les parties les plus chaudes apparaissent blanches.

LES AURORES

Le Soleil émet des courants de particules chargées électriquement que l'on appelle le vent solaire. Il arrive que ces particules soient capturées en masse par les lignes du champ magnétique terrestre et conduites vers les régions polaires. Là, elles entrent en collision avec les molécules d'air, qui se mettent à émettre de la lumière. Elle provoquent alors ce que l'on appelle des aurores boréales au nord, australes au sud. Celles-ci apparaissent le plus souvent aux abords des pôles (comme ci-dessus en Finlande), mais quand le Soleil est très actif, elles peuvent être vues depuis des régions beaucoup plus vastes.

La lumière vive du Soleil est cachée derrière un disque (image produite par SOHO).

Une éjection coronale massive se produit dans une région active du Soleil.

LES TACHES SOLAIRES

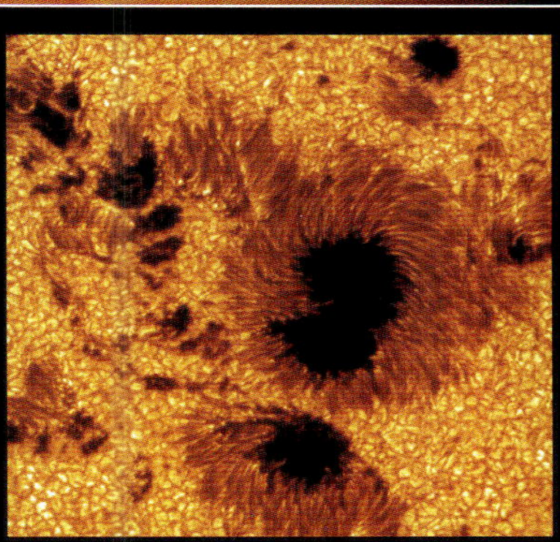

Taches solaires photographiées avec un télescope solaire

Les taches sombres à la surface du Soleil sont appelées taches solaires. Ces marques sont environ 1 500 °C plus froides que le reste de la surface. Elles sont provoquées par des flux de gaz à l'intérieur du Soleil provoquant un magnétisme qui réduit la lumière et la chaleur en certaines régions. Le nombre total de taches est variable, croissant et décroissant selon un cycle régulier de 11 ans.

▲ UNE ÉJECTION CORONALE MASSIVE

Des particules s'échappent sans cesse du Soleil, créant le vent solaire, mais il arrive qu'un nuage pouvant atteindre un milliard de tonnes de gaz soit projeté dans l'espace par une gigantesque explosion à la surface du Soleil. C'est ce que l'on appelle une éjection coronale massive. Quand l'une d'elles atteint la Terre, elle dérègle fortement le champ magnétique terrestre, perturbant les communications et les lignes électriques et provoquant des aurores spectaculaires.

Les étoiles de l'hémisphère Nord

Le triangle d'été sera le point de départ des promenades dans le ciel des nuits d'août. Il est constitué par les étoiles Véga, de la Lyre, Deneb, du Cygne, et Altaïr, de l'Aigle. Une fois ces trois-là localisées, il est facile de s'orienter vers d'autres constellations. Une ligne partant de Deneb et passant par Véga conduit vers Hercule. Une autre ligne partant d'Altaïr et passant par Véga amène à un petit trapèze appelé la Tête du Dragon. Il se situe à l'extrémité d'une longue traînée d'étoiles qui semble se lover autour de l'Étoile polaire.

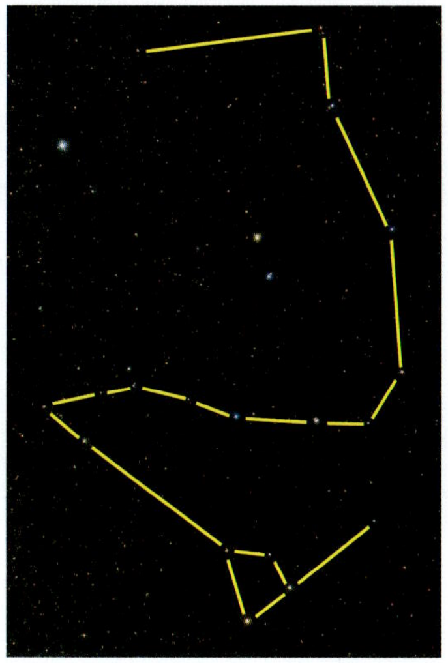

▶ LE DRAGON

Selon une légende, il serait le dragon que, lors de la bataille contre les Titans, la déesse grecque Athéna saisit et projeta dans le ciel. Là, son corps s'enroula autour de l'axe du monde. Mais d'autres légendes existent (voir ci-dessous). L'étoile Alpha du Dragon, nommée Thuban, n'est pas la plus brillante de la constellation. C'est Gamma, une étoile orange du nom d'Eltanin, dans la Tête du Dragon, qui détient cet honneur.

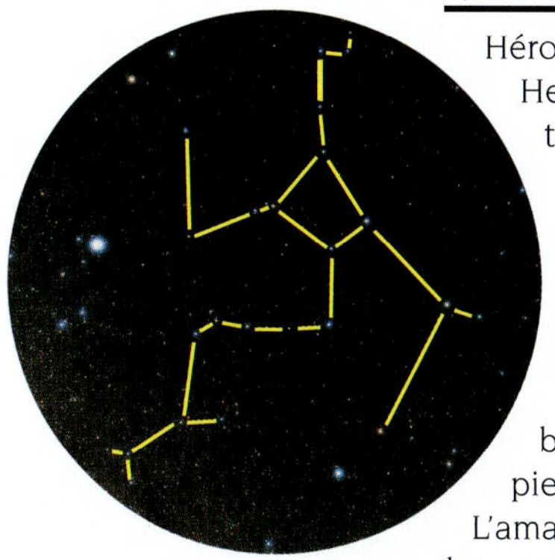

◀ HERCULE

Héros de la mythologie grecque, Hercule se vit assigner douze travaux. L'un d'eux était de s'emparer des pommes d'or du Jardin des Hespérides, gardées par le Dragon de la constellation voisine. D'ailleurs, l'Hercule céleste est représenté à genoux (la tête en bas dans l'hémisphère Nord), un pied appuyé sur la tête du dragon. L'amas globulaire M13 se trouve entre les quatre étoiles délimitant le Trapèze.

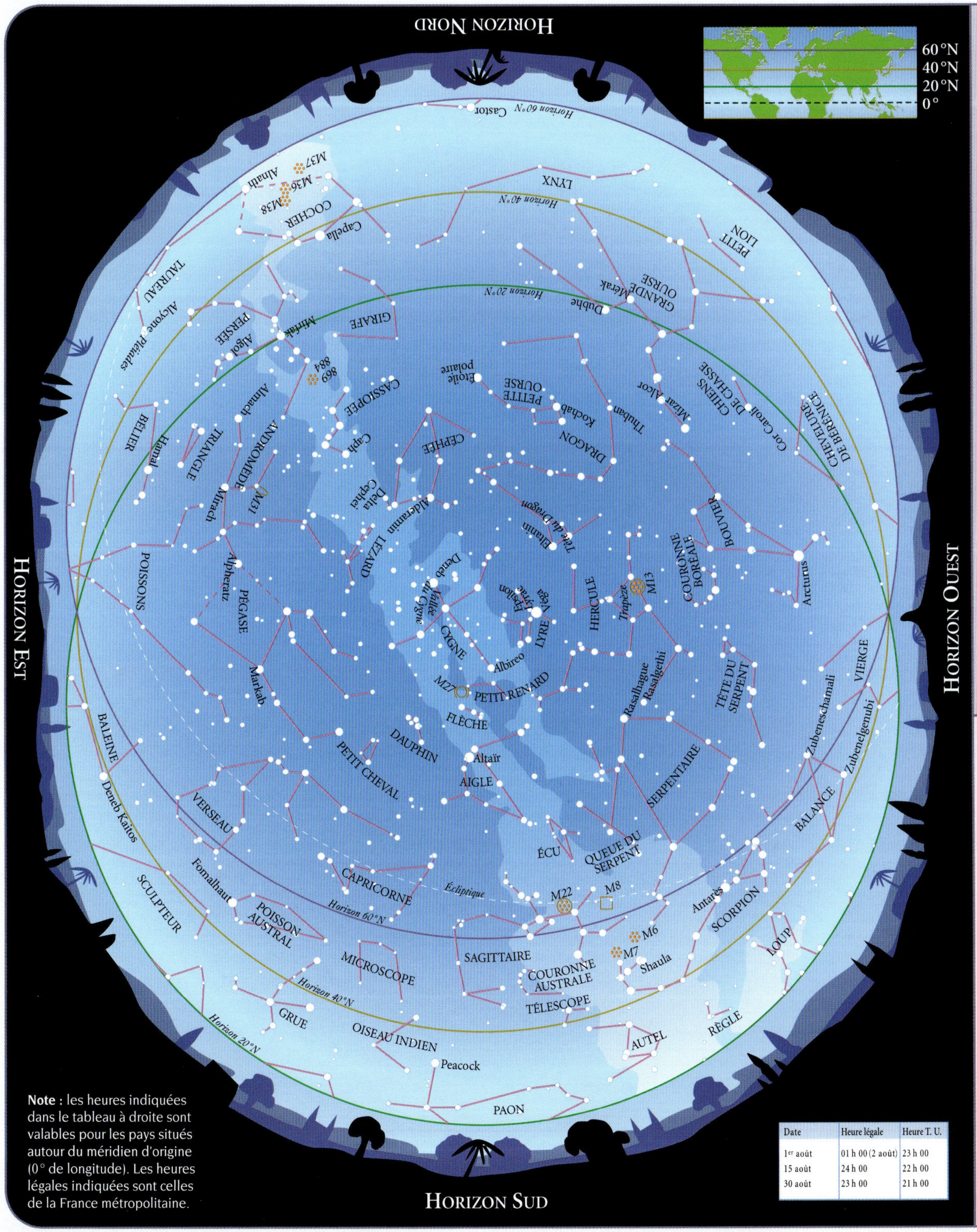

Note : les heures indiquées dans le tableau à droite sont valables pour les pays situés autour du méridien d'origine (0° de longitude). Les heures légales indiquées sont celles de la France métropolitaine.

Date	Heure légale	Heure T. U.
1er août	01 h 00 (2 août)	23 h 00
15 août	24 h 00	22 h 00
30 août	23 h 00	21 h 00

LE SAVIEZ-VOUS ?

- À l'époque où les pyramides d'Égypte étaient en construction (vers 2 800 av. J.-C.), Thuban était l'Étoile polaire. Certains pensent qu'un passage incliné dans la Grande Pyramide fut aligné sur cette étoile. Mais l'alignement n'est pas très précis, manquant le pôle de 3°.
- Hercule est dépeint tenant une massue au-dessus de sa tête et une peau de lion aux vertus magiques qui le rendait invincible.

Les étoiles de l'hémisphère Sud

Avec la Voie lactée haut dans le ciel et les longues soirées d'hiver, l'époque est idéale pour étudier les nébuleuses et les amas d'étoiles dispersés tout au long de notre galaxie dans des constellations comme l'Écu, la Couronne australe et le Serpentaire. Les deux premières dessinent de petits motifs de part et d'autre des étoiles du Sagittaire, presque au zénith. Le Serpentaire, aussi appelé Ophiuchus, est une constellation beaucoup plus vaste, située essentiellement à l'ouest de la Voie lactée. Il renferme plusieurs paires d'étoiles remarquables faciles à localiser.

◀ LE SERPENTAIRE

Dans la légende, le Serpentaire, ou porteur de serpent, est associé à Asclépios, dieu grec de la médecine. Son étoile double, 70 Ophiuchi, est visible avec un télescope de taille moyenne. Sur une période de plusieurs années, on peut constater que ces deux étoiles se séparent.

▶ LA COURONNE AUSTRALE

La caractéristique de la Couronne australe est son arc d'étoiles qui forment une guirlande. Elle était considérée par les Grecs comme la guirlande qui ornait la tête du centaure Chiron.

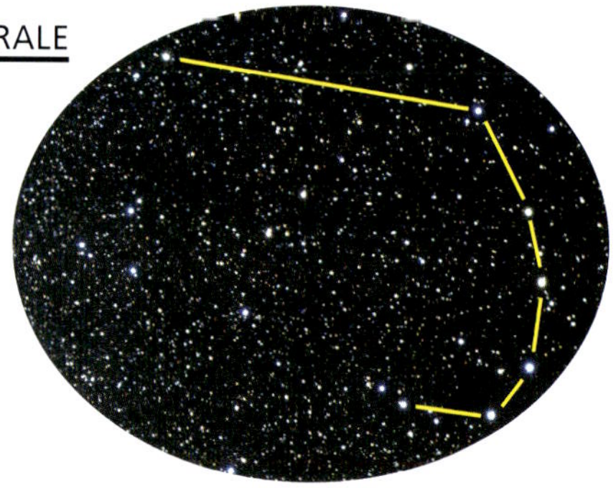

◀ L'ÉCU

Cette petite constellation fut établie par l'astronome polonais Johannes Hevelius. Il la baptisa à l'origine « l'Écu de Sobieski », en l'honneur du roi de Pologne Jean III Sobieski. L'étoile Delta de l'Écu, ou Delta Scuti, une étoile géante à pulsations visible à travers une paire de jumelles, se situe à 190 années-lumière de la Terre.

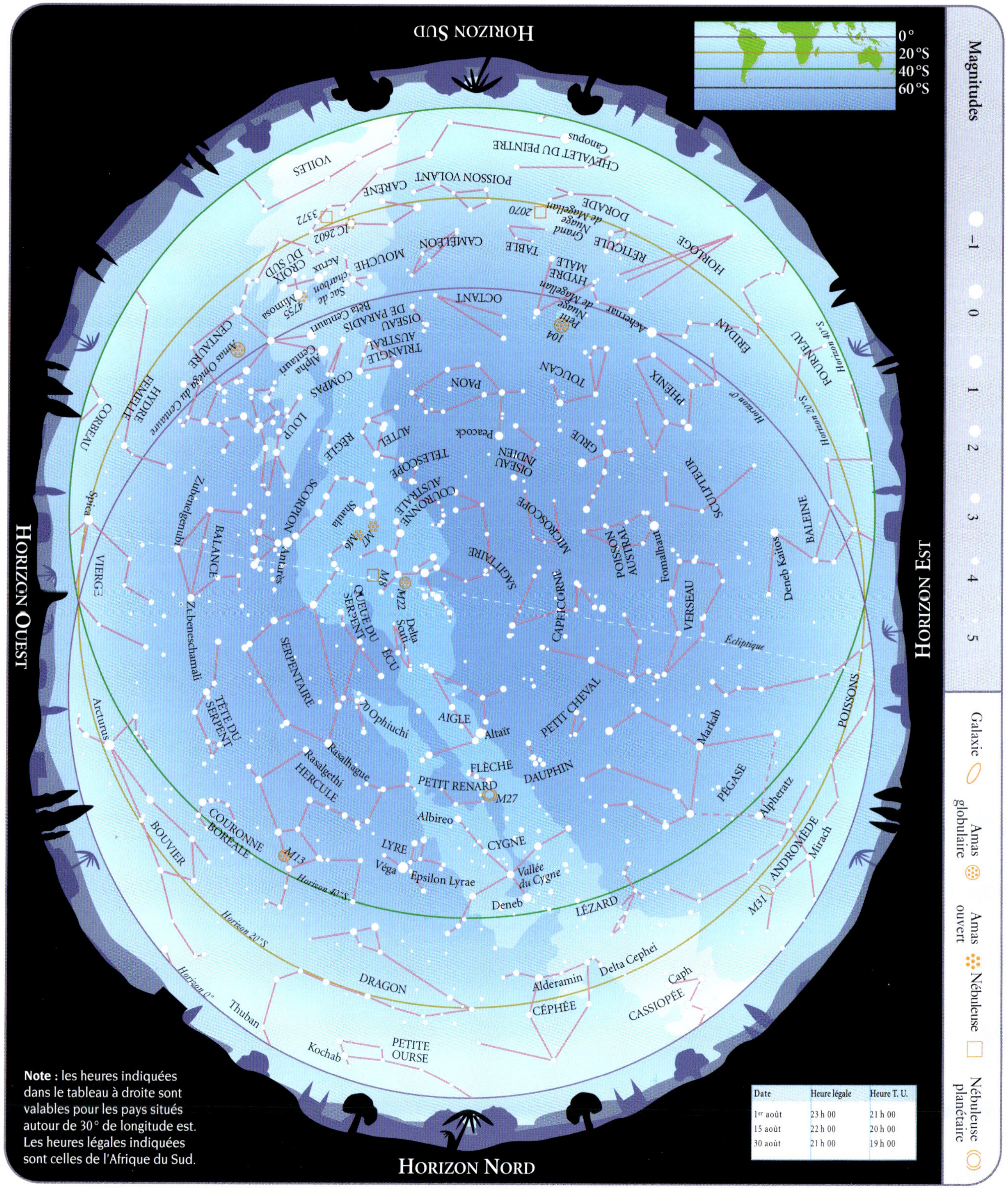

Date	Heure légale	Heure T. U.
1er août	23 h 00	21 h 00
15 août	22 h 00	20 h 00
30 août	21 h 00	19 h 00

Note : les heures indiquées dans le tableau à droite sont valables pour les pays situés autour de 30° de longitude est. Les heures légales indiquées sont celles de l'Afrique du Sud.

Le Sagittaire

L'identité du personnage dépeint par cette constellation n'est pas claire. Pour les Grecs, c'est un archer mais aussi un centaure, créature mi-homme, mi-cheval. On l'a souvent identifié à Chiron, mais celui-ci a déjà sa propre constellation du Centaure. Il semble en tous cas doté d'une nature agressive, comme semble en témoigner son arc bandé en direction du Scorpion, vers l'ouest. Le Sagittaire offre un panorama de champs stellaires, d'amas et de nébuleuses plus riche que n'importe quelle autre constellation. À l'intérieur de ses frontières figure le cœur de la galaxie de la Voie lactée et, de ce fait, cette région du ciel est brillamment illuminée. Les astronomes de l'hémisphère Sud reconnaissent généralement le Sagittaire à un groupe de huit étoiles appelé la Théière, le motif qu'elles dessinent rappelant vaguement les formes de l'ustensile. Et avec de l'imagination, on peut même voir la vapeur sortir de son bec, grâce à un nuage d'étoiles judicieusement placé.

LA CONSTELLATION DU SAGITTAIRE

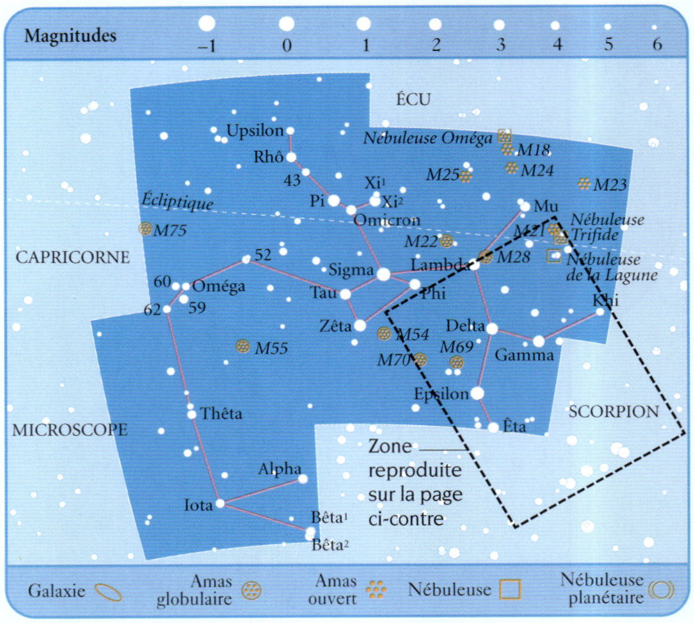

Nébuleuse Trifide (M20)

Nébuleuse de la Lagune (M8)

LES NÉBULEUSES DE LA LAGUNE (M8) ET TRIFIDE (M20)

La plupart des nébuleuses reçoivent des noms évocateurs en rapport avec l'aspect qu'elles montrent à travers un télescope. Ainsi, la nébuleuse de la Lagune, située dans l'est du Sagittaire, doit son nom aux bassins sombres qui apparaissent en son centre. Quant au terme « trifide », il signifie « divisé en trois » en latin, et la nébuleuse du même nom est traversée par trois lignes de poussières sombres. Cette dernière est trop faible, mais la nébuleuse de la Lagune est nettement visible à l'œil nu. Les vraies couleurs ne peuvent être vues par l'œil à travers un instrument optique, mais les photographies les reproduisent avec précision.

LA NÉBULEUSE OMÉGA (M17)

Vue à travers un petit télescope, cette nébuleuse présente la forme en fer à cheval de la lettre grecque Oméga (Ω). Il s'agit d'un nuage de gaz incandescents situé à environ 5 000 années-lumière de la Terre.

Charles Messier

L'astronome français Charles Messier (1730–1817) était un chasseur de comètes qui s'aperçut que l'on pouvait les confondre avec certains objets brumeux du ciel nocturne. Afin d'y remédier, il dressa un catalogue de ces objets. De nos jours encore, les nébuleuses, amas et galaxies qu'il répertoria portent la lettre M de Messier, suivie d'un nombre.

LES NUAGES D'ÉTOILES

On trouve deux nuages d'étoiles dans le Sagittaire. Le plus grand (qui figure sur la page ci-contre), forme la partie la plus brillante de la Voie lactée et reste visible dans la plupart des ciels. Le plus petit, M24, pouvait être pris pour une comète. C'est pourquoi Charles Messier l'inclut dans son catalogue. M24 apparaît comme un petit rectangle brumeux tant qu'un télescope ne révèle pas sa véritable nature, qui est celle d'un amas ouvert.

M24 est le nuage d'étoiles situé le plus au nord.

Partie la plus lumineuse de la Voie lactée

Notre satellite, la Lune

La Lune est le satellite naturel de la Terre, un corps rocheux sphérique en orbite autour de notre planète tandis que celle-ci effectue elle-même sa révolution autour du Soleil. Quatre fois plus petite que cette dernière et séparée d'elle de 384 400 km seulement, la Lune apparaît le plus gros objet de notre ciel nocturne. Les principales formations à sa surface sont clairement visibles à l'œil nu : des chaînes de montagnes, des plaines de lave et des cratères qui composent un monde désolé. Il faut savoir, toutefois, que nous n'en voyons qu'une moitié. En effet, au cours des milliards d'années qui ont suivi sa formation, l'attraction gravitationnelle de la Terre a ralenti la rotation de la Lune de telle sorte qu'elle nous présente toujours la même face. La Lune n'a aucune atmosphère pour la protéger du rayonnement solaire. De fait, elle connaît des journées incroyablement chaudes et des nuits glaciales.

▲ UN MONDE DE CRATÈRES

Les cratères de la Lune sont le résultat de milliards d'années de bombardement de sa surface par les débris spatiaux. Ce cratère typique de la face cachée de la Lune fait 80 km de diamètre ; une grande ville comme Paris pourrait facilement tenir dans son enceinte. Comme il n'existe pas d'air sur la Lune, la seule forme d'érosion provient de particules et poussières venant de l'espace, de sorte que les cratères se modifient très peu au cours des millions d'années.

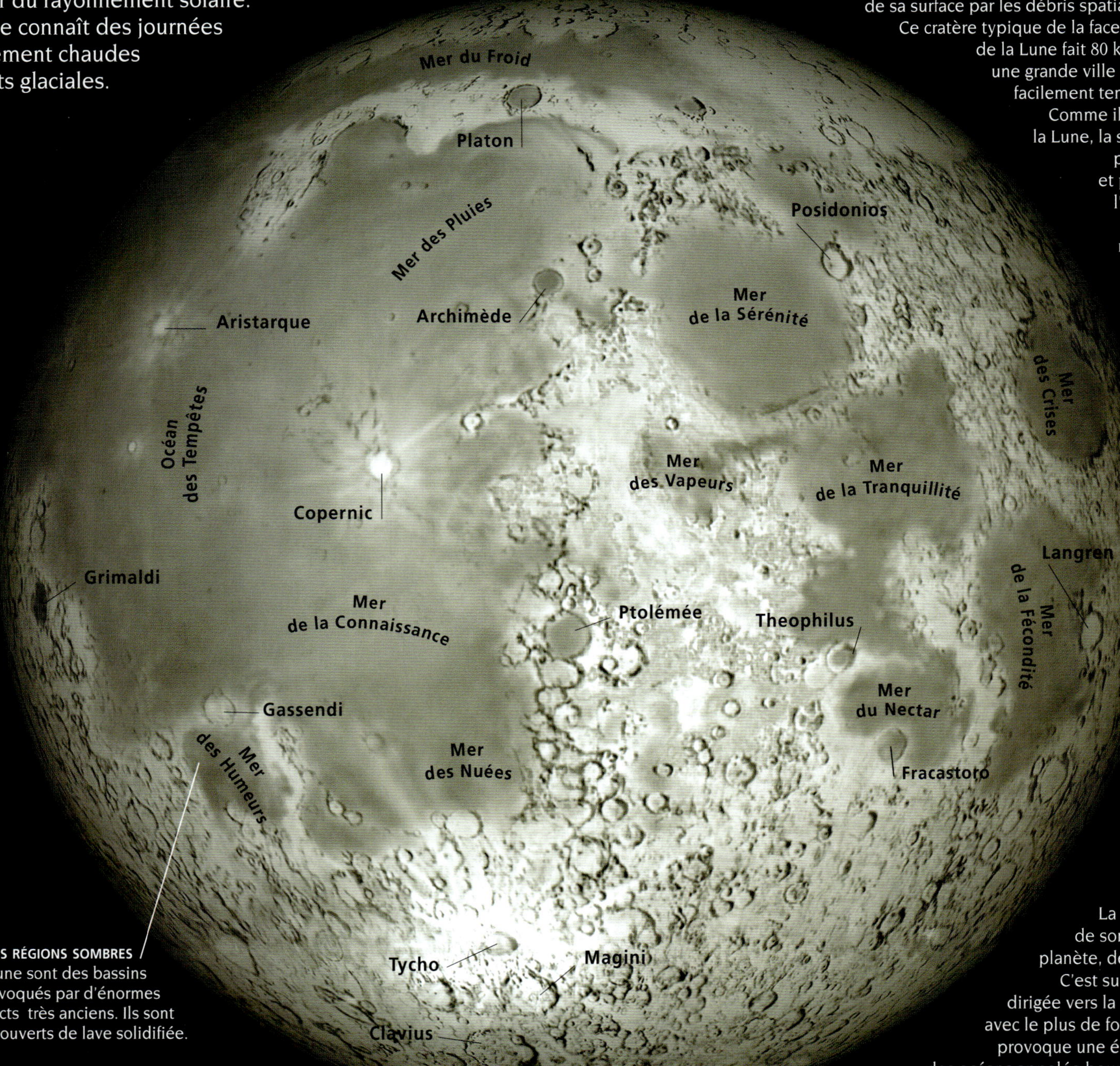

Les régions sombres de la Lune sont des bassins provoqués par d'énormes impacts très anciens. Ils sont couverts de lave solidifiée.

▼ LA LUNE ET LES MARÉES

La force gravitationnelle de son satellite a, sur notre planète, des effets très visibles. C'est sur la région de la Terre dirigée vers la Lune qu'elle s'exerce avec le plus de force. Là, son attraction provoque une élévation de la surface des océans appelée bourrelet tidal. Par le jeu des forces en présence, un autre bourrelet tidal d'amplitude égale se forme à l'opposé du premier, de l'autre côté du globe terrestre. La Terre étant en rotation, le bourrelet tidal se déplace en permanence à la surface du globe, provoquant, deux fois par jour, l'alternance des marées hautes et basses.

▶ LES PHASES DE LA LUNE

La Lune met un peu plus de 27 jours pour effectuer un cycle complet. Au cours de cette période, vue depuis la Terre, elle semble changer de forme car nous ne voyons que la partie de sa surface éclairée par le Soleil. À mesure que la Lune parcourt son orbite autour de la Terre, la partie éclairée de sa face visible varie, ce qui explique les différentes phases que nous observons.

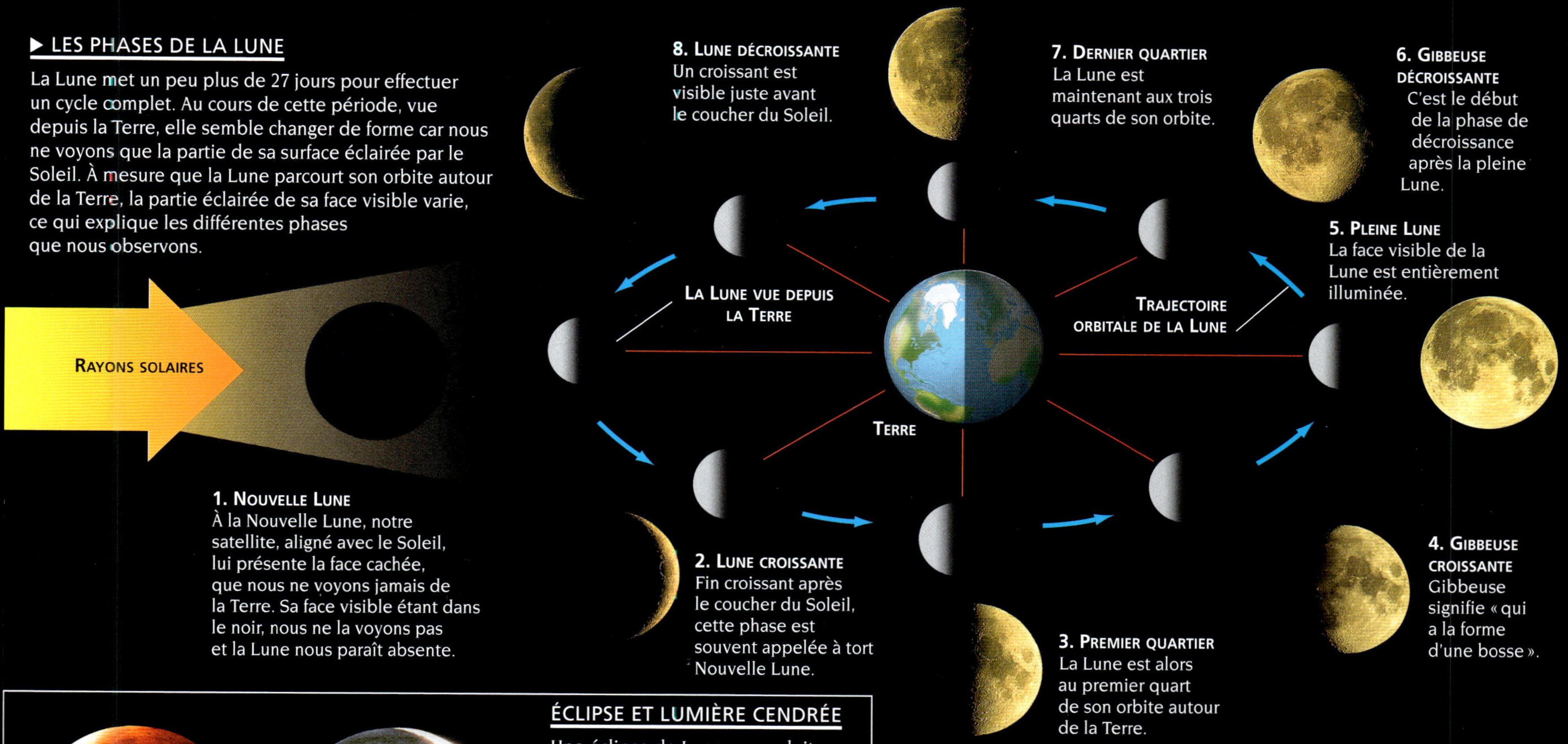

1. Nouvelle Lune
À la Nouvelle Lune, notre satellite, aligné avec le Soleil, lui présente la face cachée, que nous ne voyons jamais de la Terre. Sa face visible étant dans le noir, nous ne la voyons pas et la Lune nous paraît absente.

2. Lune croissante
Fin croissant après le coucher du Soleil, cette phase est souvent appelée à tort Nouvelle Lune.

3. Premier quartier
La Lune est alors au premier quart de son orbite autour de la Terre.

4. Gibbeuse croissante
Gibbeuse signifie « qui a la forme d'une bosse ».

5. Pleine Lune
La face visible de la Lune est entièrement illuminée.

6. Gibbeuse décroissante
C'est le début de la phase de décroissance après la pleine Lune.

7. Dernier quartier
La Lune est maintenant aux trois quarts de son orbite.

8. Lune décroissante
Un croissant est visible juste avant le coucher du Soleil.

Éclipse de Lune

Lumière cendrée

ÉCLIPSE ET LUMIÈRE CENDRÉE

Une éclipse de Lune se produit lorsque la Lune passe dans l'ombre de la Terre et n'est plus touchée directement par le Soleil. Elle reste toutefois éclairée par des rayons solaires traversant l'atmosphère terrestre et devient rougeâtre. Lorsque la Lune est en croissant, on peut voir le reste de son disque faiblement éclairé par de la lumière reflétée par la Terre : c'est la « lumière cendrée ».

Éclipses de Lune totales jusqu'en 2011

Date	Visible depuis :
3-4 mars 2007	Asie (sauf Asie de l'Est), Afrique, Europe, parties des Amériques
28 août 2007	Majeure partie de l'Amérique du Nord, Pacifique, Australasie
21 février 2008	Asie (Ouest), Afrique, Europe, Amériques
21 décembre 2010	Nord de l'Europe, Amériques, Pacifique, Nouvelle-Zélande
15 juin 2011	Amérique du Sud, Europe, Afrique, Asie, Australie
10 décembre 2011	Europe, Est de l'Afrique, Asie, Australie, Pacifique, Nord de l'Arctique

▼ L'HOMME SUR LA LUNE

La Lune est le seul monde extraterrestre que l'homme ait visité jusque-là. Entre 1969 et 1972, six expéditions américaines Apollo s'y sont posées avec succès. À chaque fois, tandis qu'un astronaute restait en orbite autour de la Lune, deux autres se posaient à sa surface pour une mission d'exploration.

Le module lunaire (LEM) était le véhicule qui permit aux astronautes de se poser sur la Lune et qui les abrita jusqu'à trois jours tandis qu'ils menaient leurs expériences.

Les étoiles de l'hémisphère Nord

Le « triangle d'été », composé de Deneb, dans le Cygne, Véga, dans la Lyre et Altaïr, dans l'Aigle, occupe maintenant une position plus à l'ouest, mais il offre toujours des points de repère utiles pour retrouver des constellations moins connues. Ainsi, à l'intérieur de ce triangle, entre le Cygne et l'Aigle, on trouve les deux petites constellations de la Flèche et du Petit Renard. Elles sont proches de la Vallée du Cygne, une bande de poussières sombres qui semble séparer en deux la Voie lactée.

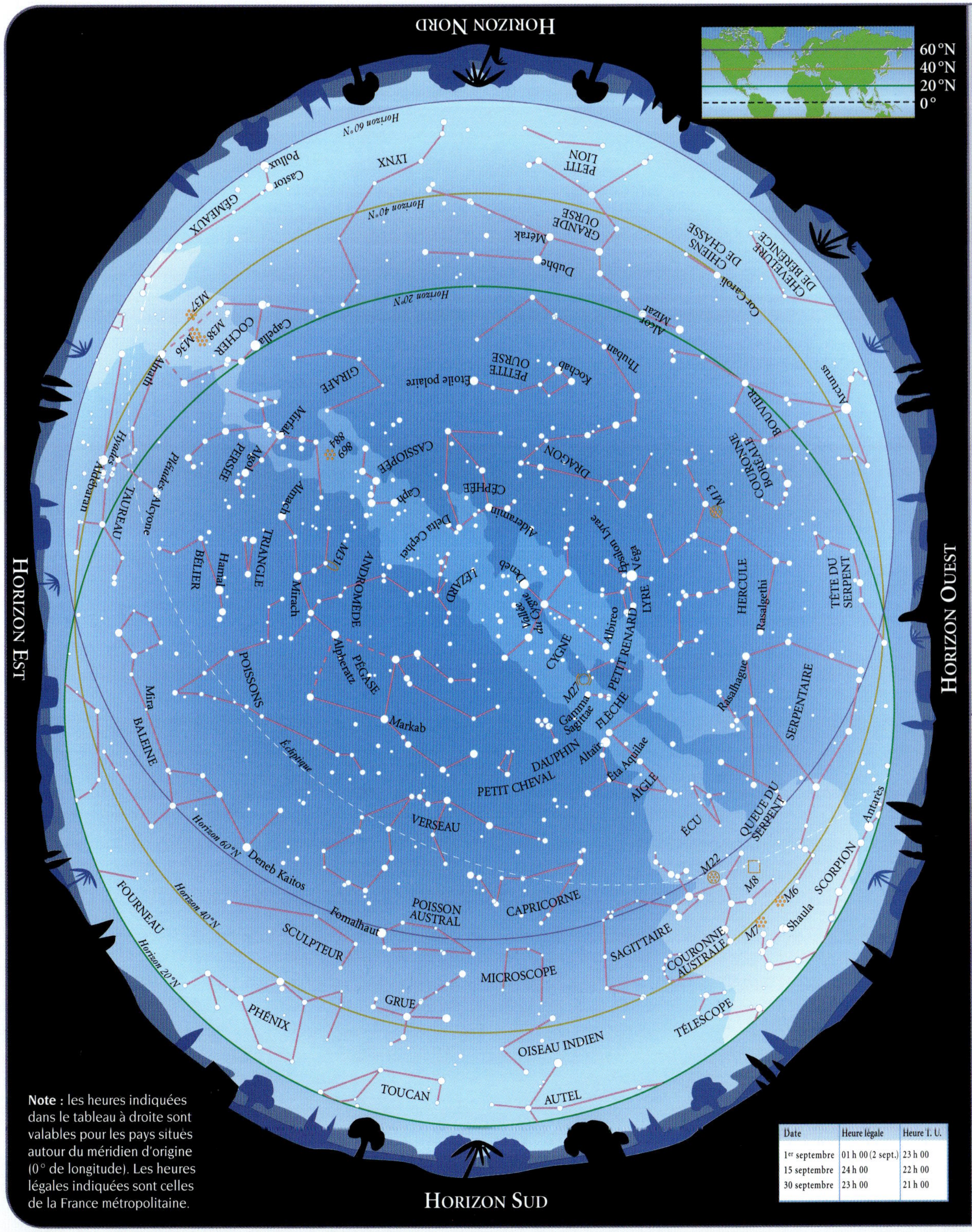

Date	Heure légale	Heure T. U.
1er septembre	01 h 00 (2 sept.)	23 h 00
15 septembre	24 h 00	22 h 00
30 septembre	23 h 00	21 h 00

Note : les heures indiquées dans le tableau à droite sont valables pour les pays situés autour du méridien d'origine (0° de longitude). Les heures légales indiquées sont celles de la France métropolitaine.

▶ L'AIGLE

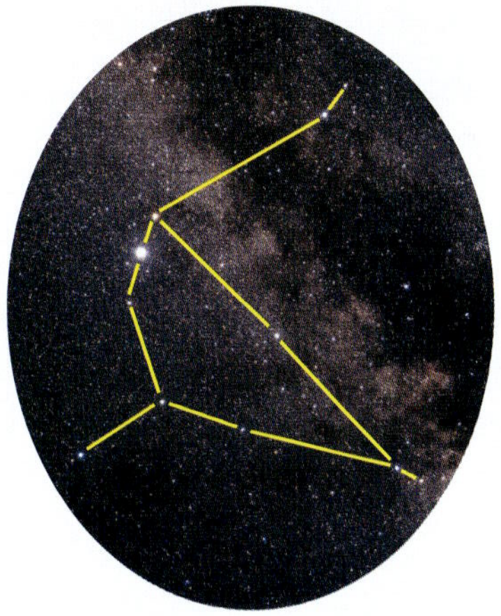

Dans la mythologie grecque, l'Aigle Aquila était celui à qui le puissant Zeus confiait les éclairs et la foudre entre deux accès de colère. L'étoile la plus brillante de l'Aigle est Altaïr, tandis qu'Êta est une étoile variable de type céphéide. Les céphéides présentent un cycle de pulsations qui se mesure en jours, variant en taille, en température et en luminosité. Ainsi, la luminosité d'Êta du Cygne varie selon un cycle d'à peu près sept jours, de la magnitude 3,6 à 4,5.

◀ LE PETIT RENARD ET LA FLÈCHE

Le Petit Renard est l'une des constellations qui furent définies au XVIIe siècle. Elle contient la nébuleuse Dumbbell (M27) qui, bien que visible à travers des jumelles, ne révèle ses formes distinctives qu'à travers des télescopes de plus grande ouverture. La Flèche (en bas sur la photo) est une constellation beaucoup plus âgée, remontant à la Grèce antique. Son étoile la plus brillante n'est pas Alpha mais Gamma, à la pointe de la flèche, dont la magnitude est de 3,5.

LE SAVIEZ-VOUS ?

- La nébuleuse Dumbbell (M27), dans le Petit Renard, fut la première nébuleuse planétaire à être découverte, en 1764, par Charles Messier.
- En 1967, des astronomes de Cambridge, en Angleterre, découvrirent le premier pulsar (nommé PSR 1919+21) dans la constellation du Petit Renard. Les pulsars sont des étoiles à neutrons en rotation (voir p. 90).

Les étoiles de l'hémisphère Sud

Ce mois-ci, bon nombre de constellations qui figurent au zénith ou à ses abords ont un rapport avec l'eau. Ce sont le Capricorne (la chèvre marine), le Verseau (le porteur d'eau), les Poissons et le Poisson austral. Plus au sud dans le ciel, on peut admirer la brillante Peacock, dans la constellation du Paon. Cette étoile offre un bon point de repère pour localiser la faible constellation du Télescope, directement à l'ouest de cette dernière.

▶ LE CAPRICORNE

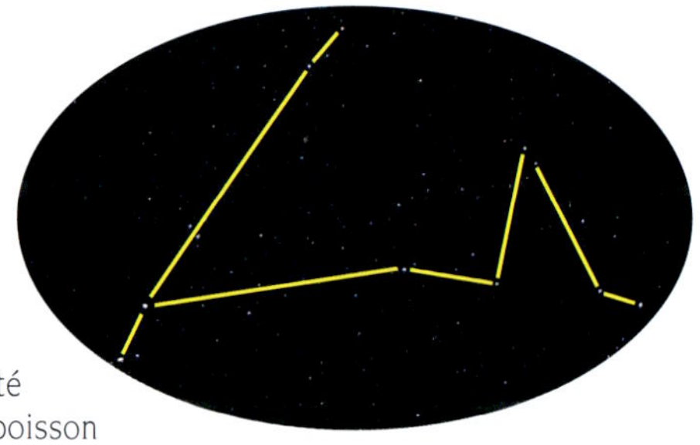

Cette chèvre à queue de poisson forme la plus petite des constellations du zodiaque. Dans la mythologie grecque, elle était assimilée au dieu Pan, dont la moitié inférieure du corps avait été transformée en queue de poisson un jour qu'il plongeait dans le Nil pour échapper au monstre Typhon. Le Capricorne est au zénith en septembre dans l'hémisphère Sud, mais ses étoiles sont peu lumineuses. Pour le localiser, il faut rechercher, dans l'Aigle, la brillante Altaïr et ses deux voisines : elles pointent vers le sud-est en direction du Capricorne.

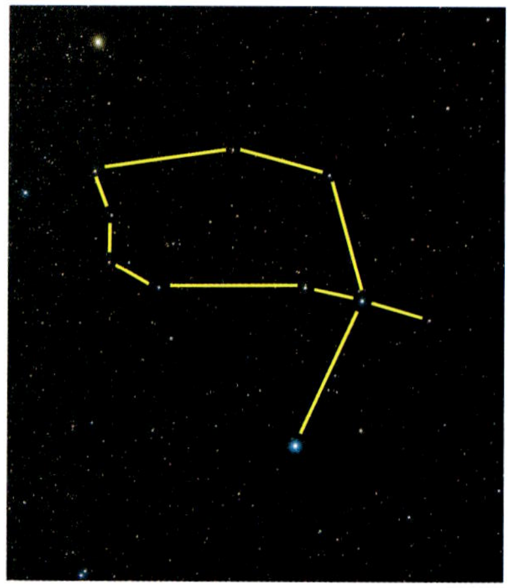

◀ PAON

Le Paon, cet oiseau magnifique originaire du sud de l'Asie, figure également dans un conte mythologique grec. Son étoile la plus brillante a pour nom Peacock, ce qui signifie « paon » en anglais. L'étoile Kappa du Paon est une variable du type que les astronomes appellent céphéide. Sa luminosité varie d'un point de magnitude selon un cycle de 9,1 jours.

▶ LE TÉLESCOPE

Cette constellation du XVIIe siècle rend hommage à l'outil des astronomes. Près d'Alpha, l'étoile principale, figure Delta, une étoile double dont on peut distinguer les deux composantes avec une paire de jumelles.

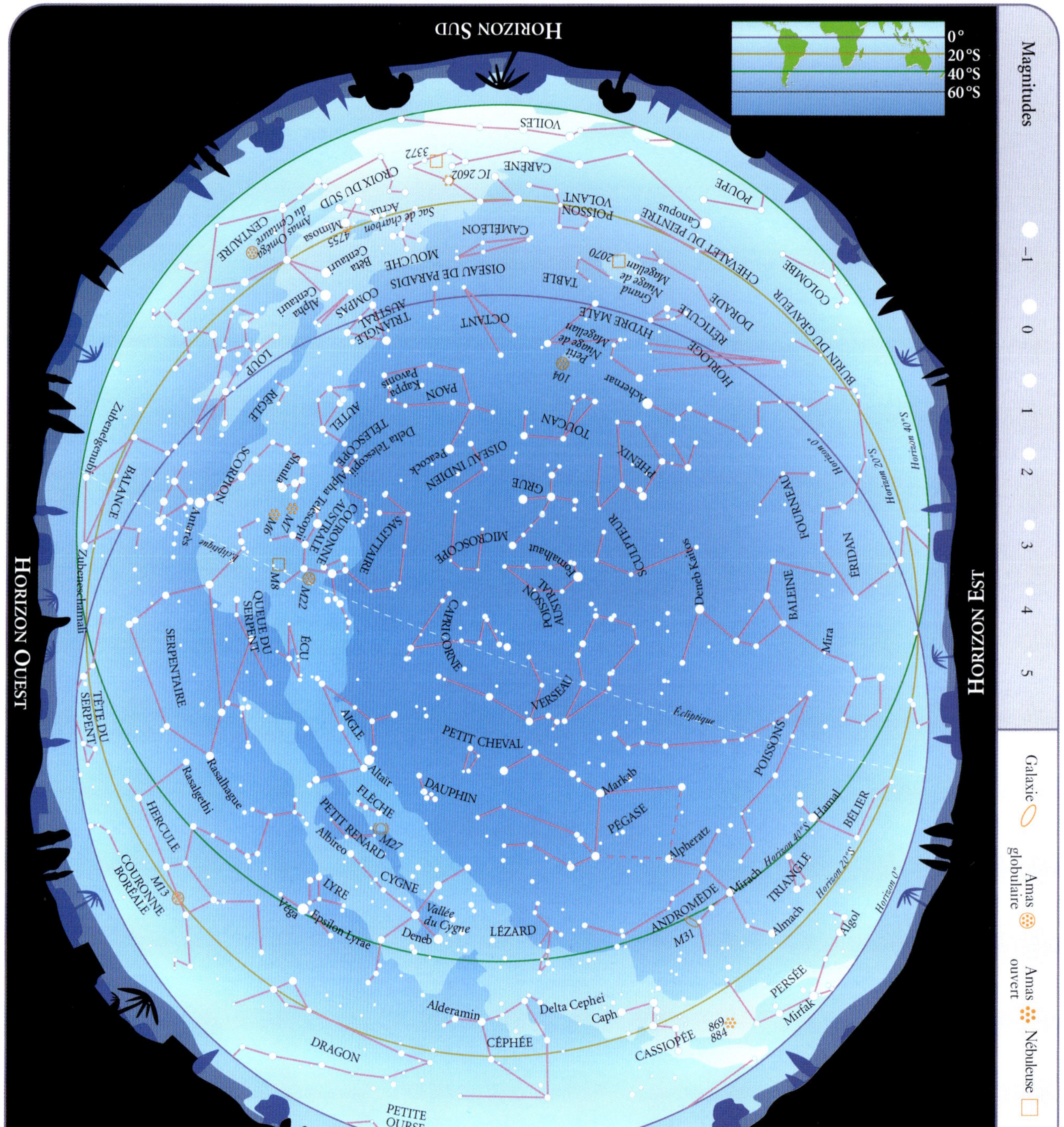

Note : les heures indiquées dans le tableau à droite sont valables pour les pays situés autour de 30° de longitude est. Les heures légales indiquées sont celles de l'Afrique du Sud.

Date	Heure légale	Heure T. U.
1er septembre	23 h 00	21 h 00
15 septembre	22 h 00	20 h 00
30 septembre	21 h 00	19 h 00

Le Cygne

Le grand oiseau blanc est très présent dans la mythologie grecque. Une légende raconte que Zeus prit l'aspect d'un cygne pour séduire Léda, la reine de Sparte. Selon une autre, Orphée, le musicien, est, lui aussi, changé en cygne et envoyé dans le ciel auprès de sa lyre (la Lyre est une constellation voisine). Une autre enfin dit que Cygnos, un jeune homme, est transformé en cygne par Zeus après la mort de Phaéton, fils d'Apollon, dont il est tombé amoureux. Quoi qu'il en soit, cet oiseau céleste semble voler dans la Voie lactée, les ailes écartées et son long cou tendu en direction du sud. C'est une constellation facile à repérer grâce à sa forme en croix, qui lui a valu le surnom de Croix du Nord. Son étoile la plus brillante est Deneb, située à 3 230 années-lumière de la Terre. C'est une supergéante qui pourrait être 250 000 fois plus brillante que le Soleil.

Des nuages de poussières dans la Vallée du Cygne cachent les régions médianes de la Voie lactée.

LA NÉBULEUSE AMERICA

Cette nébuleuse peu lumineuse mais célèbre s'étend non loin de Deneb. Elle doit son nom à la silhouette de son nuage de gaz incandescents, qui évoque les contours du continent nord-américain. Elle n'est pas facile à distinguer à l'œil nu, sauf dans un ciel très sombre et bien dégagé. Les photographies, en revanche, la montrent clairement car les films sont beaucoup plus sensibles que l'œil humain à la lumière rouge émise par l'hydrogène gazeux.

LA VALLÉE DU CYGNE

La Voie lactée semble se diviser en deux dans la constellation du Cygne, un espace très net se dessinant entre ses deux branches. On appelle cette séparation la Vallée du Cygne ou le Grand Rift ; elle court dans la Voie lactée jusqu'à la constellation du Sagittaire. Elle est due à un long nuage de gaz et de poussières sombres qui dissimule à la vue les régions situées derrière. Ce nuage est situé à environ 2 000 années-lumière du Soleil.

William Herschel

Astronome anglais, Herschel (1738–1822) fut d'abord musicien. Mais à ses heures perdues, il fabriquait des télescopes et, un jour qu'il observait les étoiles depuis son jardin, il découvrit Uranus. Herschel entreprit alors de construire ce qui était, à cette époque, le plus grand télescope du monde. Il catalogua également une série d'objets du ciel profond qui constitue la base du New General Catalogue (NGC), encore en usage aujourd'hui (voir p. 7).

Des voiles incandescents, vestiges d'une étoile explosée, constituent la nébuleuse des Dentelles du Cygne, dans la partie sud de la constellation.

LES DENTELLES DU CYGNE

Il y a quelque 40 000 ans, une étoile supergéante explosa en supernova dans le Cygne. Nos lointains ancêtres ont sans doute observé dans le ciel une étoile temporaire extrêmement brillante, dont nous ne voyons aujourd'hui que les vestiges sous la forme de magnifiques voiles et filaments de gaz qui forment les Dentelles du Cygne. Les parties les plus brillantes sont visibles avec de simples jumelles. L'étoile à partir de laquelle elles sont nées est aujourd'hui invisible. Elle subsiste probablement à l'état d'étoile à neutrons, impossible à détecter parmi les milliers d'autres étoiles qui peuplent cette région du ciel.

Les planètes intérieures

Les quatre planètes les plus proches du Soleil sont Mercure, Vénus, la Terre et Mars. Ce groupe est appelé les planètes intérieures. Elles ont pour particularité de présenter toutes une nature tellurique, c'est-à-dire d'être constituées de roches solides qui forment une surface dure. Mais la Terre est la seule sur laquelle l'homme puisse survivre. Il existe en effet autour du Soleil une région appelée « zone habitable », où les conditions conviennent au développement de la vie parce que l'eau peut y exister sous forme liquide, sans se mettre à geler ni à bouillir. Et la Terre est la seule planète dont l'orbite se situe dans cette zone. Sur les autres planètes intérieures, il fait soit trop froid, soit trop chaud.

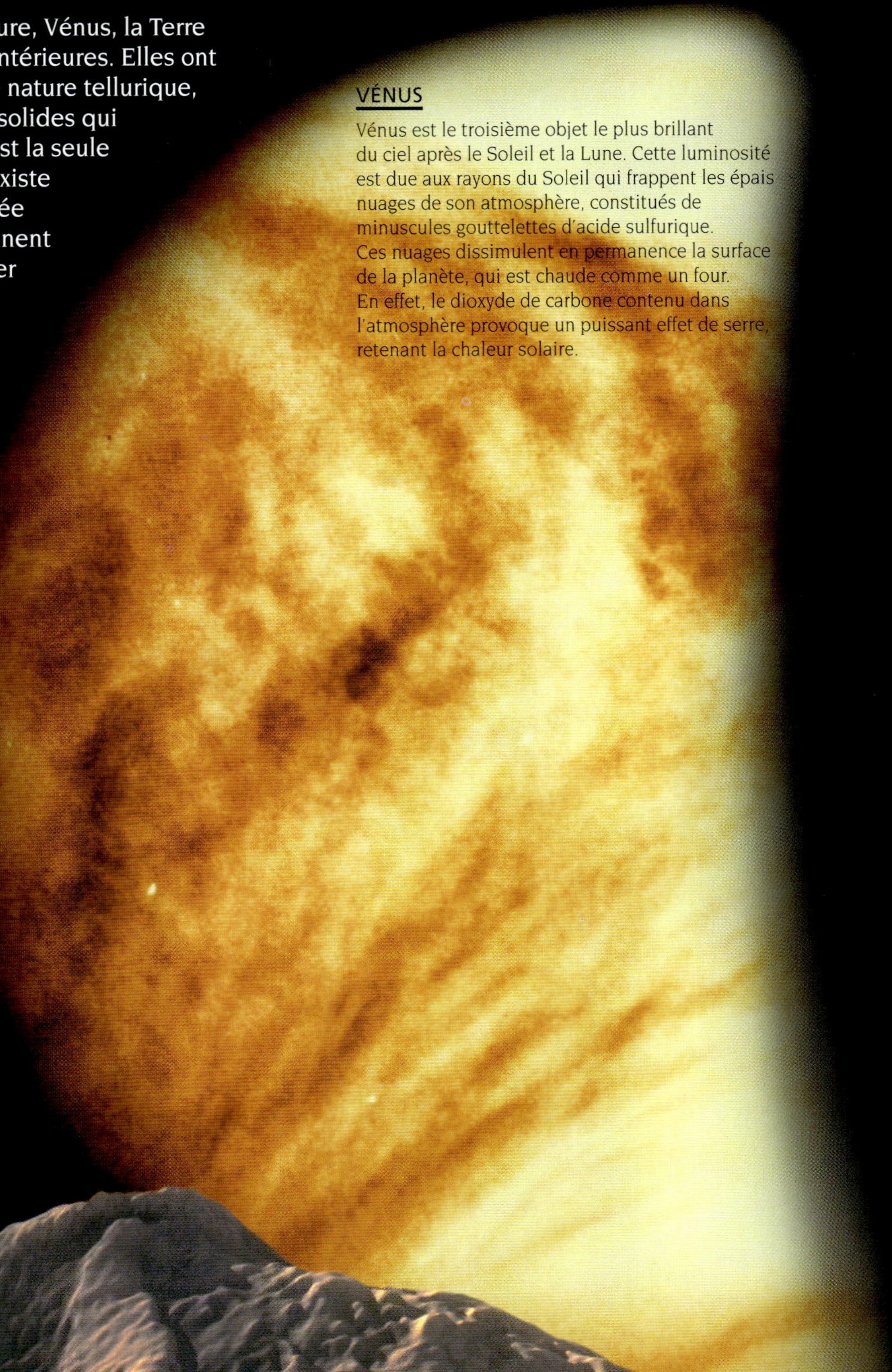

VÉNUS

Vénus est le troisième objet le plus brillant du ciel après le Soleil et la Lune. Cette luminosité est due aux rayons du Soleil qui frappent les épais nuages de son atmosphère, constitués de minuscules gouttelettes d'acide sulfurique. Ces nuages dissimulent en permanence la surface de la planète, qui est chaude comme un four. En effet, le dioxyde de carbone contenu dans l'atmosphère provoque un puissant effet de serre, retenant la chaleur solaire.

◄ MERCURE

Mercure étant la planète la plus proche du Soleil, la température à sa surface constellée de cratères atteint 360 °C. Elle se déplace très vite sur son orbite, à la vitesse de 168 980 km/h, bouclant une révolution solaire en 88 jours. Cette petite planète de seulement 4 288 km de diamètre n'est visible qu'au crépuscule tous les deux ou trois mois.

▼ À LA SURFACE DE VÉNUS

Les images radar de la surface de Vénus – les seules capables de percer son épaisse atmosphère – ont révélé la présence de volcans et de coulées de lave à sa surface. La pression atmosphérique y est 90 fois plus élevée que sur Terre et la température y atteint 460 °C. Les conditions y sont tellement difficiles que les sondes spatiales qui ont touché sa surface n'ont pu nous faire parvenir des données que pendant quelques heures avant de se taire définitivement.

▶ L'ATMOSPHÈRE TERRESTRE

C'est la vie développée sur Terre qui en fait une planète unique en son genre. L'eau y est présente sous forme liquide en grande quantité, ce qui permet aux formes de vie de se multiplier. Celle des océans s'évapore dans l'atmosphère, formant les nuages. Elle retombe en pluie ou en neige à la surface de la Terre. L'atmosphère est essentiellement composée d'azote et d'oxygène, et d'un petit pourcentage de dioxyde de carbone (gaz carbonique). L'homme comme les animaux et les plantes ont besoin de respirer l'oxygène pour vivre.

La Terre apparaît bleue vue de l'espace parce que plus de 70 % de sa surface sont recouverts d'eau.

◀ LA LUNE

Peu après que la Terre se soit formée, elle fut heurtée par un objet massif à peu près de la taille de la planète Mars. L'impact provoqua l'éjection de grandes quantités de matière vers l'espace qui, une fois en orbite, s'agrégèrent pour former la Lune. Au cours des millions d'années, les impacts météoritiques à la surface de la Lune ont créé les immenses « mers » de lave solidifiée, qui apparaissent sous la forme de zones sombres à sa surface.

Les planètes intérieures du système solaire

	Mercure	Vénus	Terre	Mars
Distance du Soleil en millions de km	58	108	150	228
Diamètre en km	4 879	12 107	12 758	6 794

◀ LA PLANÈTE ROUGE

De nos jours, Mars est une planète froide où l'eau ne peut pas se maintenir à l'état liquide. Mais certains indices tendraient à prouver qu'elle a été plus chaude dans un lointain passé et que de l'eau a pu s'écouler à sa surface dans d'immenses vallées. Les roches y sont colorées en orange à cause de la présence d'oxyde de fer. C'est ce qui explique la couleur rouge de la planète dans le ciel. Lorsque Mars est proche de la Terre, on peut deviner, à travers un petit télescope, ses calottes polaires et les formations sombres à sa surface.

Les calottes polaires de Mars sont composées de dioxyde de carbone et d'eau. Elles ont environ 1 000 m d'épaisseur.

▼ À LA SURFACE DE MARS

À première vue, le paysage martien ressemble à un désert rocheux terrestre. Le sable est transporté par un vent léger et forme des dunes. Mais l'atmosphère très ténue composée de dioxyde de carbone applique une pression de seulement 1 % de celle de la Terre et, même durant l'été martien, la température s'élève rarement au-dessus de 0 °C.

Les étoiles de l'hémisphère Nord

La Voie lactée décrit son arche passant par le zénith, traversant dans sa course le Cygne et Cassiopée. C'est dans ce coin du ciel que se situent les motifs, petits mais bien reconnaissables, du Lézard et du Dauphin. Vers l'ouest, les brillantes Altaïr et Véga sont encore visibles. Une autre étoile parmi les plus lumineuses du ciel se tient, bas sur l'horizon, vers le nord-ouest : Capella, à la couleur orange, dans le Cocher. En regardant face au sud, on trouve la faible constellation du Verseau, à l'ouest de la brillante Deneb Kaitos, dans la Baleine.

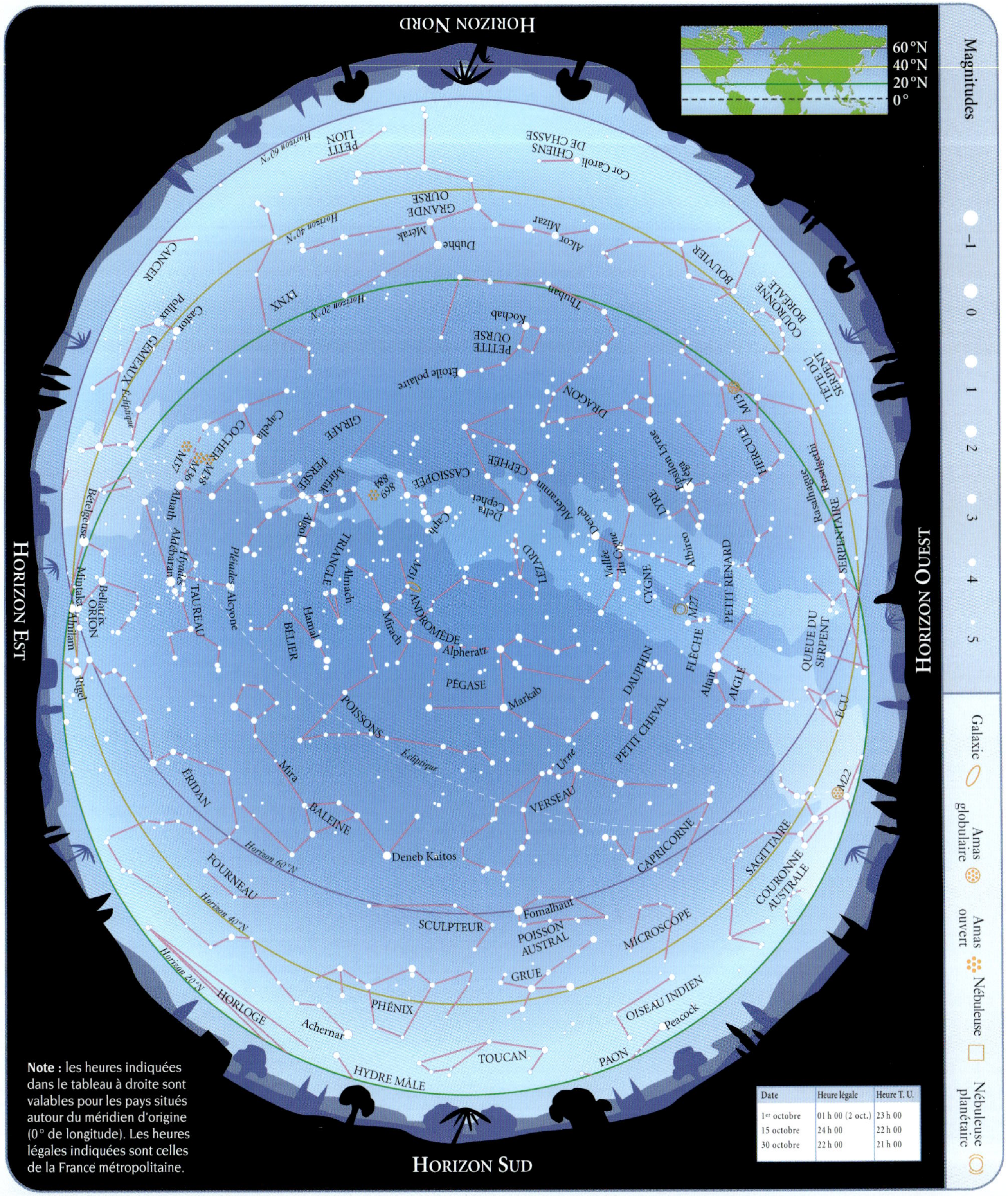

Note : les heures indiquées dans le tableau à droite sont valables pour les pays situés autour du méridien d'origine (0° de longitude). Les heures légales indiquées sont celles de la France métropolitaine.

Date	Heure légale	Heure T. U.
1er octobre	01 h 00 (2 oct.)	23 h 00
15 octobre	24 h 00	22 h 00
30 octobre	22 h 00	21 h 00

▶ LE VERSEAU

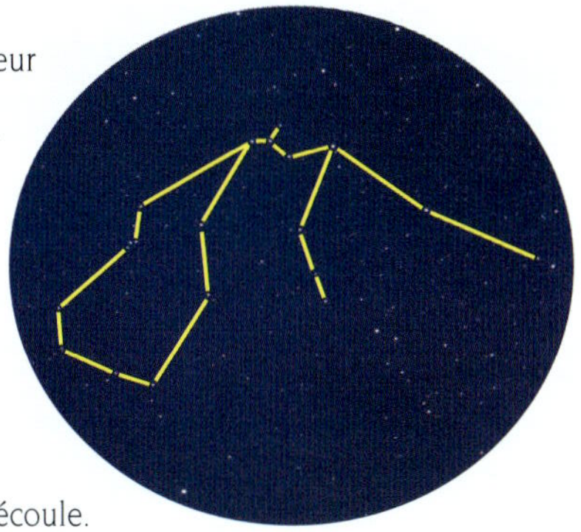

Selon les Grecs de l'Antiquité, le Verseau est Ganymède, le porteur d'eau des dieux. Mais cette constellation, censée représenter un personnage versant de l'eau contenue dans une urne, est encore plus ancienne puisqu'elle est mentionnée dans un très vieux mythe babylonien. L'urne est marquée par quatre étoiles en forme de Y. Les faibles étoiles dispersées dessous représentent l'eau qui s'écoule.

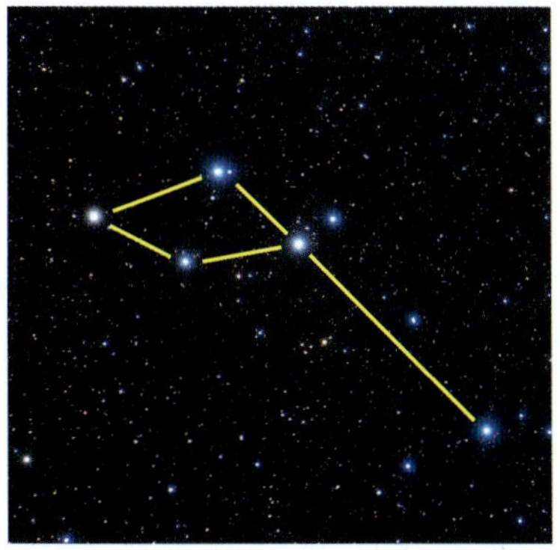

◀ LE DAUPHIN

Situé juste à l'ouest de Pégase, ce groupe d'étoiles représente un dauphin sautant hors de l'eau. Ce cétacé de légende transporta Poséidon, le dieu de la mer, tandis qu'il allait faire sa cour à la sirène Amphitrite. Lorsque celle-ci accepta de l'épouser, Poséidon plaça le dauphin dans le ciel pour le remercier de l'aide qu'il lui avait apportée.

▶ LE LÉZARD

Un petit zigzag d'étoiles caractérise ce reptile céleste. La constellation occupe une région dense de la Voie lactée et, à travers des jumelles, révèle de faibles mais impressionnants champs stellaires. Situé entre le Cygne et Adromède, le Lézard est l'une des sept constellations nouvelles introduites par l'astronome polonais Johannes Hevelius au cours du XVIIe siècle.

Les étoiles de l'hémisphère Sud

En octobre, dans l'hémisphère Sud, les étoiles brillantes de la Voie lactée se rencontrent le long de l'horizon. Le reste de la voûte céleste présente peu d'étoiles lumineuses. Il en est une, toutefois, située au zénith ou un peu plus au sud, selon la latitude d'où on l'observe, dont l'éclat surpasse toutes les autres : Fomalhaut, dans la constellation du Poisson austral. On peut s'en servir comme point de repère pour localiser les deux étoiles principales de la constellation de la Grue, localisées plus au sud.

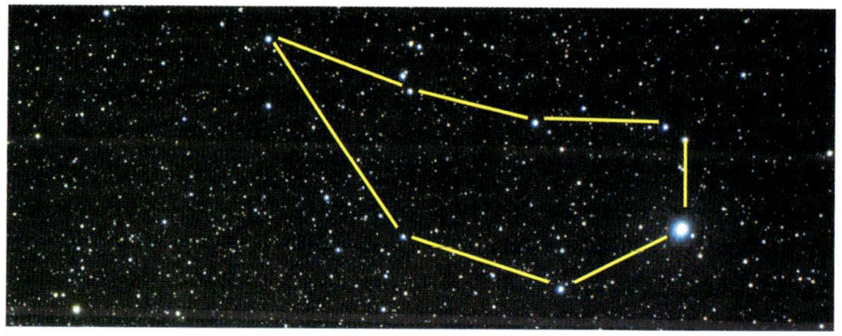

▲ LE POISSON AUSTRAL

La constellation du Poisson austral est censée représenter un poisson buvant l'eau qui s'écoule de l'urne du Verseau voisin. Une très ancienne tradition affirme qu'il était le parent des deux individus représentés par la constellation des Poissons, qui se trouve de l'autre côté du Verseau. Le Poisson austral est dominé par l'étoile Fomalhaut, à l'éclat très vif. Son nom, en arabe, signifie « la bouche du poisson ».

▶ LA GRUE

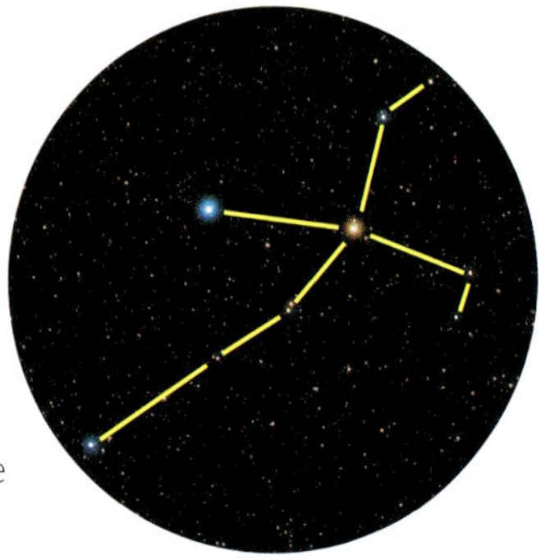

Pour les Grecs de l'Antiquité, ces étoiles constituaient la queue du Poisson austral. Elles forment aujourd'hui une constellation à part entière, représentant cet oiseau échassier au long cou bien connu. Les deux étoiles les plus brillantes sont, selon la logique, la blanc bleuâtre Alpha et la rouge Bêta.

LE SAVIEZ-VOUS ?

- L'étoile Fomalhaut est entourée d'un disque de poussières où des planètes sont probablement en cours de formation. Ce disque présente une forme voilée et les astronomes le suspectent d'être déformé par la gravité d'une planète de la taille de Saturne.
- Fomalhaut est une jeune étoile âgée d'environ 200 millions d'années. En comparaison, notre Soleil accuse déjà 4,5 milliards d'années.

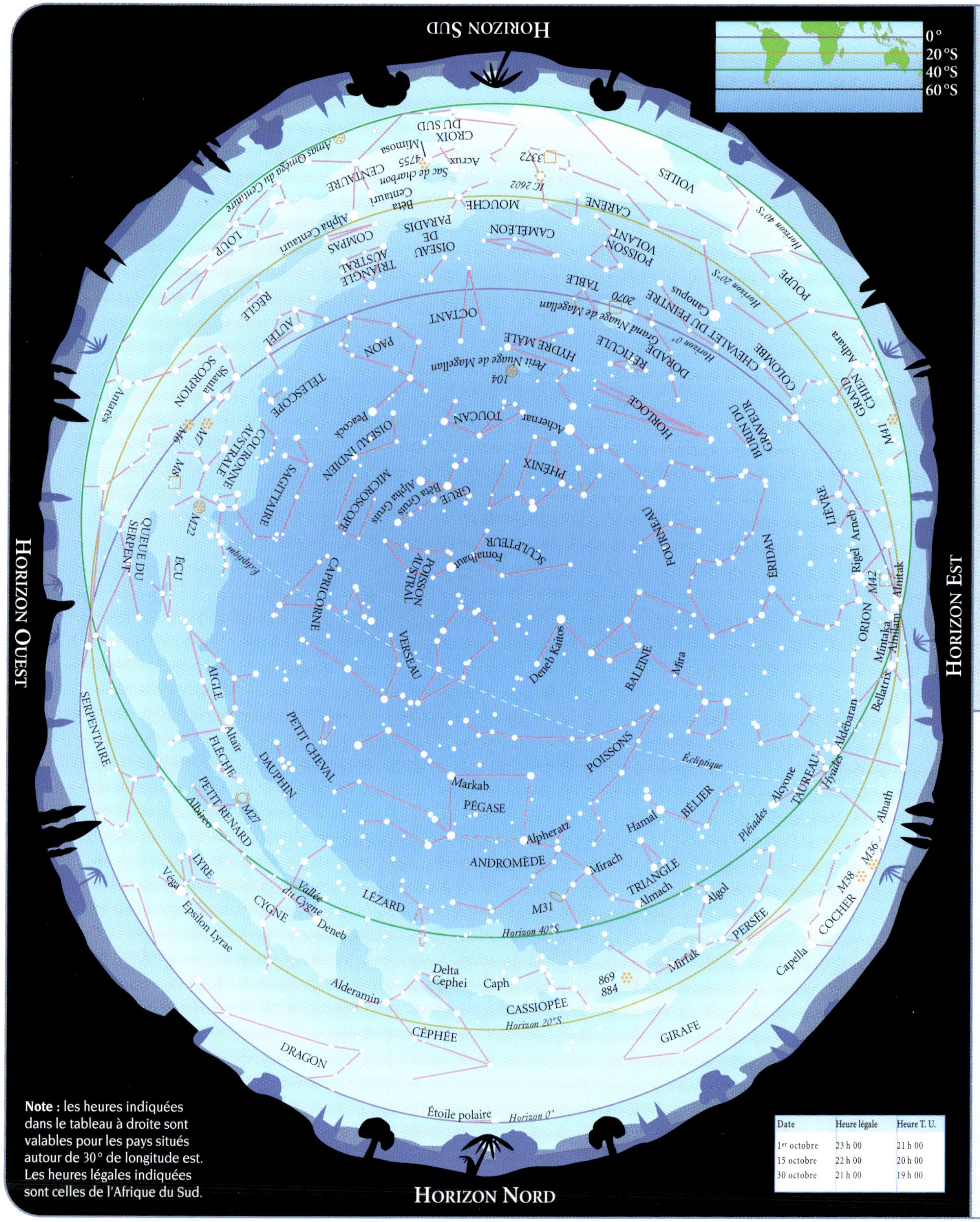

Note : les heures indiquées dans le tableau à droite sont valables pour les pays situés autour de 30° de longitude est. Les heures légales indiquées sont celles de l'Afrique du Sud.

Date	Heure légale	Heure T. U.
1er octobre	23 h 00	21 h 00
15 octobre	22 h 00	20 h 00
30 octobre	21 h 00	19 h 00

Magnitudes : –1, 0, 1, 2, 3, 4, 5

Galaxie · Amas globulaire · Amas ouvert · Nébuleuse · Nébuleuse planétaire

Andromède

La constellation d'Andromède peut être vue des deux hémisphères. Son identification remonte aux Grecs de l'Antiquité, qui affirmaient qu'elle représentait la fille du roi Céphée et de sa femme Cassiopée. Selon la légende, Andromède devait être sacrifiée à un monstre marin (représenté par la constellation de la Baleine) et fut enchaînée à un rocher pour y attendre son sort. Surgit le héros Persée qui transforma le monstre en pierre et sauva Andromède. Cette constellation est bien connue des astronomes pour la galaxie qu'elle renferme. La galaxie d'Andromède (M31), située à environ 2,4 millions d'années-lumière, est l'objet du ciel le plus distant qu'il soit possible de voir à l'œil nu. Il faut toutefois, pour cela, une nuit bien sombre, loin des lumières parasites des villes, et un ciel dégagé. Vue à travers des jumelles ou un petit télescope, elle ressemble à un ovale brumeux. Il s'agit d'une superbe galaxie spirale similaire à la Voie lactée, mais deux fois plus grosse.

LA CONSTELLATION D'ANDROMÈDE

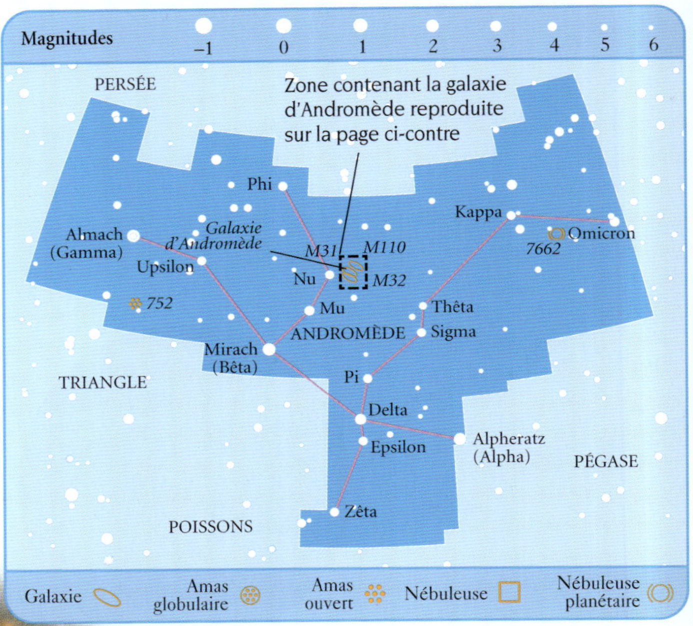

L'AMAS NGC 752

Cet amas ouvert est environ à 1 300 années-lumière de la Terre. Les étoiles qui le composent sont réparties dans une vaste région. Elles sont localisées près de la frontière entre Andromède et le Triangle.

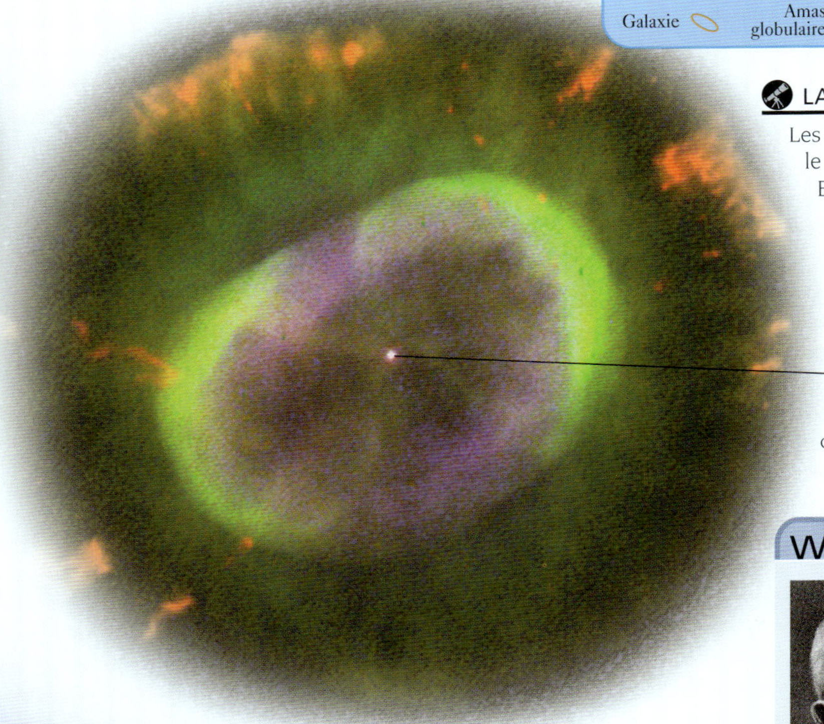

LA NÉBULEUSE PLANÉTAIRE NGC 7662

Les couleurs vives de cette image produite par le télescope spatial Hubble sont artificielles. Elles ont été appliquées pour faire ressortir les gaz incandescents qui composent la nébuleuse. À l'observation à l'œil, cette dernière apparaît bleue et a été surnommée pour cela la Boule de neige bleue.

LA NAINE BLANCHE est ce qui reste de l'étoile originelle qui a éjecté ses couches de gaz externes il y a des milliers d'années, créant la nébuleuse planétaire NGC 7662.

LA GALAXIE SATELLITE M32

La galaxie d'Andromède possède plusieurs petites galaxies satellites, deux d'entre elles étant particulièrement visibles sur la grande photographie de la page de droite : M32 est celle qui se situe juste sous le cœur de la galaxie d'Andromède, tandis que M110 se trouve au-dessus, vers la droite. Toutes deux sont des galaxies elliptiques naines. Aucune formation d'étoiles n'est plus en cours en leur sein. Cette photo de la NASA, ci-contre, à gauche, montre M32 plus en détail. Bien qu'elle soit petite, c'est une galaxie très visible à cause des milliers d'étoiles bleues très lumineuses qui la peuplent.

Walter Baade

Durant les années 1940, Walter Baade (1893-1960) travaillait à l'observatoire du mont Wilson, aux États-Unis. Étudiant la galaxie d'Andromède, il découvrit que les étoiles qui peuplaient son noyau étaient généralement plus vieilles que celles des bras spiraux. Il s'aperçut également que cette galaxie était beaucoup plus éloignée que ce que l'on croyait. Ses travaux firent prendre conscience aux astronomes que l'Univers était plus vaste et plus âgé qu'ils ne le pensaient alors.

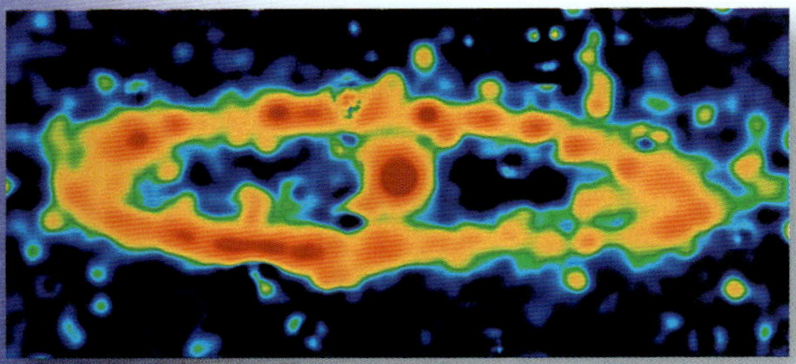

UNE CARTE RADIO DE LA GALAXIE

Cette carte radio de la galaxie d'Andromède montre que les émissions radio les plus puissantes (en rouge) proviennent du noyau de la galaxie et d'un anneau situé à environ 60 000 années-lumière du centre. Cet anneau correspond à l'anneau externe bleuâtre que l'on voit sur la grande photo de la page de droite. C'est une région qui contient beaucoup d'étoiles bleues très chaudes et où se trouvent des étoiles en formation.

Les planètes géantes

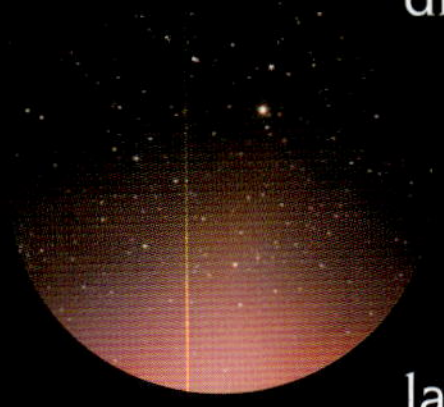

Les quatre planètes géantes, Jupiter, Saturne, Uranus et Neptune, sont complètement différentes des autres planètes du Système solaire. Outre qu'elles sont beaucoup plus grosses, elles ne présentent pas de surface solide, étant constituées de liquides et de gaz. Ainsi, par exemple, une sonde spatiale qui fut envoyée vers Jupiter s'est tout simplement enfoncée dans la planète sans jamais rencontrer de surface dure jusqu'à ce que la température et la pression deviennent trop élevées et qu'elle se désintègre. Ces quatre planètes ont un noyau, peut-être solide, peut-être en fusion, mais il est enfoui très profondément en leur cœur. Jupiter et Saturne comptent parmi les objets les plus brillants du ciel nocturne.

▼ JUPITER ET SES SATELLITES

À l'œil nu, Jupiter apparaît beaucoup plus brillante que n'importe quelle étoile. À travers un télescope même modeste, elle se présente sous la forme d'un disque strié de bandes sombres et claires. Ces bandes sont des ceintures nuageuses de méthane, d'ammoniac et d'eau, probablement colorés par des composés de soufre et de carbone. On distingue aussi nettement ses quatre principaux satellites : Io, Europa, Ganymède et Callisto. Mais la planète en compte plus de 60, rocheux ou couverts de glace. Tous présentent des caractéristiques différentes et constituent autant de mondes fascinants.

Ganymède est le plus gros satellite de Jupiter ; plus gros, même, que la planète Mercure ! Les zones sombres sont probablement composées de roches plus que de glace.

Callisto présente une croûte de glace fortement marquée de cratères. Les points clairs sont des impacts ayant exposé de la glace plus fraîche.

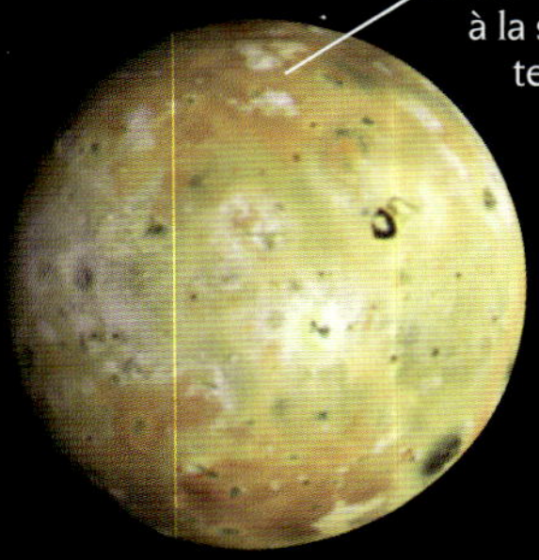

Io est un monde volcanique à la surface sulfureuse teintée de rougeâtre. Les coulées de lave changent sans cesse l'aspect de sa surface.

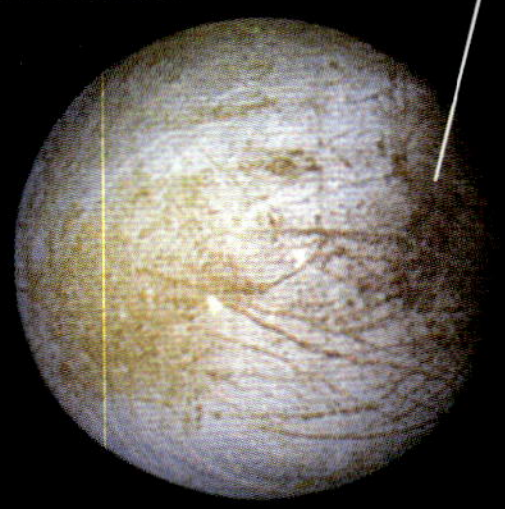

Europa a une surface de glace marquée de fractures. Elle dissimule peut-être un océan plus chaud où pourraient s'être développées des formes de vie primitives.

La grande tache rouge, dans l'une des ceintures nuageuses de Jupiter, est en fait un gigantesque cyclone permanent. Elle change de couleur et d'aspect selon des périodes qui se comptent en dizaines d'années.

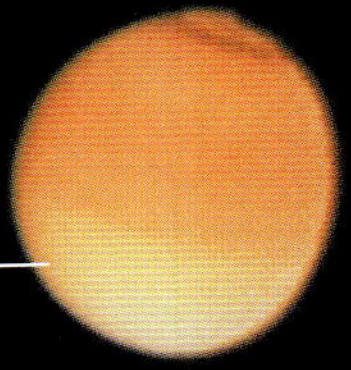

Titan, le plus gros satellite de Saturne, possède une atmosphère dense composée d'azote.

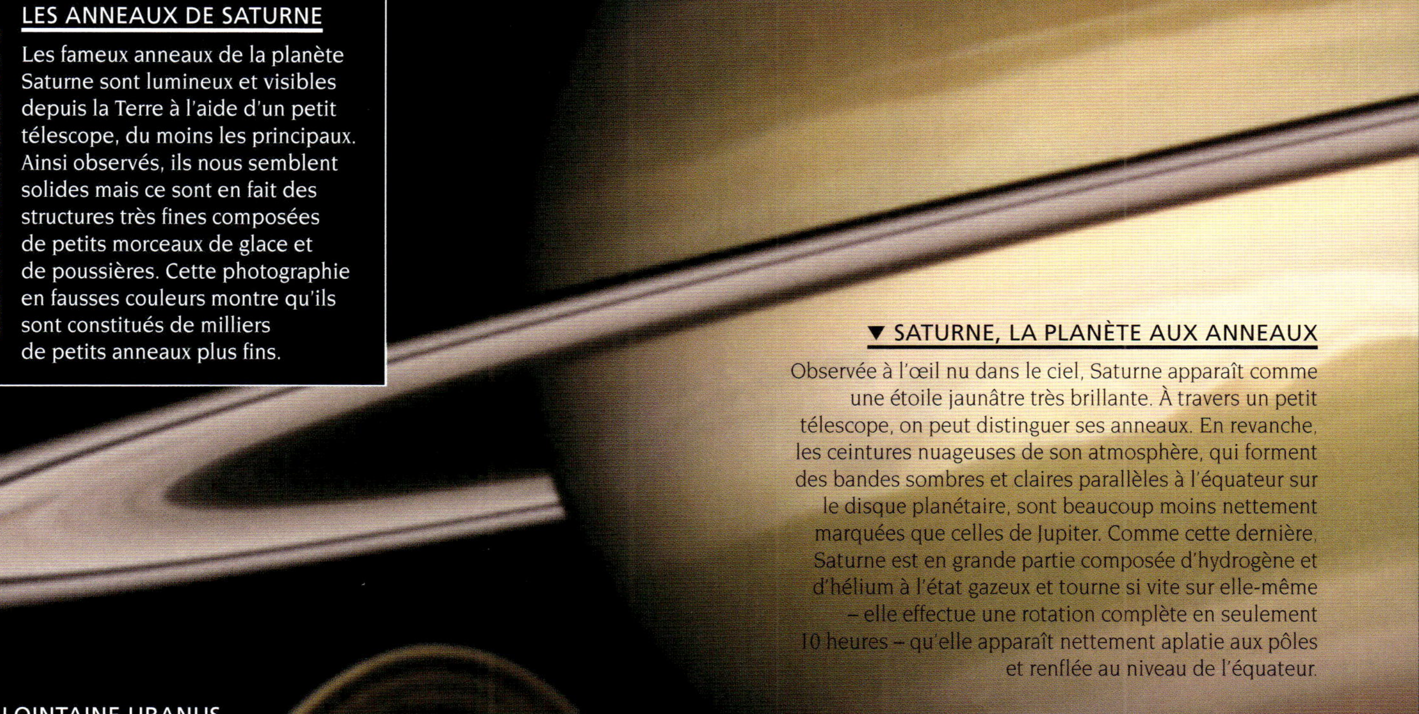

Les anneaux de Saturne

Les anneaux vus par la sonde Voyager

Les fameux anneaux de la planète Saturne sont lumineux et visibles depuis la Terre à l'aide d'un petit télescope, du moins les principaux. Ainsi observés, ils nous semblent solides mais ce sont en fait des structures très fines composées de petits morceaux de glace et de poussières. Cette photographie en fausses couleurs montre qu'ils sont constitués de milliers de petits anneaux plus fins.

▼ Saturne, la planète aux anneaux

Observée à l'œil nu dans le ciel, Saturne apparaît comme une étoile jaunâtre très brillante. À travers un petit télescope, on peut distinguer ses anneaux. En revanche, les ceintures nuageuses de son atmosphère, qui forment des bandes sombres et claires parallèles à l'équateur sur le disque planétaire, sont beaucoup moins nettement marquées que celles de Jupiter. Comme cette dernière, Saturne est en grande partie composée d'hydrogène et d'hélium à l'état gazeux et tourne si vite sur elle-même – elle effectue une rotation complète en seulement 10 heures – qu'elle apparaît nettement aplatie aux pôles et renflée au niveau de l'équateur.

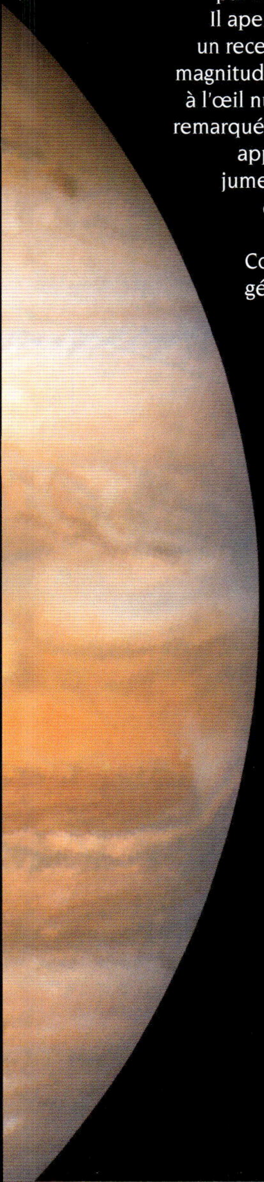

▶ La lointaine Uranus

Uranus fut découverte par hasard en 1781 par l'astronome anglais William Herschel. Il aperçut la planète alors qu'il effectuait un recensement des étoiles de huitième magnitude. Bien que – tout juste – visible à l'œil nu, personne n'avait, jusqu'alors, remarqué sa présence. Sa couleur bleue apparaît nettement à travers des jumelles ou un télescope. Elle est due à son atmosphère dense composée de méthane. Comparée aux autres planètes géantes, Uranus est un monde relativement calme peu marqué par les tempêtes.

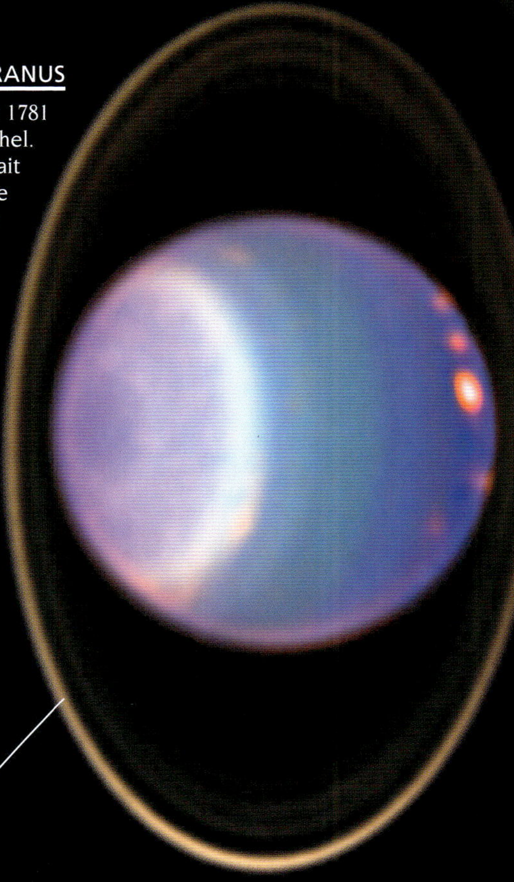

Uranus possède un système d'anneaux étroits visible sur cette image en fausses couleurs réalisée dans l'infrarouge par le télescope spatial Hubble.

Urbain Le Verrier

Le mathématicien français Urbain Le Verrier (1811-1877) calcula la position de Neptune sans l'avoir découverte en se basant sur l'orbite d'Uranus. Quelques mois avant lui, un Anglais, John Couch Adams, était parvenu aux mêmes résultats. Quoi qu'il en soit, c'est grâce aux travaux de Le Verrier que la planète fut découverte peu après.

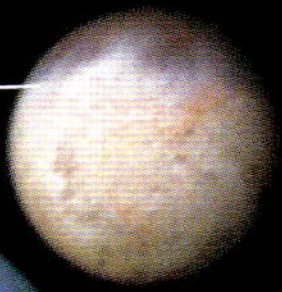

Triton, le plus gros satellite de Neptune, présente une surface glacée.

▶ Neptune

Des variations dans l'orbite d'Uranus conduisirent les astronomes à suspecter la présence d'une planète encore plus éloignée. Neptune fut finalement découverte en 1846 simplement par calcul. Il faut au moins des jumelles pour pouvoir distinguer cette planète dans le ciel. Elle possède un système d'anneaux très faible détectable uniquement à l'aide d'instruments spéciaux.

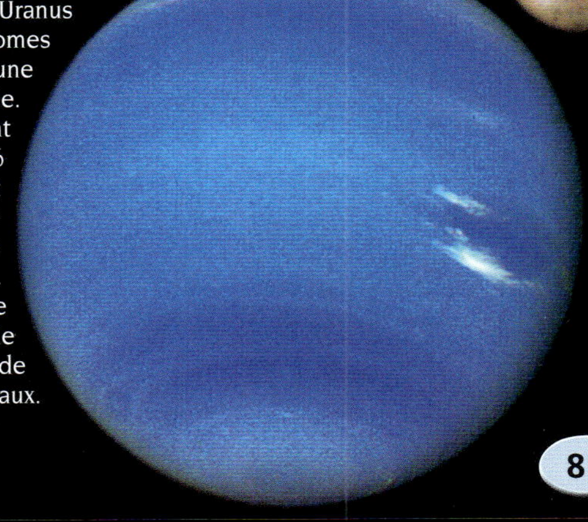

Les planètes géantes du système solaire

	Jupiter	Saturne	Uranus	Neptune
Distance moyenne du Soleil en millions de km	779	1 434	2 872	4 495
Diamètre en km	142 984	120 536	51 118	49 528

Les étoiles de l'hémisphère Nord

Pour peu que l'on ait pris soin de s'habiller chaudement, novembre est un bon mois pour la promenade céleste. Il suffit d'identifier une constellation brillante puis d'aller d'étoile en étoile pour trouver les voisines. Pégase, qui est haut dans le ciel, offre un bon point de départ. Trois de ses étoiles les plus brillantes dessinent, avec Alpheratz, de la constellation voisine d'Andromède, le Grand Carré. À partir de celui-ci, il suffit de faire un saut vers le nord pour trouver le grand W de Cassiopée. Encore un bond plus au nord et l'on rencontre Céphée.

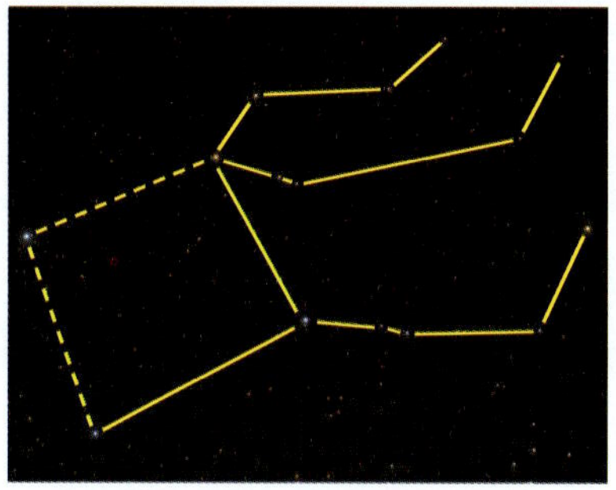

▸ PÉGASE

Dans la mythologue grecque, Pégase est le cheval ailé jailli du corps de la Méduse lorsque Persée lui coupa la tête. La constellation ne représente que la moitié antérieure du corps de l'animal. Le Grand Carré de Pégase est délimité par quatre étoiles qui en marquent les angles : Alpha (aussi appelée Markab, mot arabe signifiant « selle »), Bêta, Gamma, ainsi qu'Alpheratz, de la constellation d'Andromède.

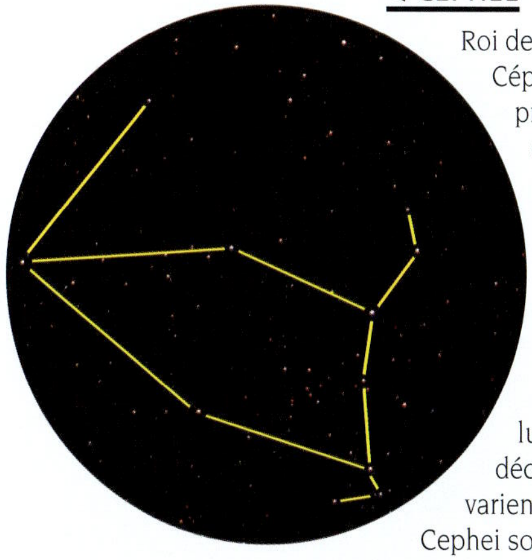

◂ CÉPHÉE

Roi de la mythologie grecque, Céphée se trouve, dans le ciel, près de sa femme Cassiopée et de sa fille Andromède. Alderamin est l'étoile la plus brillante de cette constellation, mais Delta en est la plus célèbre. Son éclat varie selon un cycle de 5 jours et 9 heures avec une rapide montée en luminosité et une lente décroissance. Les étoiles qui varient de façon similaire à Delta Cephei sont appelées des céphéides.

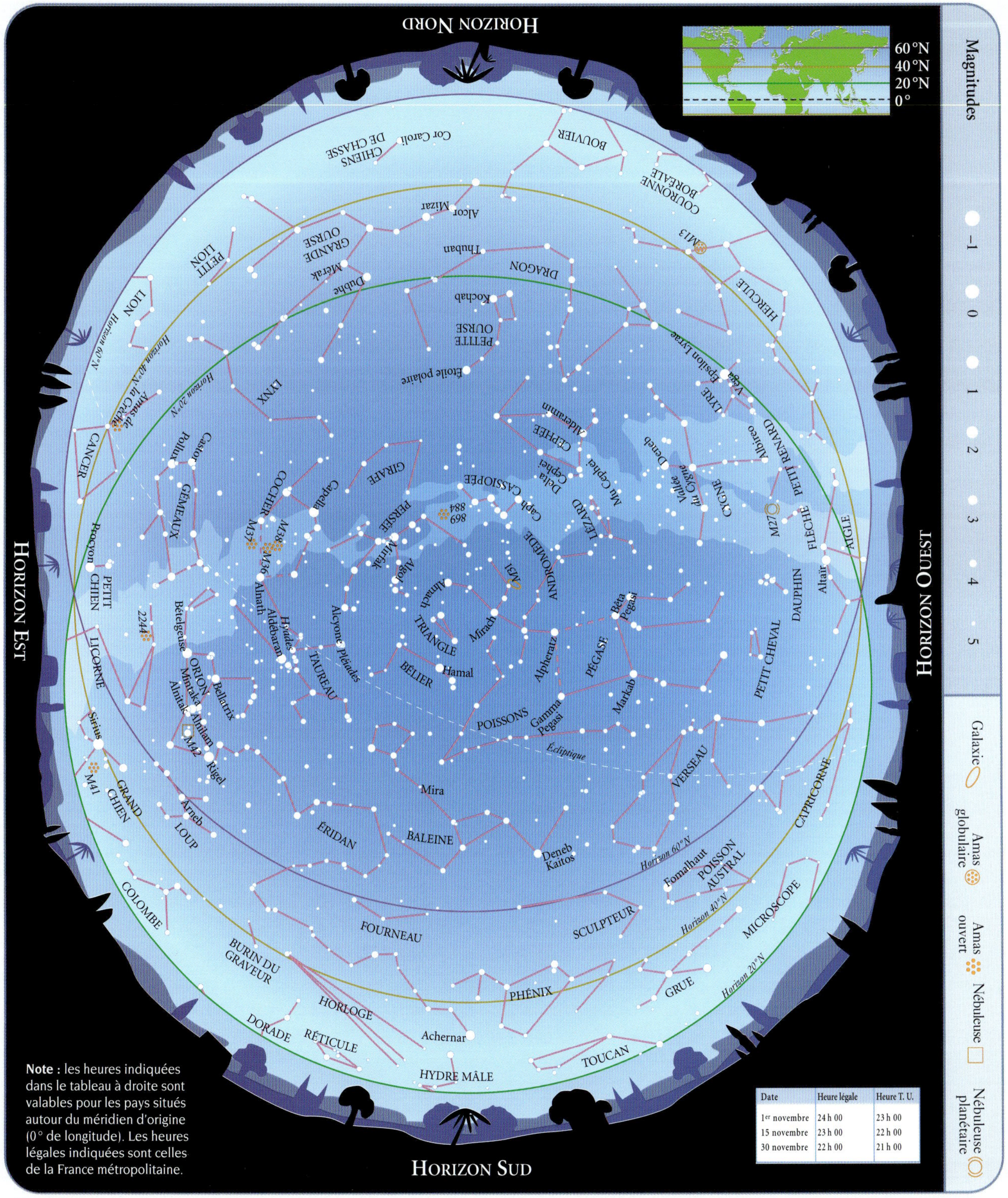

Note : les heures indiquées dans le tableau à droite sont valables pour les pays situés autour du méridien d'origine (0° de longitude). Les heures légales indiquées sont celles de la France métropolitaine.

Date	Heure légale	Heure T. U.
1er novembre	24 h 00	23 h 00
15 novembre	23 h 00	22 h 00
30 novembre	22 h 00	21 h 00

Le saviez-vous ?

- En 1995, des astronomes découvrirent une planète en orbite autour de 51 Pegasi, ou 51 de Pégase, une étoile de 5e magnitude similaire au Soleil. La masse de cette planète est au moins la moitié de celle de Jupiter et elle parcourt son orbite en 4,23 jours.
- Mu Cephei est une célèbre supergéante rouge. Sa couleur est si frappante que l'astronome William Herschel (1738–1822) la surnomma « l'Étoile Grenat » parce qu'elle ressemble à un joyau rouge.

Les étoiles de l'hémisphère Sud

Sous le ciel de novembre, on reste, comme en octobre, dans des thèmes aquatiques. Pour s'y retrouver, il suffit de regarder vers l'horizon nord et de rechercher le Grand Carré de Pégase. Directement au-dessus de celui-ci, des étoiles peu lumineuses dessinent la tête de l'un des représentants de la constellation des Poissons. En suivant la ligne partant de Pégase et passant par les Poissons, on rencontre plus loin la brillante Deneb Kaitos, dans la Baleine. Et en continuant, toujours sur la même ligne, vers le sud, on rencontre les étoiles du Phénix.

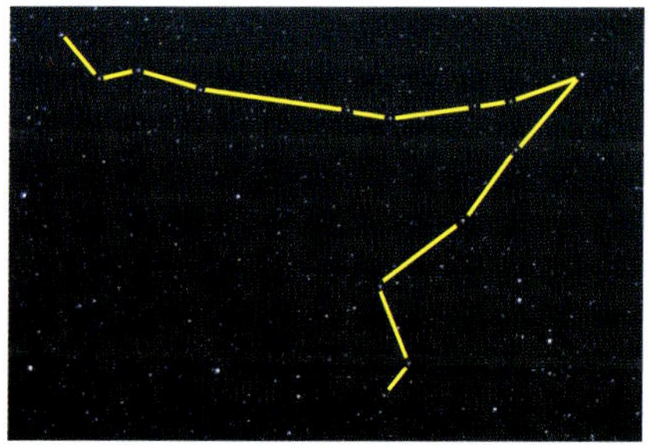

◀ LES POISSONS

Les étoiles des Poissons sont très peu lumineuses et peuvent être difficiles à voir. Depuis l'Antiquité, ces astres sont considérés comme symbolisant deux poissons nageant dans des directions différentes mais attachés par la queue. Dans l'un des mythes grecs, ils représentent Aphrodite et son fils Éros, qui échappent à un monstre en prenant l'apparence de poissons.

▶ LE PHÉNIX

Le Phénix est un oiseau de feu mythique qui a le pouvoir de renaître de ses cendres. Son nom fut attribué à ces étoiles au cours du XVIIe siècle. Avant, les astronomes arabes crurent y voir un bateau amarré le long des rives du fleuve mythique Éridan. L'étoile très brillante toute proche Achernar (en haut à droite sur cette photo) marque la fin de ce cours d'eau.

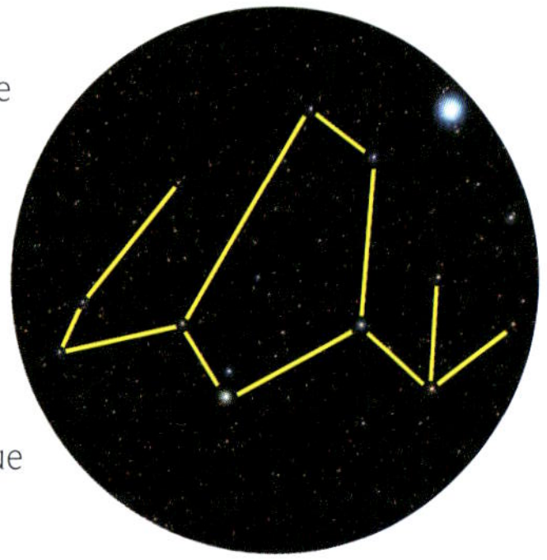

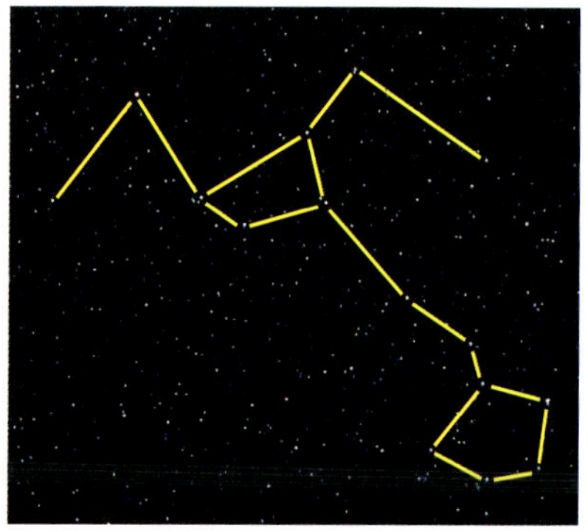

◀ LA BALEINE

Le héros grec Persée se servit de la tête de la Méduse pour transformer la Baleine en pierre. L'étoile Mira, de la Baleine, fut la première étoile variable à être découverte (en 1596). Sa magnitude varie de 2 à 10 sur une période de onze mois, de sorte qu'elle apparaît faible le plus souvent. Mira signifie « merveilleux » en latin.

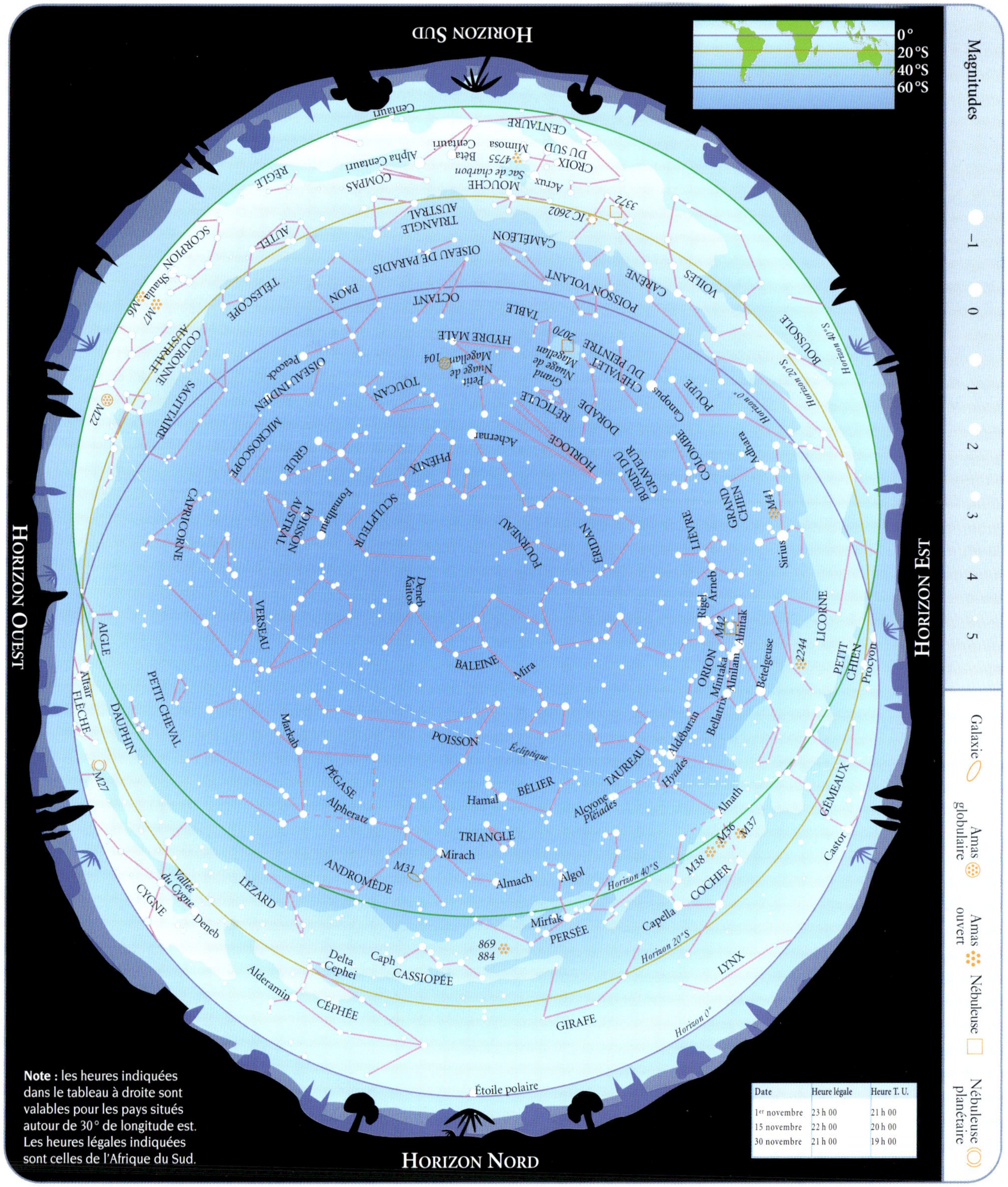

Note : les heures indiquées dans le tableau à droite sont valables pour les pays situés autour de 30° de longitude est. Les heures légales indiquées sont celles de l'Afrique du Sud.

Date	Heure légale	Heure T. U.
1er novembre	23 h 00	21 h 00
15 novembre	22 h 00	20 h 00
30 novembre	21 h 00	19 h 00

Persée

Héros de la mythologie grecque, Persée est représenté par sa constellation dans l'un de ses plus fameux exploits, celui au cours duquel il vainquit Méduse, la Gorgone aux cheveux-serpents. Cette dernière était si hideuse que quiconque la regardait en face était changé en pierre sur le champ. Persée, pour ne pas croiser le regard de Méduse, l'affronta en se servant de son bouclier comme d'un miroir, et parvint à lui trancher la tête. C'est durant les mois d'hiver que la constellation, située dans la partie nord de la Voie lactée, se voit le mieux dans l'hémisphère boréale. Elle renferme de scintillants amas d'étoiles, ainsi que la célèbre étoile double Algol, qui marque le centre de la tête de la Gorgone.

LE DOUBLE AMAS DE PERSÉE (NGC 869 ET 884)

C'est l'un des plus beaux spectacles du ciel. Ce double amas est visible à l'œil nu sous la forme d'un tache lumineuse à la frontière entre Persée et Cassiopée. Vu avec des jumelles ou un petit télescope, il révèle des centaines d'étoiles. Celles-ci sont très éloignées de la Terre, à environ 7 200 années-lumière. À cette distance, notre Soleil nous apparaîtrait très faible. Les deux amas sont distants l'un de l'autre d'environ 50 années-lumière.

LES PERSÉIDES

Chaque année, en août, la pluie d'étoiles filantes des Perséides illumine le ciel d'été. Ces météores (voir p. 87) ne sont en rien liés à la constellation de Persée, mais c'est de sa direction qu'elles semblent venir, ce qui explique leur nom. Ce phénomène atteint son maximum vers le 12 août, date à laquelle on peut observer une cinquantaine d'étoiles filantes par heure si le ciel est bien sombre. Cette photo, réalisée en pose longue, montre la trace lumineuse laissée par l'une d'elles parmi les étoiles tournant autour de l'Étoile polaire.

John Goodricke

Le célèbre « clin d'œil » d'Algol fut expliqué pour la première fois au XVIIIe siècle par un astronome amateur anglais, John Goodricke (1764–1786), qui était sourd et muet. À cette époque, les personnes frappées d'infirmité était considérées comme dénuées d'intelligence. Mais Goodricke avait reçu une bonne éducation et avait appris à lire sur les lèvres et à parler. Il étudiait les étoiles depuis sa fenêtre et mesura les changements de luminosité d'Algol, proposant, dès l'âge de 18 ans, la bonne explication à ces variations.

LA BINAIRE ALGOL

Traditionnellement,l'étoile Algol marque l'œil de la tête tranchée de Méduse, que Persée tient dans sa main. Son nom dérive de l'arabe *Al Ghul*, qui signifie « le Démon ». Algol semble donc « cligner » régulièrement (tous les 2 jours et 21 heures), c'est-à-dire qu'elle apparaît plus faible. La raison : Algol est en réalité une étoile double dont les deux composantes sont si proches l'une de l'autre qu'elles ne peuvent être distinguées. Tandis qu'elles décrivent leur orbite autour de leur centre de masse, les deux étoiles passent alternativement l'une devant l'autre. La chute de luminosité intervient quand la plus faible des deux étoiles cache la plus brillante durant près de dix heures. Cet événement est appelé une éclipse et les systèmes d'étoiles doubles comme Algol sont appelés des binaires à éclipse.

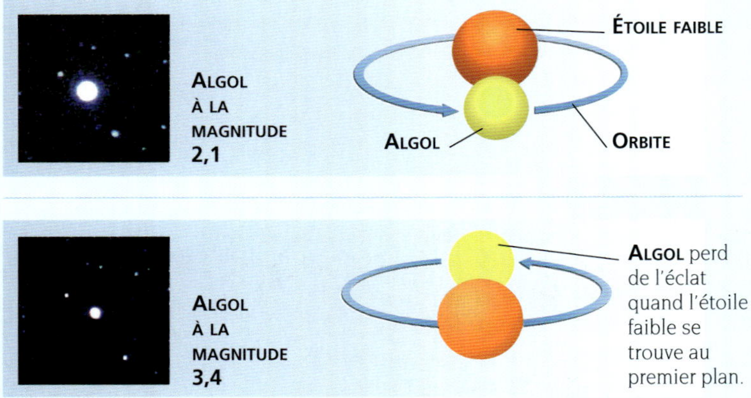

MIRFAK

L'étoile la plus brillante de Persée est Mirfak. Pour la localiser, il faut rechercher un ensemble d'étoiles formant grossièrement un S. Mirfak se trouve en effet au cœur ce cet amas qui n'a pas reçu de nom propre, mais qui est assurément aussi beau que beaucoup d'autres plus connus.

Astéroïdes, météores, météorites et comètes

Le Soleil et les planètes sont bien loin de constituer les seuls éléments du Système solaire. Il existe des millions d'autres objets beaucoup plus petits, tels que les astéroïdes, les comètes et les poussières, également en orbite autour du Soleil. Tous ces objets sont de formes et de tailles très différentes mais il existe des similitudes entre eux, à tel point que parfois, il peut être difficile de savoir dans quelle catégorie ranger tel un ou tel autre. Tous sont des rebuts de la formation du Système solaire, des matériaux n'étant pas parvenus à s'agréger pour former des planètes. Ceux d'entre eux qui sont les plus proches du Soleil sont essentiellement de nature rocheuse, tandis que les plus éloignés sont surtout constitués de glace.

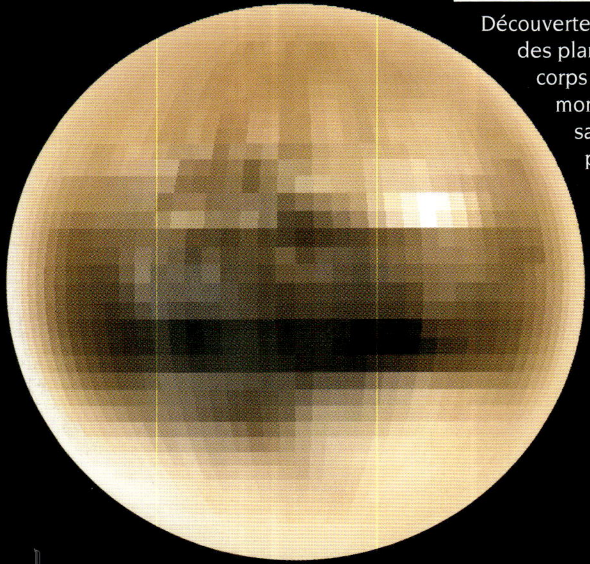

◀ LA SURFACE DE PLUTON

Découverte en 1930, Pluton est considérée comme la plus distante des planètes du Système solaire. Mais c'est aussi le plus gros corps connu de la Ceinture de Kuiper (voir à droite), un petit monde glacé de 2 300 km de diamètre seulement, doté d'un satellite deux fois plus petit que lui, nommé Charon. Pluton possède une orbite très elliptique, inclinée de 17° par rapport à l'orbite terrestre, et qui l'amène parfois plus près du Soleil que Neptune. Aucune sonde spatiale ne lui a encore rendu visite et la carte ci-contre a été établie d'après des changements de luminosité lorsque Charon passe devant la planète. Par bon nombre de leurs aspects, Pluton et Charon ressemblent aux gros satellites des planètes géantes.

DANS LA CEINTURE DE KUIPER

Au-delà de l'orbite de Neptune s'étend la Ceinture de Kuiper, qui doit son nom à l'astronome américano-hollandais Gerard Kuiper. En 1951, celui-ci suggéra que cette région du cosmos était probablement un réservoir de comètes. Jusqu'à un milliard de corps glacés habitent en effet cette zone, mais seuls quelques centaines d'entre eux ont pu être observés. La photo ci-dessous représente une galaxie lointaine (entourée). À sa gauche, un peu au-dessus figure un objet de la Ceinture de Kuiper se déplaçant dans sa direction. Dans la photo du bas, l'objet et la galaxie sont réunis dans le rond blanc. Seulement 4,6 heures séparent ces deux photos.

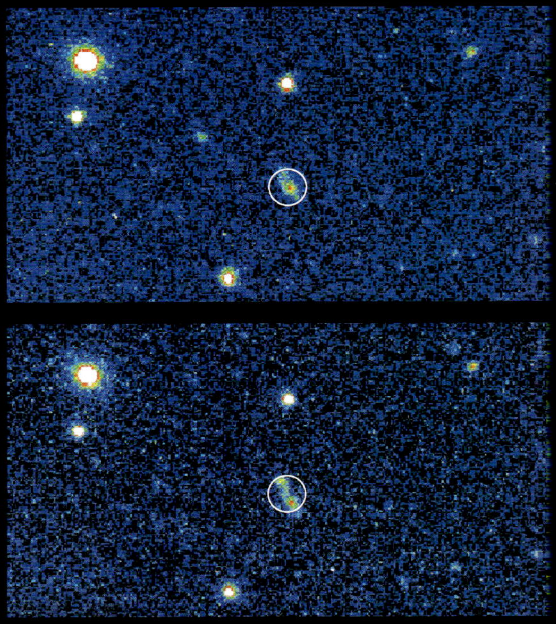

▶ LA CEINTURE D'ASTÉROÏDES

Entre les orbites de Mars et de Jupiter se trouvent des milliers de petits corps appelés astéroïdes. Il s'agit d'objets telluriques n'ayant jamais réussi à former une planète. Certains viennent parfois vagabonder plus près de la Terre que de Mars, pouvant être amenés à croiser l'orbite terrestre et constituant un risque possible de collision avec notre planète.

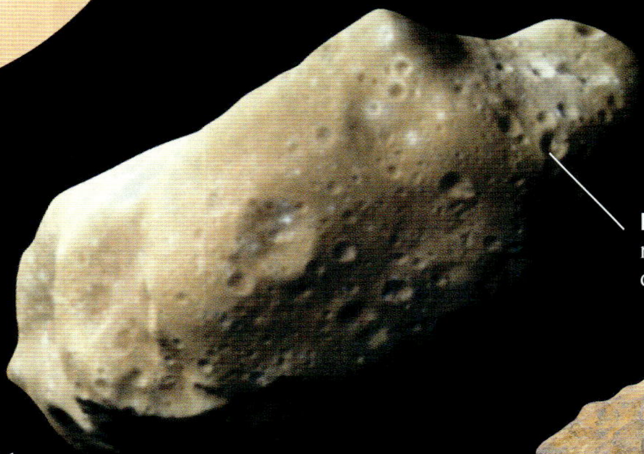

L'astéroïde Ida mesure 55 km de long.

Une météorite

▼ MÉTÉORITES ET IMPACTS

Outre les gros astéroïdes, il existe aussi dans l'espace interplanétaire des millions de petits fragments rocheux. Occasionnellement, ces roches tombent à la surface de la Terre où elles sont appelées météorites. Une météorite typique peut atteindre la taille d'un ballon de football. Très rarement, il arrive qu'un objet de la taille d'une maison atteigne la Terre, formant un cratère comme celui que l'on voit ci-dessous, en Arizona, aux États-Unis.

Carolyn Shoemaker

Les comètes reçoivent le nom de ceux qui les découvrent et l'astronome américaine Carolyn Shoemaker (née en 1929) possède plus d'objets célestes qui portent son nom que quiconque. Outre 32 comètes, elle a également découvert plus de 300 astéroïdes. Avec son mari Eugène, ainsi que David Levy, elle découvrit en 1993 une comète brisée en orbite autour de Jupiter. L'année suivante, en 1994, les fragments de cette comète (ci-dessous), baptisée Shoemaker-Levy, s'écrasèrent sur la planète.

▲ LES COMÈTES ET LEUR DOUBLE QUEUE

Le cœur d'une comète est constitué d'un morceau de glace et de poussière de quelques kilomètres de diamètre. À mesure que celui-ci se rapproche du Soleil, la glace s'évapore, créant un énorme nuage appelé coma, et deux longues queues, l'une constituée de gaz, l'autre de poussières. Les comètes très brillantes, comme celle de Hale-Bopp (ci-dessus), en 1997, sont rares. Elles peuvent apparaître de façon inattendue et traverser le système solaire interne en seulement quelques semaines.

▲ LES PLUIES D'ÉTOILES FILANTES

De temps à autre, l'orbite de la Terre traverse de denses essaims de poussières dus à des comètes. Les grains de poussière, libérés par la queue des comètes de passage, entrent en collision avec les molécules de gaz de la haute atmosphère terrestre et se vaporisent, échauffant l'air autour d'eux et laissant une traînée lumineuse. On les appelle alors météores ou étoiles filantes. Ces rencontres peuvent produire, dans le ciel nocturne, de véritables pluies lumineuses, pouvant atteindre jusqu'à une centaine de météores par heure.

Les pluies d'étoiles filantes annuelles

Nom	Constellation	Pic d'apparition
Quadrantides	Bouvier	3-4 janvier
Êta Aquarides	Verseau	4-6 mai
Perséides	Persée	12 août
Orionides	Orion	20-22 octobre
Géminides	Gémeaux	13-14 décembre

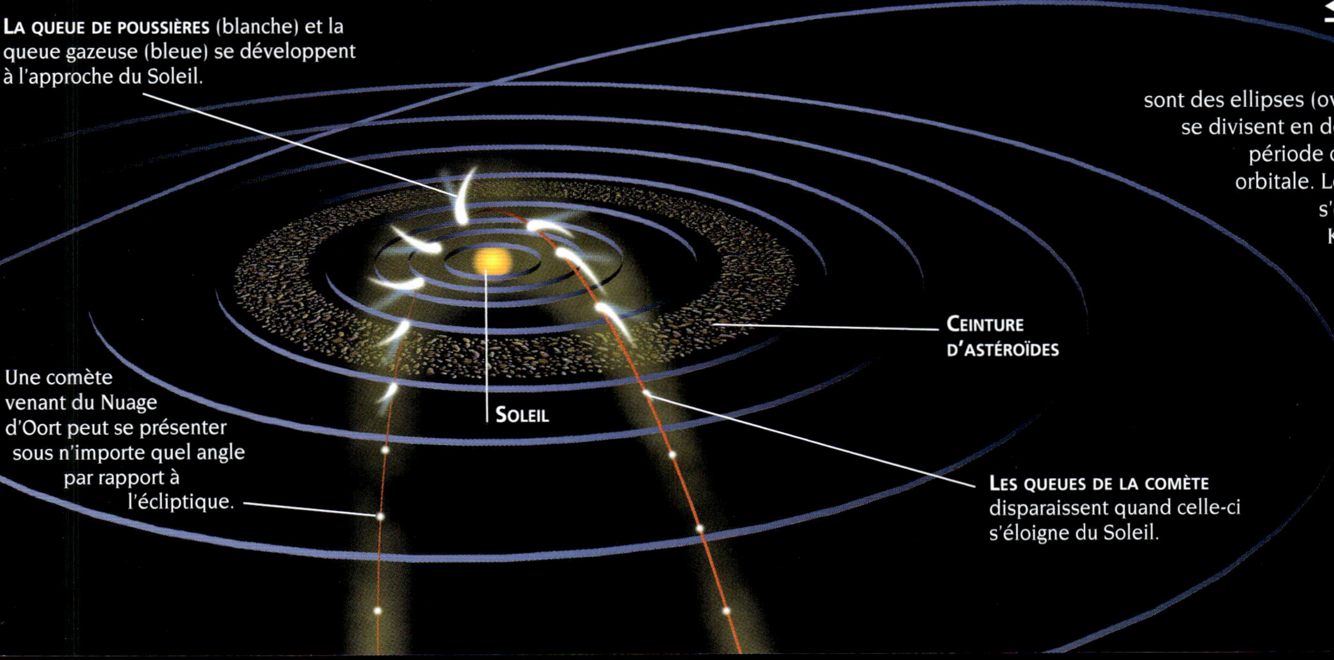

◀ LA TRAJECTOIRE D'UNE COMÈTE

Les trajectoires suivies par les comètes autour du Soleil sont des ellipses (ovales) très allongées. Ces corps célestes se divisent en deux grands types : les comètes à longue période orbitale et les comètes à courte période orbitale. Les orbites de celles à courte période ne s'éloignent pas au-delà de la Ceinture de Kuiper. La comète de Halley, qui revient tous les 76 ans, en est un exemple. Les comètes à longue période, quant à elles, mettent des milliers d'années à effectuer une révolution complète. Leur orbite s'étend jusqu'à une région située à une année-lumière et plus du Soleil. Cette région, appelée Nuage d'Oort, est un réservoir de comètes où celles-ci se comptent probablement par milliards.

Les étoiles de l'hémisphère Nord

Le grand W caractéristique de Cassiopée en fait l'une des constellations les plus faciles à reconnaître. À cette époque de l'année, elle est presque au zénith et constitue un point de repère bien utile pour localiser les autres formations stellaires. En partant des pointes à la base du W en direction du sud, on dépasse Andromède avant d'arriver sur les trois étoiles principales du Triangle. En poursuivant dans la même direction, on rencontre ensuite un autre motif de trois étoiles. Elles forment une partie de la constellation du Bélier, dans le zodiaque.

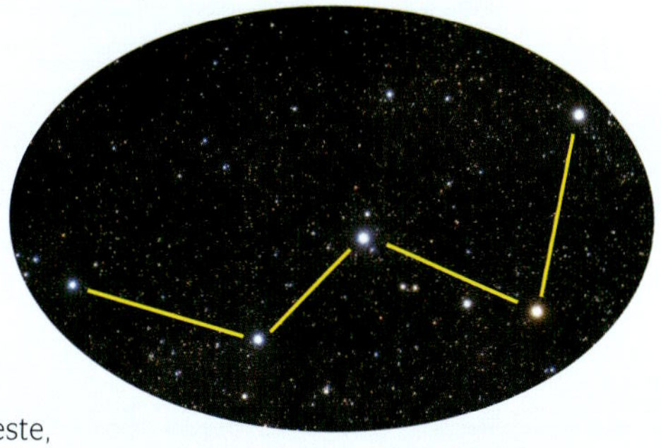

▶ CASSIOPÉE

Cette constellation représente la reine Cassiopée peignant ses cheveux, dont la mythologie grecque dit qu'elle fut punie pour sa vanité. Dans la voûte céleste, elle est traditionnellement représentée la tête en bas. Dans cette région, la Voie lactée est riche en étoiles et en amas d'étoiles et promet donc de belles observations avec de simples jumelles.

▲ LE BÉLIER

Pour les Grecs de l'Antiquité, il est le bélier qui détenait la fameuse Toison d'or convoitée par Jason et les Argonautes. Son étoile Gamma est une étoile double facile à séparer à travers un petit télescope. Découverte en 1664 par le savant anglais Robert Hooke, elle fut l'une des premières étoiles doubles à être identifiée.

◀ LE TRIANGLE

Le Triangle tire son nom de sa forme. Il ne s'agit pas d'une constellation très brillante, mais ses trois étoiles principales dessinent un motif facile à identifier. Les Grecs de l'Antiquité y voyaient aussi la lettre delta de leur alphabet (écrite en majuscule). En fouillant celle région aux jumelles, on a des chances de tomber sur une petit tache brumeuse. Il s'agit d'une galaxie spirale proche.

Magnitudes: –1, 0, 1, 2, 3, 4, 5

Galaxie; Amas globulaire; Amas ouvert; Nébuleuse; Nébuleuse planétaire

Horizon Nord

Horizon Ouest

Horizon Est

Horizon Sud

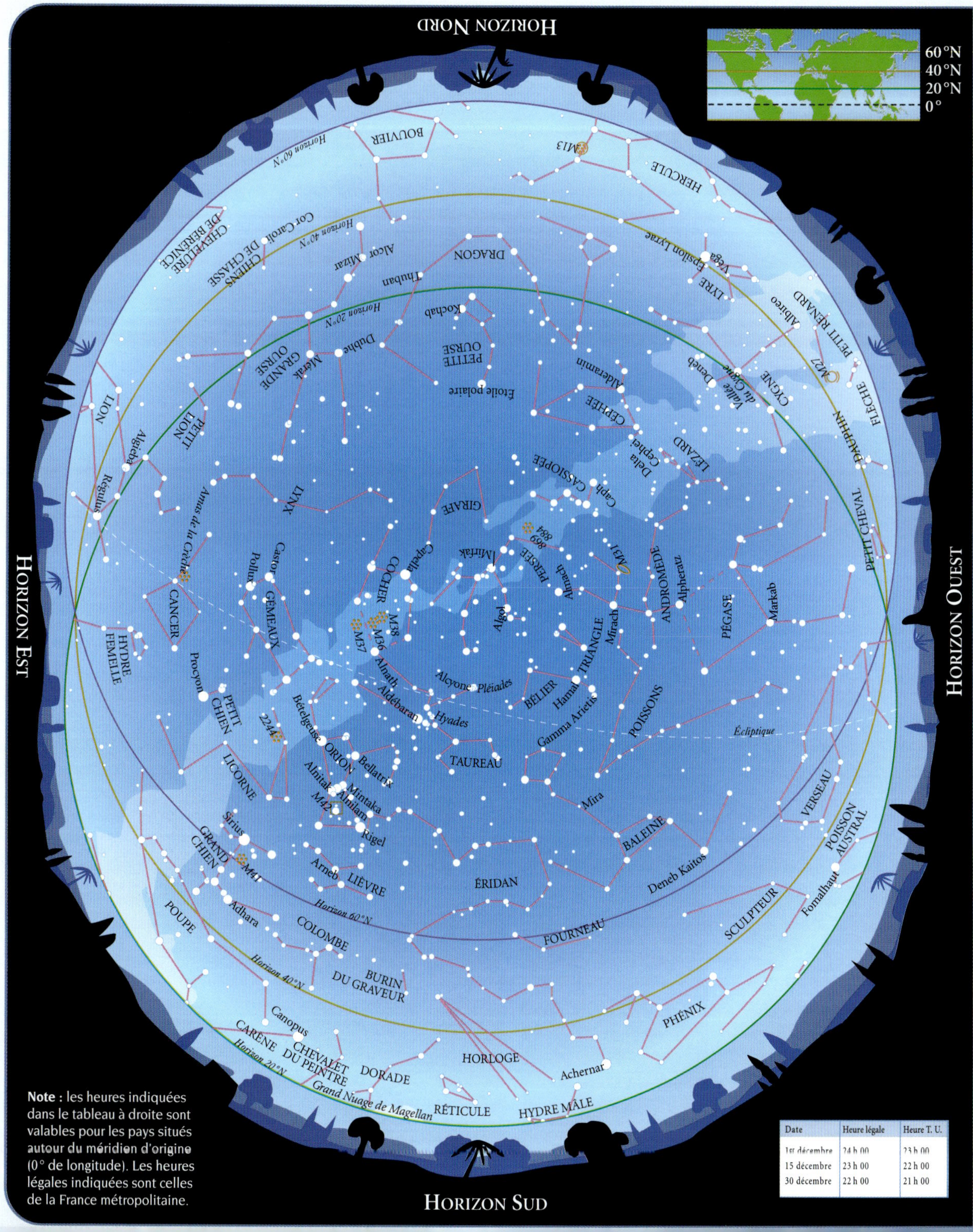

Note : les heures indiquées dans le tableau à droite sont valables pour les pays situés autour du méridien d'origine (0° de longitude). Les heures légales indiquées sont celles de la France métropolitaine.

Date	Heure légale	Heure T. U.
1er décembre	24 h 00	23 h 00
15 décembre	23 h 00	22 h 00
30 décembre	22 h 00	21 h 00

Les étoiles de l'hémisphère Sud

La région du pôle Sud céleste abrite le Grand Nuage de Magellan, dans la constellation de la Dorade, et le Petit Nuage de Magellan, dans le Toucan. Ces deux galaxies sont faciles à localiser lorsque le ciel est bien sombre et dégagé. À l'est du Petit Nuage de Magellan, se trouve l'Hydre mâle, et au sud de cette dernière, on rencontre l'Octant. Cette région du ciel était inconnue des premiers astronomes de l'hémisphère Nord. Sa découverte a suivi l'exploration, plus tardive, des régions australes de la planète. C'est pourquoi ses constellations font référence à des inventions modernes plus qu'à des personnages de mythologies antiques.

◀ LE TOUCAN

Constellation représentant un oiseau à gros bec sud-américain, elle abrite le Petit Nuage de Magellan, la plus petite des deux galaxies satellites de la Voie lactée. On y trouve aussi l'amas globulaire 47 Tucanae, ou 47 du Toucan, spectaculairement lumineux.

▶ L'OCTANT

L'octant était un appareil utilisé par les marins et les astronomes pour relever la position des étoiles.
La constellation de l'Octant renferme le pôle Sud céleste, autour duquel la voûte australe semble être en rotation.

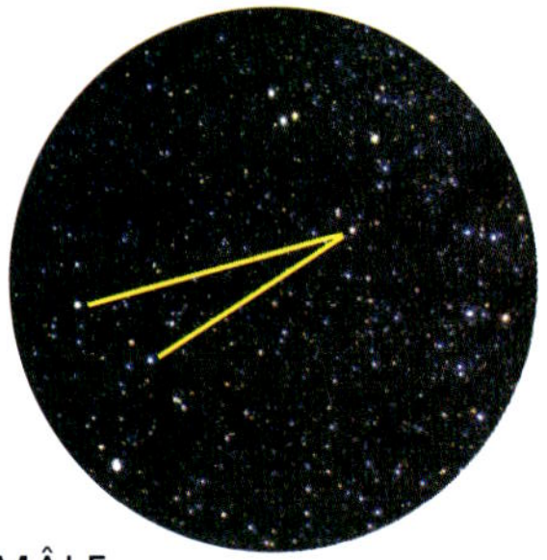

◀ L'HYDRE MÂLE

Cette petite constellation, à laquelle ne se rattache aucune légende, date de 1603 et ne doit pas être confondue avec l'Hydre femelle (voir p. 34), beaucoup plus grande et plus ancienne, qui apparaît dans la mythologie grecque. L'Hydre mâle se trouve à mi-chemin entre le Petit et le Grand Nuage de Magellan et n'est donc pas difficile à localiser.

Le saviez-vous ?

- Les amas globulaires, comme 47 Tucanae, sont constitués de certaines des plus anciennes étoiles de la galaxie. 47 Tucanae est en effet âgé de 10 milliards d'années, deux fois plus que le Soleil.
- Bien qu'il apparaisse circulaire, les Petit Nuage de Magellan présente en réalité la forme d'un cylindre. Il a été déformé par l'attraction gravitationnelle de la Voie lactée.

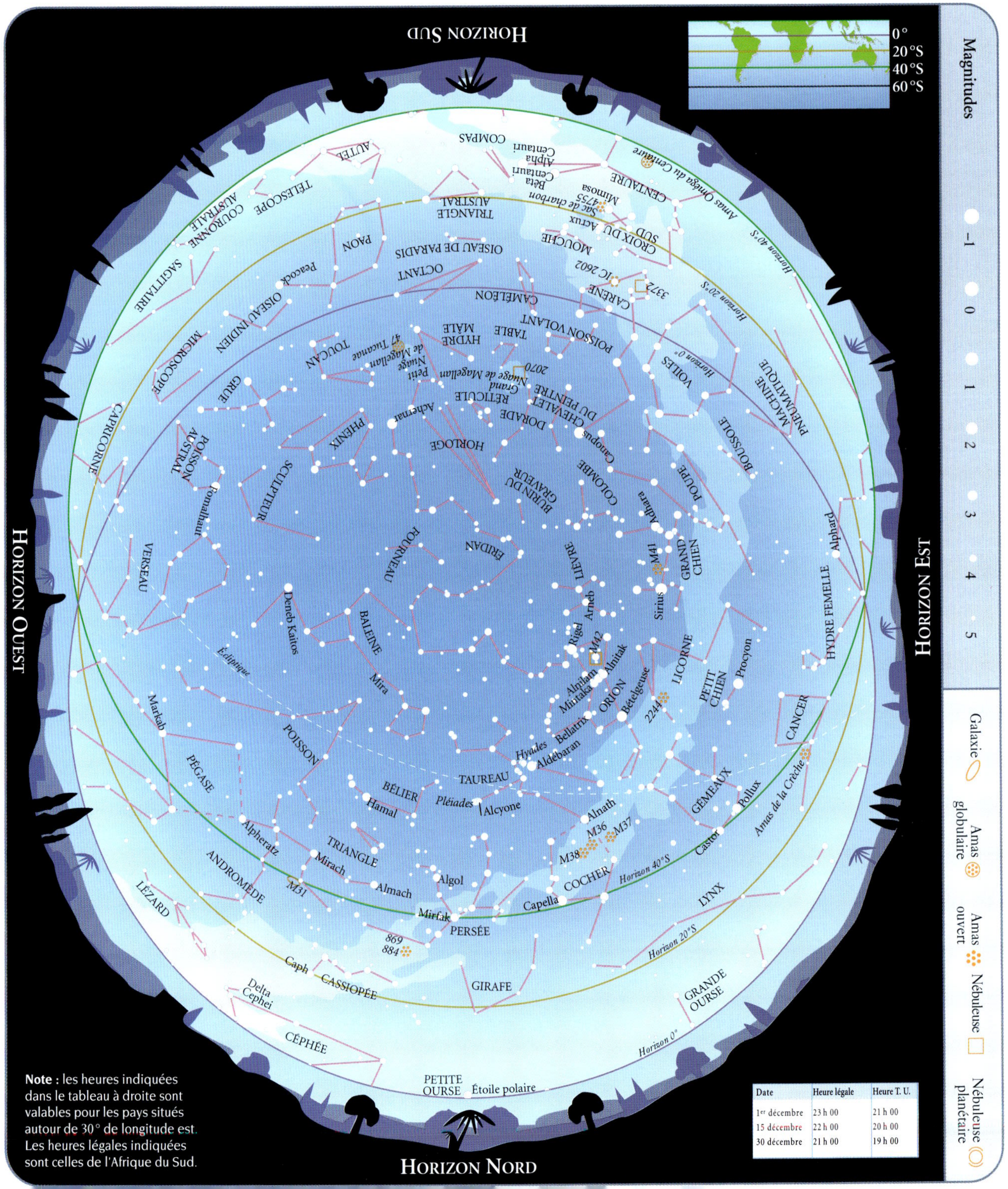

Le Taureau

Cette constellation, la plus boréale du zodiaque, est liée à un mythe grec dans lequel Zeus, le maître des dieux, se transforme en un taureau blanc aux cornes d'or pour séduire la princesse Europe, l'enlever et l'emporter à la nage sur son dos jusqu'en Crète. C'est pourquoi seule la partie supérieure du corps de l'animal apparaît dans la voûte céleste. Cette constellation renferme deux amas ouverts très remarquables. Ce sont, d'une part, les Pléiades (M45), un magnifique amas situé sur le dos du Taureau, également connu sous le nom des Sept Sœurs, parce que ses sept étoiles principales ont reçu les noms des sept filles du dieu grec Atlas. L'amas des Hyades, d'autre part, avec sa forme caractéristique en V couché, se situe non loin. Ces superbes amas sont tous deux visibles à l'œil nu.

LA NÉBULEUSE DU CRABE (M1)

Comptant parmi les objets célestes les plus célèbres, la nébuleuse du Crabe est étonnamment difficile à observer parce que sa lumière est dispersée sur une surface considérable. En l'année 1054, une étoile de cette région céleste explosa en supernova. La nébuleuse du Crabe, sorte d'entrelacs de filaments de gaz incandescents, est ce qu'il en reste aujourd'hui. En son centre figure une faible étoile bleue qui semble envoyer des flashes de radiations à la fréquence étonnante de 30 fois par seconde. Il s'agit d'une étoile à neutrons, ou pulsar, un vestige stellaire très dense de seulement quelques kilomètres de diamètre.

THÊTA TAURI, ou Thêta du Taureau, dans les Hyades, est visible sous sa forme d'étoile double à l'œil nu.

LE PULSAR DE LA NÉBULEUSE DU CRABE

LA CONSTELLATION DU TAUREAU

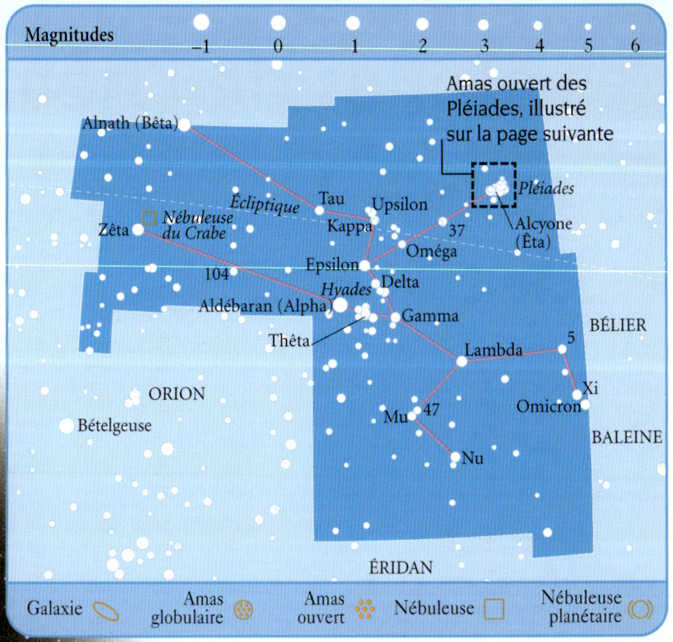

ALDÉBARAN ET LES HYADES

Situées à quelque 150 années-lumière, les Hyades forment l'amas stellaire le plus proche de nous. Il compte environ 200 membres pour un diamètre d'environ 15 années-lumière. Ses étoiles, assez dispersées, forment un V couché, soulignant la face du Taureau. On voit parmi elles la géante rouge Aldébaran, très brillante, qui marque l'œil injecté de sang de l'animal. Aldébaran, toutefois, ne fait pas partie de l'amas puisqu'elle se situe seulement à 65 années-lumière de la Terre.

LE SAVIEZ-VOUS ?

- La matière d'une étoile à neutrons, ou pulsar, est si dense, qu'un bloc de la taille d'un domino de sucre aurait la même masse qu'un astéroïde de 100 mètres de diamètre.
- Lorsque le premier pulsar fut découvert, ses impulsions radio à la fréquence régulière d'environ une par seconde firent penser à un signal artificiel extraterrestre. C'est pourquoi on l'appela un temps « LGM », initiales de *Little Green Men*, ce qui, en anglais, signifie « petits hommes verts ».

▼ QU'EST-CE QU'UN PULSAR ?

Un pulsar est ce qui reste d'une étoile plus massive que le Soleil, effondrée sur elle-même, mais toutefois pas assez massive pour avoir pu former un trou noir. Le pulsar est en rotation rapide sur lui-même. Devenu extrêmement dense, ses particules atomiques sont tellement serrées que les électrons et les protons s'y combinent pour former des neutrons. Un rayonnement jaillit de ses pôles magnétiques et, avec le mouvement rotatif, balaie l'espace interstellaire comme le faisceau lumineux d'un phare sur la mer. Lorsque le faisceau pointe, à un moment de sa rotation, en direction de la Terre, nous le percevons comme une impulsion ponctuelle.

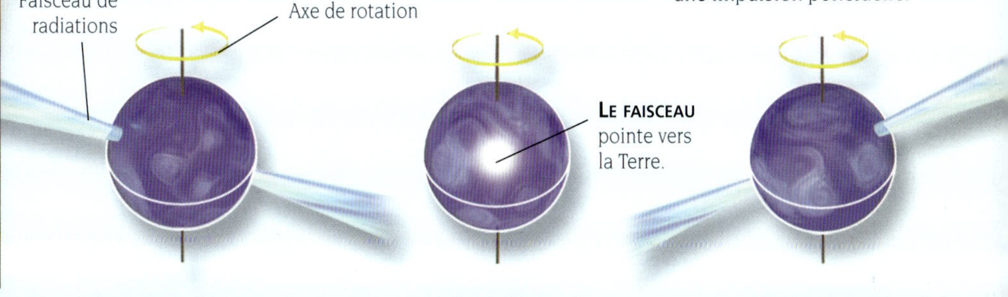

ABSENCE D'IMPULSION — **IMPULSION PERÇUE** — **ABSENCE D'IMPULSION**

L'observation de l'Univers

Pour étudier l'Univers, les astronomes utilisent divers types d'appareils optiques. Ceux-ci ont pour fonction de collecter la faible lumière émanant des objets célestes et d'en agrandir l'image. De fait, la caractéristique la plus importante d'une lunette ou d'un télescope est le diamètre de sa lentille frontale ou de son miroir primaire, qui détermine l'ouverture de l'optique. Plus cette ouverture est grande, plus l'appareil collecte de lumière et plus l'image qu'il restitue est détaillée. Ainsi, lorsque les astronomes parlent d'un télescope de 4 mètres, cela signifie que son miroir mesure 4 mètres de diamètre. Mais les télescopes ne travaillent pas tous avec la lumière visible. Il en existe d'autres types plus spécialisés auxquels les chercheurs ont recours pour détecter les rayons X, les ondes radioélectriques et les autres types de rayonnements émis par les objets célestes.

◀ LE TÉLESCOPE

Le télescope, aussi appelé réflecteur, collecte et concentre la lumière au moyen d'un miroir primaire concave. Les modèles de type Newton, comme celui illustré ci-contre, sont très répandus chez les astronomes amateurs. Un petit miroir plan situé près de l'ouverture du tube optique renvoie les rayons lumineux provenant du miroir primaire vers le côté, en direction d'un oculaire qui grossit l'image. La monture du télescope permet de le pointer dans toutes les directions.

▼ LA PAIRE DE JUMELLES

La plupart de ceux qui observent les étoiles possèdent des jumelles, qui sont, en fait, deux lunettes de faible grossissement assemblées côte à côte. Elles sont faciles à transporter et l'observation s'effectue avec les deux yeux, au lieu d'un seul avec la plupart des lunettes et télescopes. Un modèle de base permet d'observer environ 200 fois plus d'étoiles qu'à l'œil nu.

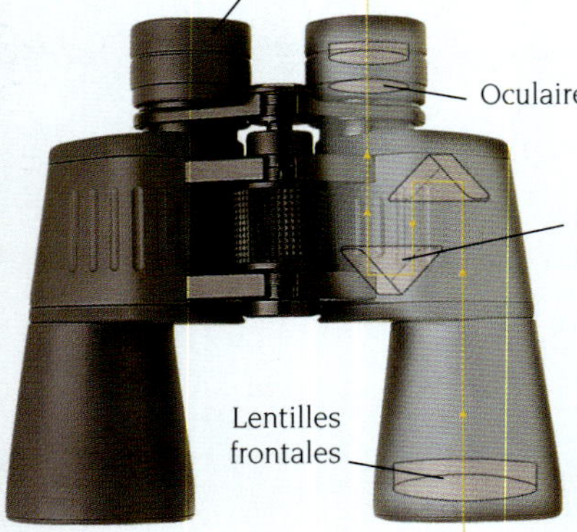

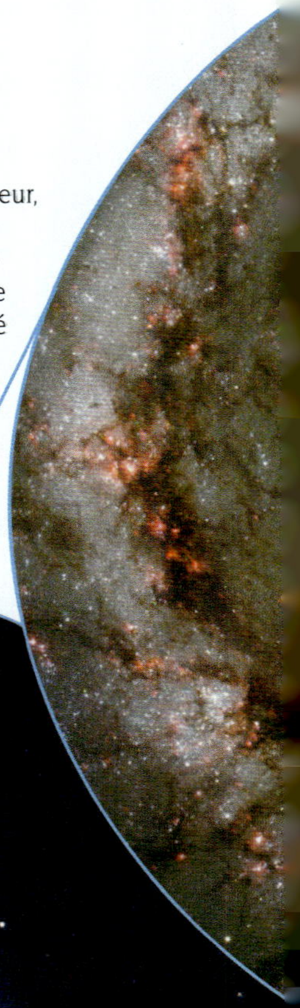

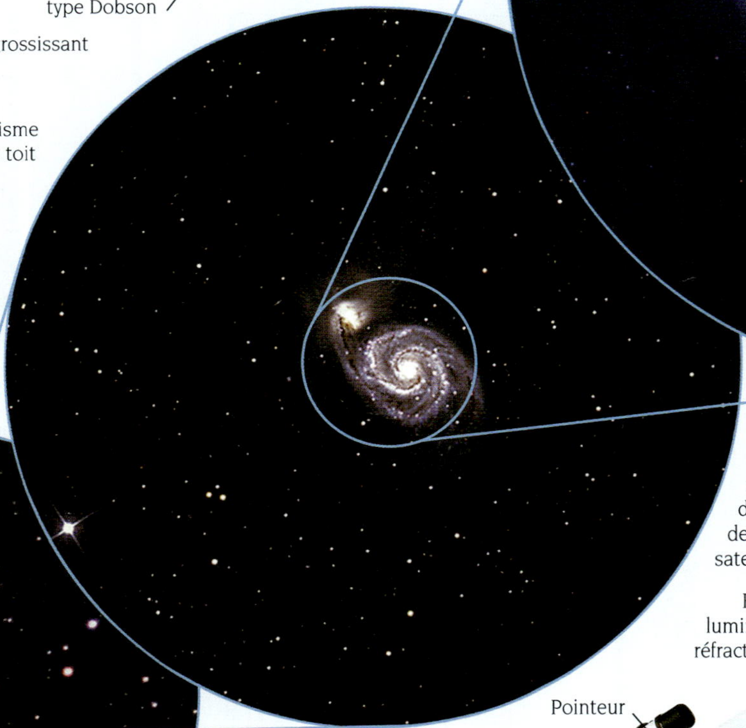

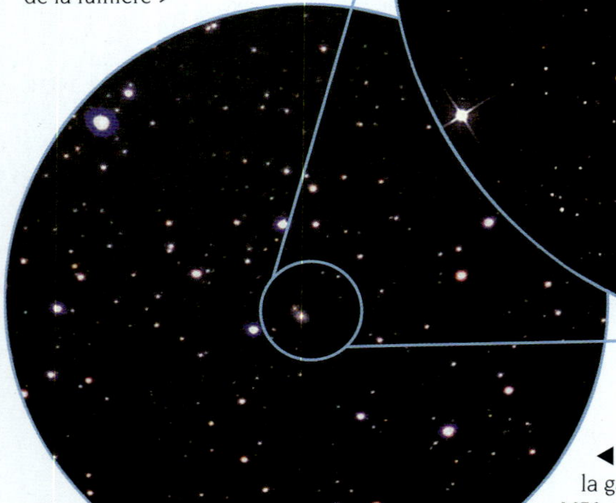

▲ UN GRAND TÉLESCOPE TERRESTRE donne de M51 et sa galaxie satellite une vue beaucoup plus détaillée.

◀ UN BON TÉLESCOPE d'amateur permet de discerner les bras spiraux de M51 et sa galaxie satellite.

◀ VUE AUX JUMELLES, la galaxie du Tourbillon M51, dans la constellation des Chiens de chasse, apparaît comme une petite tache brumeuse imprécise.

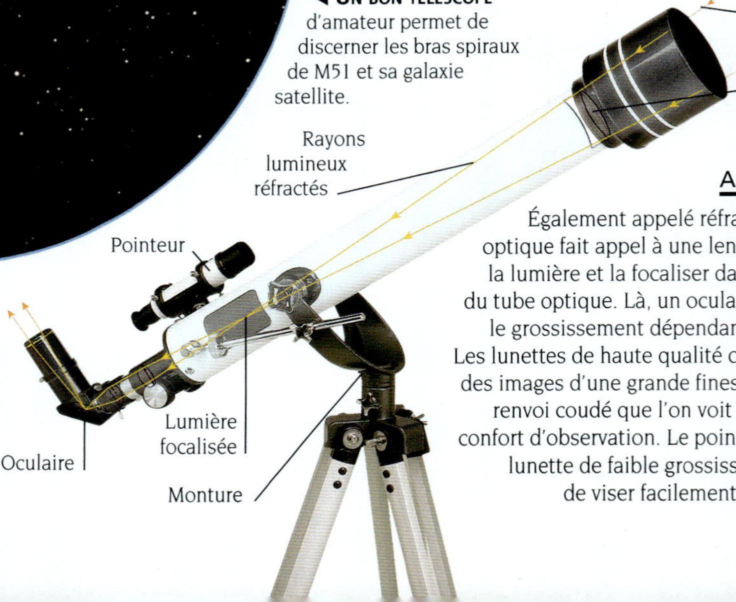

◀ LA LUNETTE ASTRONOMIQUE

Également appelé réfracteur, cet appareil optique fait appel à une lentille pour collecter la lumière et la focaliser dans la partie arrière du tube optique. Là, un oculaire grossit l'image, le grossissement dépendant de sa puissance. Les lunettes de haute qualité optique produisent des images d'une grande finesse. L'oculaire avec renvoi coudé que l'on voit ici procure un bon confort d'observation. Le pointeur est une petite lunette de faible grossissement permettant de viser facilement l'objet à observer.

◀ **Le télescope spatial Hubble** permet de voir, au cœur même de M51, de nombreuses zones de formation d'étoiles dans les bras spiraux.

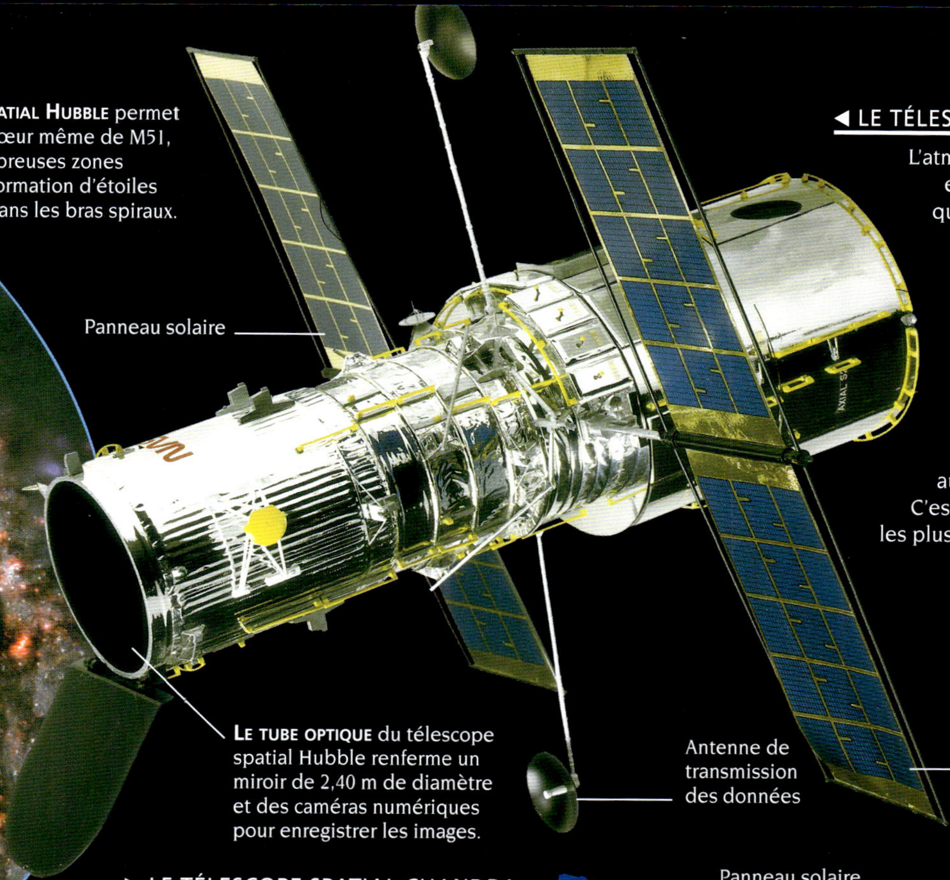

Le tube optique du télescope spatial Hubble renferme un miroir de 2,40 m de diamètre et des caméras numériques pour enregistrer les images.

◀ LE TÉLESCOPE SPATIAL HUBBLE

L'atmosphère de notre planète est le siège de turbulences qui brouillent plus ou moins les images obtenues par les télescopes terrestres. Le fameux télescope spatial Hubble possède un miroir de seulement 2,40 m de diamètre, mais il produit des images extrêmement détaillées car il se trouve en orbite au-dessus de l'atmosphère. C'est donc l'un des télescopes les plus puissants dont disposent les astronomes.

▶ LE TÉLESCOPE SPATIAL CHANDRA

La plupart des corps très chauds qui peuplent l'Univers émettent des rayons X, et les images qu'ils produisent dans cette gamme de rayonnements nous aident à comprendre les violents phénomènes qui interviennent en leur sein. Chandra dispose d'un type spécial de miroir destiné à réfléchir les rayons X. Ceux-ci sont ensuite focalisés et détectés d'une façon assez similaire à ce qui se produit dans un télescope classique. Chandra permet d'explorer des objets tels que les trous noirs, les vestiges de supernovae et les galaxies.

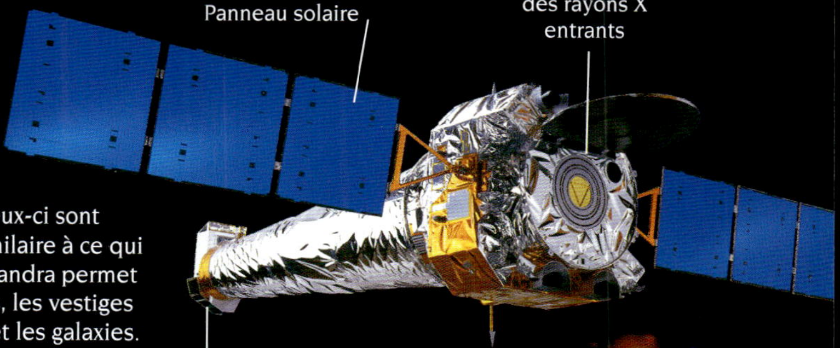

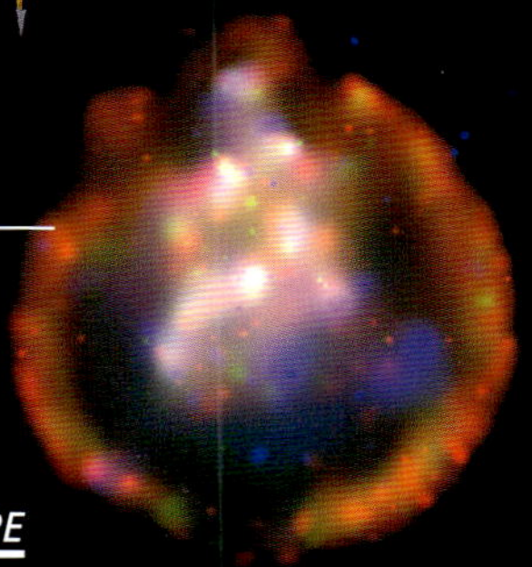

Image produite par Chandra des vestiges de supernova SNR 0103-72.6, dans le Petit Nuage de Magellan

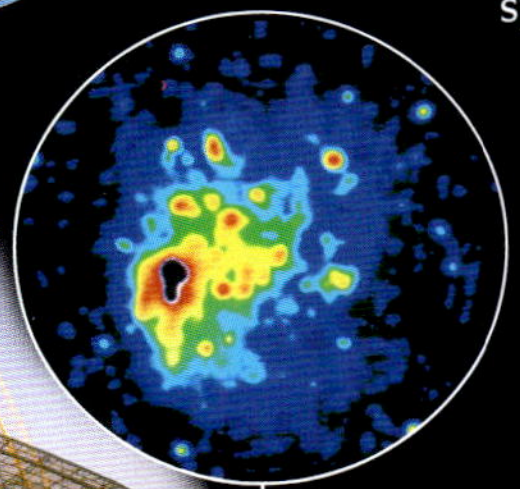

Image radio du Grand Nuage de Magellan obtenue au radiotélescope de Parkes, en Australie. Les zones jaunes et rouges indiquent les nuages d'hydrogène.

▲ LES RADIOTÉLESCOPES

D'immenses paraboles sont nécessaires pour capter les ondes radioélectriques émises par les corps célestes. Elles fonctionnent de la même manière que le miroir primaire d'un télescope optique, concentrant les ondes par réflexion sur un récepteur situé au foyer. Mais au lieu d'un oculaire, ce type de télescope utilise un récepteur radio.

Isaac Newton

Avec ses travaux sur la nature du mouvement, la lumière et la gravité, l'Anglais Isaac Newton (1643-1727) jeta les bases de la physique moderne. En 1669, il mit au point le premier télescope, précurseur des instruments d'aujourd'hui. La conception optique qu'il utilisa alors, appelée télescope Newton, est encore en usage aujourd'hui dans les télescopes des astronomes amateurs.

▼ LE *VERY LARGE TELESCOPE*

Quatre télescopes distincts de 8,20 m de diamètre composent le *Very Large Telescope*, ou VLT, télescope européen installé au sommet du Cerro Paranal, dans les Andes chiliennes. Ce site offre les ciels nocturnes les plus cristallins de la planète et loin de toute lumière parasite. Deux des télescopes, ou plus, peuvent être associés pour travailler simultanément, agissant ainsi comme un télescope géant d'une énorme puissance.

Glossaire

Amas Groupe d'étoiles ou de galaxies maintenues rassemblées par leur gravité.

Amas globulaire Amas grossièrement sphérique composé de centaines ou de milliers d'étoiles.

Amas ouvert Groupe dispersé de quelques centaines d'étoiles.

Année-lumière Distance parcourue par la lumière en une année, soit 9 460 milliards de kilomètres.

Ascension droite Mesure, exprimée en heures, de la position d'un astre le long des parallèles célestes par rapport au méridien d'origine.

Astéroïde Corps rocheux ou métallique d'un diamètre inférieur à 1 000 km en orbite autour du Soleil.

Astronomie Science qui étudie les objets et les phénomènes célestes.

Atmosphère Couche gazeuse entourant un corps céleste.

Aurore boréale, australe Iridescence produite dans l'atmosphère terrestre aux abords des pôles par une arrivée massive de particules du vent solaire.

Axe Ligne imaginaire passant par le centre d'une planète ou tout autre corps céleste, autour duquel celui-ci est en rotation.

Catalogue de Messier Catalogue d'objets du ciel profond répertoriés par l'astronome Charles Messier (1730-1817).

Ceinture de Kuiper Région du Système solaire située au-delà de l'orbite de Neptune, renfermant de nombreux corps glacés.

Céphéïde Type d'étoile variable dont la chute en luminosité est lente et suivie d'une remontée plus rapide.

Comète Corps glacé en orbite autour du Soleil et qui, lorsqu'il s'approche de ce dernier, libère un nuage de gaz et de poussières formant deux queues.

Constellation Ensemble d'étoiles dessinant un motif déterminé et englobant une région du ciel aux frontières définies.

Couple optique Paire d'étoiles apparaissant très proches dans le ciel à cause de l'angle sous lequel on les voit, mais en réalité séparées par de grandes distances.

Cratère Dépression circulaire creusée à la surface d'un corps céleste par un impact.

Déclinaison Mesure exprimée en degrés d'angle de la hauteur d'un astre au-dessus ou en dessus de l'équateur céleste.

Éclipse Effet visuel produit lorsqu'un objet céleste projette son ombre sur un autre. Une éclipse de Lune se produit quand l'ombre de la Terre se projette sur la Lune. Une éclipse solaire se produit quand la Lune passe entre la Terre et le Soleil pour les observateurs situés dans l'ombre de la Lune sur la Terre.

Écliptique Trajet apparent du Soleil dans la sphère céleste, correspondant au plan orbital de la Terre autour du Soleil.

Équateur céleste Ligne imaginaire correspondant à la projection de l'équateur terrestre sur la sphère céleste, séparant celle-ci en deux hémisphères.

Étoile Sphère lumineuse de matière gazeuse produisant de l'énergie par le jeu de réactions de fusion nucléaire intervenant en son cœur.

Étoile à neutrons Étoile en fin de vie qui s'est effondrée sur elle-même en une boule si dense que ses particules sont compressées entre elles et se transforment en neutrons.

Étoile circumpolaire Étoile située autour du pôle restant visible toute la nuit tout au long de l'année, sans jamais disparaître derrière l'horizon.

Étoile double Paire d'étoiles maintenues proches par leur gravité et en orbite l'une autour de l'autre.

Étoile variable Étoile dont la luminosité varie. Beaucoup d'étoiles variables varient aussi en taille.

Galaxie Vaste concentration d'étoiles en évolution, de poussières et de gaz interstellaires maintenus rassemblés par la gravité. Les galaxies varient en taille de la galaxie naine, de moins d'un million d'étoiles, à la galaxie géante, qui en compte des milliards.

Galaxie elliptique Type de galaxie de forme plus ou moins ovale.

Galaxie irrégulière Galaxie dépourvue de forme bien définie.

Galaxie spirale Type de galaxie présentant un renflement ou une barre centrale, et un disque plat composé d'étoiles de gaz et de poussières disposés en bras s'enroulant en spirale autour du cœur.

Galaxie spirale barrée Type de galaxie spirale présentant en son centre une masse d'étoiles formant une barre au lieu d'un renflement sphérique.

Géante rouge Étoile qui est devenue plus rouge et plus lumineuse à l'approche de la fin de sa vie.

Gravité L'une des forces fondamentales de l'Univers, responsable de l'attraction des corps entre eux.

Infrarouge Rayonnement électromagnétique proche de la lumière visible mais de longueur d'ondes un peu plus grande. On peut le ressentir sous forme de chaleur.

Lumière cendrée Très faible illumination de la surface de la Lune restée dans l'ombre lorsque celle-ci est en croissant, due à la lumière réfléchie par la Terre.

Magnitude (ou magnitude apparente) Luminosité d'une étoile ou d'un autre corps céleste tels qu'ils apparaissent vus depuis la Terre. Les plus petites valeurs (parfois négatives) expriment les luminosités les plus fortes.

Magnitude absolue Luminosité d'une étoile observée depuis la distance standard de 32,6 années-lumière.

Marée Effets de la gravité combinée de la Lune et du Soleil sur les océans de la Terre, provoquant la montée et l'abaissement cyclique du niveau marin.

Masse Quantité de matière composant un corps et qui est affectée par la gravité.

Matière noire Matière invisible dont on pense qu'elle pourrait constituer 90 % de la masse de l'Univers.

Météore Trait de lumière produit dans le ciel par la pénétration et la combustion, dans la haute atmosphère terrestre, d'un grain de poussière interplanétaire.

Météorite Petit bloc rocheux ou métallique venu de l'espace tombé à la surface terrestre.

Micro-ondes Gamme d'ondes électromagnétiques d'une longueur d'onde comprise entre 1 m et 1 mm.

Molécule Assemblage d'atomes d'un ou plusieurs éléments constituant un ensemble électriquement et chimiquement stable, et plus petite quantité d'un corps pur pouvant exister à l'état libre.

Naine blanche Étoile de masse similaire à celle du Soleil qui s'est effondrée à la fin de sa vie pour former un petit vestige d'étoile peu lumineux.

Naine brune Astre de taille intermédiaire entre une planète et une étoile. Elle produit de la chaleur mais peu de lumière.

Naine rouge Étoile de masse inférieure à celle du Soleil, qui brille plus rouge et plus faiblement.

Nébuleuse Nuage de gaz et de poussières dans l'espace interstellaire.

Nébuleuse à émission Nuage de gaz interstellaire devenant incandescent sous l'effet de rayonnements ultraviolets produits par une étoile très chaude.

Nébuleuse à réflexion Nuage de poussières dans l'espace qui reflète la lumière des étoiles.

Nébuleuse planétaire Coquilles de gaz éjectées par une géante rouge à l'approche de sa mort.

Nébuleuse sombre Nuage de gaz ou de poussières que la lumière ne peut traverser.

Neutron Type de particule présent dans le noyau des atomes.

NGC Abréviation de New General Catalogue, un catalogue d'objets du ciel profond établi par J. L. E. Dreyer (1852-1926).

Nova Étoile double dont les deux éléments, très proches, sont une naine blanche et une vieille étoile qui perd de sa matière, et qui s'embrase subitement, perdant jusqu'à 10 unités de magnitude.

Nuage moléculaire Nuage de gaz dans l'espace interstellaire constitué de molécules, à partir duquel des étoiles peuvent se former.

Nuages de Magellan Deux galaxies satellites de la nôtre, apparaissant dans le ciel austral comme deux taches séparées de la Voie lactée.

Objet du ciel profond Tout objet situé en dehors du Système solaire, tel que nébuleuse, amas d'étoiles, galaxie, mais n'incluant généralement pas les étoiles elles-mêmes.

Orbite Trajectoire suivie par un corps effectuant une révolution autour d'un autre sous l'effet de la gravité.

Ouverture Diamètre du miroir primaire d'un télescope ou de la lentille frontale d'une lunette astronomique.

Parallaxe Décalage apparent de la position d'un objet observé depuis deux points de vue différents, pouvant servir à calculer sa distance.

Planète Corps sphérique ne produisant pas de lumière, en orbite autour d'une étoile.

Pôle céleste Point de la voûte céleste vers lequel pointe l'axe de rotation de la Terre, et autour duquel la voûte céleste semble tourner. Il y a un pôle Nord et un pôle Sud célestes.

Précession Lente oscillation de l'axe de rotation de la Terre, entraînant un déplacement dans le temps du pôle céleste.

Pulsar Étoile à neutrons en rotation sur elle-même, émettant des faisceaux de rayonnements électromagnétiques perçus sur Terre sous la forme d'impulsions.

Radiotélescope Télescope conçu pour capter les ondes radioélectriques émises par les corps célestes.

Rayons X Rayonnement électromagnétique de longueur d'ondes beaucoup plus courte que celles de la lumière, produit par les étoiles et les nuages de gaz chaud

Réflecteur Autre nom du télescope, dont le principe optique est basé sur la réflexion des rayons lumineux par un jeu de miroirs.

Réfracteur Autre nom de la lunette astronomique, dont le principe optique repose sur la réfraction des rayons lumineux par des groupes de lentilles.

Satellite Tout corps en orbite autour d'un autre plus massif.

Spectre lumineux Ensemble des couleurs, correspondant à celles de l'arc-en-ciel, qui constituent la lumière blanche.

Sphère céleste Sphère creuse imaginaire englobant la Terre sur laquelle semblent se projeter les étoiles et autres corps célestes.

Supergéante Étoile considérablement plus grosse que le Soleil dont le volume a augmenté et devenue extrêmement brillante à l'approche de la fin de sa vie.

Supernova Explosion d'une étoile massive à la fin de sa vie.

Temps universel L'heure exprimée en Temps universel correspond à l'heure solaire au niveau du méridien d'origine, le méridien de Greenwich (0° de longitude).

Trou noir Étoile effondrée sur elle-même après sa mort et dont la gravité est si forte que rien ne peut échapper à son attraction, pas même la lumière.

Ultraviolet Rayonnement électromagnétique proche de la lumière mais de longueur d'ondes légèrement plus courte.

Vestiges de supernova Coquilles de gaz expulsées par une supernova.

Voie lactée Nom donné à notre galaxie et à la pâle bande d'étoiles traversant la voûte céleste sous l'aspect de laquelle elle nous apparaît dans le ciel nocturne.

Zénith Point de la voûte céleste situé à la verticale de l'observateur.

Zodiaque Bande imaginaire de part et d'autre de l'écliptique dans laquelle semblent se déplacer le Soleil, la Lune et les planètes.

Tableau des constellations

Les astronomes ont donné des noms latins aux constellations. Ainsi, Andromède se nomme également **Andromeda**, la Machine pneumatique, **Antlia**, les Chiens de chasse, **Canes Venatici**. Lorsque Bayer nomma les étoiles d'après l'alphabet grec (voir encadré p. 7), il devint nécessaire de citer les constellations dont elles faisaient partie. C'est pourquoi on leur adjoignit le génitif latin (une forme grammaticale indiquant l'appartenance) du nom de la constellation. Ainsi, Alpha d'Andromède devint **Alpha Andromedae**, et Alpha des Chiens de chasse, **Alpha Canum Venaticorum**.

Mais il est bien difficile pour l'amateur débutant, surtout s'il n'a pas appris le latin, de savoir que **Bêta Bootis**, par exemple, désigne l'étoile Bêta du Bouvier. C'est pourquoi nous indiquons, dans le tableau ci-dessous, le nom latin et le génitif de chaque constellation. Très vite, vous vous familiariserez avec ces dénominations, que vous rencontrerez souvent dans les ouvrages d'astronomie, car ce sont les dénominations officielles.

Remarque : sachez également que, même si cela n'est pas indispensable au niveau amateur, il est utile d'apprendre l'alphabet grec (voir encadré p. 7) car il est souvent employé dans les livres pour écrire le nom des étoiles. Il est, en effet, bien commode de savoir que **ηCarinae** signifie « Êta de la Carène ».

Nom latin	Génitif	Nom commun
Andromeda	Andromedae	Andromède
Antlia	Antliae	La Machine pneumatique
Apus	Apodis	L'Oiseau de Paradis
Aquarius	Aquarii	Le Verseau
Aquila	Aquilae	L'Aigle
Ara	Arae	L'Autel
Aries	Arietis	Le Bélier
Auriga	Aurigae	Le Cocher
Bootes	Bootis	Le Bouvier
Caelum	Caeli	Le Burin du Graveur
Camelopardalis	Camelopardalis	La Girafe
Cancer	Cancri	Le Cancer
Canes Venatici	Canum Venaticorum	Les Chiens de chasse
Canis Major	Canis Majoris	Le Grand Chien
Canis Minor	Canis Minoris	Le Petit Chien
Capricornus	Capricorni	Le Capricorne
Carina	Carinae	La Carène
Cassiopeia	Cassiopeiae	Cassiopée
Centaurus	Centauri	Le Centaure
Cepheus	Cephei	Céphée
Cetus	Ceti	La Baleine
Chamaeleon	Chamaeleonis	Le Caméléon
Circinus	Circini	Le Compas
Columba	Columbae	La Colombe
Coma Berenices	Coma Berenicis	La Chevelure de Bérénice
Corona Australis	Coronae Australis	La Couronne australe
Corona Borealis	Coronae Borealis	La Couronne boréale
Corvus	Corvi	Le Corbeau
Crater	Crateris	La Coupe
Crux	Crucis	La Croix du Sud
Cygnus	Cygni	Le Cygne
Delphinus	Delphini	Le Dauphin
Dorado	Doradus	La Dorade
Draco	Draconis	Le Dragon
Equuleus	Equulei	Le Petit Cheval
Eridanus	Eridani	L'Éridan
Fornax	Fornacis	Le Fourneau
Gemini	Geminorum	Les Gémeaux
Grus	Gruis	La Grue
Hercules	Herculis	Hercule
Horologium	Horologii	L'Horloge
Hydra	Hydrae	L'Hydre femelle
Hydrus	Hydri	L'Hydre mâle
Indus	Indi	L'Oiseau indien
Lacerta	Lacertae	Le Lézard
Leo	Leonis	Le Lion
Leo Minor	Leonis Minoris	Le Petit Lion
Lepus	Leporis	Le Lièvre
Libra	Librae	La Balance
Lupus	Lupi	Le Loup
Lynx	Lyncis	Le Lynx
Lyra	Lyrae	La Lyre
Mensa	Mensae	La Table
Microscopium	Microscopii	Le Microscope
Monoceros	Monocerotis	La Licorne
Musca	Muscae	La Mouche
Norma	Normae	La Règle
Octans	Octantis	L'Octant
Ophiuchus	Ophiuchi	Le Serpentaire
Orion	Orionis	Orion
Pavo	Pavonis	Le Paon
Pegasus	Pegasi	Pégase
Perseus	Persei	Persée
Phoenix	Phoenicis	Le Phénix
Pictor	Pictoris	Le Chevalet du Peintre
Pisces	Piscium	Les Poissons
Piscis Austrinus	Piscis Austrini	Le Poisson austral
Puppis	Puppis	La Poupe
Pyxis	Pyxidis	La Boussole
Reticulum	Reticuli	Le Réticule
Sagitta	Sagittae	La Flèche
Sagittarius	Sagittarii	Le Sagittaire
Scorpius	Scorpii	Le Scorpion
Sculptor	Sculptoris	Le Sculpteur
Scutum	Scuti	L'Écu
Serpens	Serpentis	Le Serpent
Sextans	Sextantis	Le Sextant
Taurus	Tauri	Le Taureau
Telescopium	Telescopii	Le Télescope
Triangulum	Trianguli	Le Triangle
Triangulum Australe	Trianguli Australis	Le Triangle austral
Tucana	Tucanae	Le Toucan
Ursa Major	Ursae Majoris	La Grande Ourse
Ursa Minor	Ursae Minoris	La Petite Ourse
Vela	Velorum	Les Voiles
Virgo	Virginis	La Vierge
Volans	Volantis	Le Poisson volant
Vulpecula	Vulpeculae	Le Petit Renard

INDEX

CRÉDIT PHOTOGRAPHIQUE

(a = au-dessus ; b = bas ; c = centre ; g = gauche ; d = droite ; h = haut)

2MASS : J.Carpenter, T. H. Jarrett & R. Hurt 51bg ; NASA/JPL/Caltech 50cdb ; Allthesky.com : Till Credner 78cg ; The Art Archive : Royal Society/Eileen Tweedy 36bc, 72cb, 84cgb ; Matt BenDaniel : 21hc ; Greg Bock : Observatoire de Bannockburn, Queensland, Australie 60bg ; Bridgeman Art Library, Londres/New York Archives Charmet 66cgb ; Chandra X-Ray Observatory : NASA/CXC/PSU/S.Park et al 93cdb ; NASA/CXC/SAO 93cd ; NASA/STScI/A.Capetti et al 57hg ; Ciel et Espace : AAO/D.Malin 2cda, 6hg, 43 ; Akira Fujii 23hg, 37 acétate, 49 acétate, 73, 82cbg, 85 acétate ; Eso 2d ; A.Fujii/S.Aubin 68bc ; Corbis : Bryan Allen 10hd, 12hd ; Bettmann 93cb ; Najlah Feanny 87hg ; Charles & Josette Lenars 86b ; Chuck Savage 4cg ; The Stapleton Collection 24hg, 30hg, 36bg, 42hg, 48bg, 54hg, 60hg, 72hg, 78cga, 84hg, 90bg ; William Taufic 32hd ; Observatoire d'Europe du Sud : 56cg, 93b ; Agence spatiale européenne : 87cga Dr Alan Fitzsimmons : Discovery image par Alan Fitzsimmons, Donal O'Cellaigh et Iwan Williams, avec le Télescope Isaac Newton de La Palma 86cd ; Galaxy Picture Library : David Cortner 6bc ; Gordon Garradd 6bd ; Mark Godfrey 57cbd ; Colin Henshawe 47cga ; Yoji Hirose 23ca, 29hc, 89hg, 89hcd, 89ca ; Rob Johnson 38c ; NOAO/AURA/NSF 48c ; Chris Picking 59ca ; Robin Scagell 7hc, 7c, 7cd, 21hd, 22cb, 22bc, 23hd, 24cb, 24cbg, 25, 28cgb, 28cb, 29cga, 32bg, 34cdb, 34bcd, 38-39, 40bc, 46cb, 46bd, 52c, 52bd, 58bc, 71cad, 76cbg, 78cb, 83hg, 83hc, 84cb, 84bc, 88bd, 88bcd, 92bg ; Nik Szymanek/Ian King 67 ; Genesis Space Photo Library : 39hd ; ICSTARS Astronomy : 54bg, 87hd ; David Malin Images : Observatoire Anglo-Australien 1cda, 13hc, 15hc, 17hd, 36hc, 38cdb, 42cd, 45cdb, 54c, 54cd, 54cg, 56bg ; Akira Fujii 29cda, 34bc, 35hg, 40bd, 51c, 53ca, 58bd, 59cga, 65hc, 65cag, 70cb, 70bcd, 71cga, 76bcd, 77hc, 88bcg, 90c ; NASA : 3hg, 3bc, 4hg, 4cb, 4cbd, 11hd, 15hg, 19hg, 24cdb, 33cb, 33bc, 38cbg, 38cbg2, 51hd, 57cd, 57bd, 62cag, 68hd, 69hc, 69bc, 72bd, 74cg, 75hd, 75cga, 75b, 80cg, 80-81, 84hc, 86cb, 90cd, 92-93 ; J.Bell (Cornell U.) & M.Wolff (SSI) 75c ; The Hubble Heritage Team (STScI/AURA) 56hg, 56hc, 56-57, 81hd ; Hubblesite.org/Jeff Hester & Paul Scowen (Université de l'État d'Arizona) 45ca ; NOAO/ESA/The Hubble Helix Team, M.Meixner (STSCI) & T.A.Rector (NRAO) 1cd ; Planetary Photojournal 80cga, 80ca, 80cgb, 81hg, 81hc, 81c, 81cdb, 81bd ; NOAO/AURA/NSF : 3cd, 30cdb ; George Jacoby, Bruce Bohannan, Mark Hanna/NOAO/AURA/NSF 48cd ; Hillary Mathis/N A Sharp 42bd ; Bill Schoening/Vanessa Harvey/REU Program 79 ; N.A.Sharp endpapers ; N.A.Sharp, REU Program 17hg ; Royal Astronomical Society 36cb ; Mischa Schirmer, International Amateur Observatory : Hakos, Namibia, July 2000 36bd, 66cd ; Chris et Dawn Schur/Cybertrails.com : 30cg ; Science Photo Library : 30cb, 33bg, 78cdb, 81cd ; David P. Anderson, SMU/NASA 74b ; Chris Butler 5cgb, 19hc, 48bc, 50c, 62bc ; Celestial Image Co. 13cda, 36hg, 44c, 44bg, 57hd, 66cg ; Jean-Charles Cuillandre/Canada-France-Hawaii Telescope 11hg ; Luke Dodd 8hg, 32hg, 55 ; George East 65hg ; Dr Fred Espenak 62bg, 69c ; Observatoire d'Europe du Sud 90bd ; Observatoire spatial européen 24bg ; Kenneth Fink 68hg ; Mark Garlick 5c ; Observatoire de Hale 42cb ; Tony & Daphne Hallas 24hd, 24cga 48hc, 87cg ; Tony Hallas 72bg ; James King-Holmes 50bcd ; Maddox, Sutherland, Efstathiou & Loveday 5cd Max-Planck Institute 78bg, 93cg ; Peter Menzel 6bd, 33cga ; MPIA-HD, Birkle, Slawik 92cb ; NASA 42cg, 74c ; NRAO/AUI/NSF 50bg ; David Nunuk 38hg, 93cg ; David Parker 32cga ; Pekka Parviainen 63hd, 86hg ; Royal Observatory Edinburgh/AAO 3cgb, 44hg, 44-45bc, 91 ; John Sanford 31, 46bc, 47hc, 53hc, 53cga, 62cag, 69cga, 80hg, 82bcd, 84cd ; Jerry Schad 1cad, 66bc, 74hg ; Scharmer et al/Royal Swedish Academy of Sciences 63bg ; Eckhard Slawik 35hc, 39hg, 41hc, 41ca, 64cb, 64bc, 71hcg, 72hd, 75cdb, 77cag, 83cag ; SOHO/ESA/NASA 63bd ; Space Telescope Science Institute/NASA 36c ; US Geological Survey 4cbg ; Frank Zullo 2cd, 50hg, 60cgb, 61, 84ca, 92hg ; Avec l'aimable autorisation du Consortium SOHO/EIT, cooperation internationale ESA/NASA : 1cd, 62-63 ; Southwest Research Institute/NASA : 86cg. All other images © Dorling Kindersley www.dkimages.com.

Les éditeurs remercient également Julian Baum (Take27) et Tom Coulson (Encompass Graphics Limited) pour leurs illustrations numériques.